——◇ 敬 启 ◇——

尊敬的各位读者：

    感谢您多年来对中国政法大学出版社的支持与厚爱，我们将定期举办答谢读者回馈活动，详情请登录我社网站或拨打咨询热线：

www. cuplpress. com

010 – 58908302

期待各位读者与我们联系。

高等教育法学应用教材

 # 社 会 法

主 编　隋彭生　王广彬

中国政法大学出版社

主 编 简 介

隋彭生　中国政法大学教授，硕士研究生导师。讲授民法、商法、经济法、社会法等课程，多次被评为中国政法大学优秀教师。主编过多部教材，主持了教育部后期资助重点项目"用益债权原论"。发表有：《论显失公平合同的主观要件》、《对合同法中重大误解的探讨》、《论要约邀请的效力及容纳规则》、《论肖像权的客体》、《用益债权——新概念的提出与探析》、《法定孳息的本质——用益的对价》、《"特定的物"是"特定物"吗？——与通说商榷》、《对非此即彼思维方法的质疑——例谈社会法规范的多重属性》、《对社会法的界定》等多篇学术论文。

王广彬　法学博士，中国政法大学副教授，硕士研究生导师，兼任中国政法大学疑难案件研究中心副主任、中国政法大学劳动与社会保障法研究中心主任。参与和主持过国家级、省部级社科法学类项目十余项。现作为首席专家主持"社会法基本理论问题研究"、"社会保障法基本理论问题研究"、"农村社会保障法制建设研究"等课题（教育部、司法部社科规划项目）。撰写专著、教材、论文数十部（篇），其中，主编有：《劳动法》、《社会保障法》、《劳动法案例教程》等教材；主要著有：《公平良善之法律规制》（国家社科基金最终成果）、《当代司法体制》、《中国传统保障文化与现代农村社会保障法制》（教育部后期资助成果）等专著；发表有：《论社会保障法的正义基础》、《关于社会法的几个基本问题》、《社会法上的社会权》等学术论文。

出 版 说 明

　　为适应高等法学教育发展的需要，提高学生发现问题、解决问题以及运用法学知识的能力，我们组织编写了本套《高等教育法学应用教材》。

　　法学是理论性与应用性相结合的学科，本套教材的最大特点在于突出法学的应用性，主要表现在以下几个方面：

　　1. 本书力求与现行最新的立法、司法解释及法律实务相一致。本套教材强调对现行最新的立法、司法解释进行介绍和分析，注重联系司法实务中的新老问题进行论述。

　　2. 本书力求与最新的《国家司法考试大纲》相一致。司法考试是从事法律工作人员的职业资格考试，因此准备司法考试也是法律专业本科生、研究生的重要任务之一。本教材力图使教学内容与司法考试紧密相联。

　　3. 本书力求用简洁、实用的事例说明深奥的基本原理和法律规范。在每一本教材中都努力用简洁的文字、实用明晰的案例对基本原理和法律规范进行说明，使学生在最短的时间内读懂教材，并通过分析历年司法考试真题加深对理论的理解。

　　4. 本书力求结合最新的研究成果和立法动态。立法、司法和法律实务是动态、发展的。本套教材密切关注和紧紧把握改革发展的方向与趋势，努力结合最新的学术研究成果，使法学理论应用于法律实务和教学。

　　为了保证本套教材的高水平和高质量，编委会邀请了多位知名的法学家担任主编。这些专家大多参加过立法和修法工作，且大多从事过司法考试教学辅导工作，具有编写高校教材的丰富经验。

　　本套教材适用于大学本科的教学，尤其适用于司法考试。

本套教材的编写得到了教育部有关领导、中国政法大学的领导、教师以及中国政法大学出版社的大力支持，在此一并表示感谢。

《社会法》是本套教材中的一部，其撰写分工如下（以撰写章节先后为序）：

隋彭生　第一章第一节、第十三章第二节

姜登峰　第一章第二、四节、第三、十一章

王广彬　第一章第三节、第二、四、五、六、八章

薛永慧　第七章

李　娟　第九章

孙　颖　第十章

刘芝祥　第十二章

庄静华　第十三章第一节

中国政法大学《高等教育法学应用教材》编委会

2009 年 2 月

前　言

　　社会法是解决社会问题的产物，但并不是所有的社会问题都要由社会法来解决。比如，"物竞天择，优胜劣汰"是市场现象，市场问题只是社会问题的一个侧面，是民法（调整范围包括平等主体之间的人身、财产关系）和经济法（干预市场竞争）的重要课题。竞争中"牺牲品"的利益平衡规则，则是社会法所说的重要社会问题。

　　法律部门对社会关系的调整是相辅相成、分工合作的。在经济发展的同时，贫富差距拉大、城乡差距拉大、弱势群体产生等社会现象纷纷出现。利益关系迫切需要社会法的干预和调整，需要社会法对社会利益进行整合。社会法体现了分配的正义，充分考虑了公平与效率的关系。社会法是对人们终极关怀的法律价值的体现，是人们追求幸福的法律上的强制性保障。

　　十届人大的立法规划划分了七大法律部门，包括宪法、行政法、刑法、诉讼法、民商法、经济法和社会法。

　　社会法学是一门以社会法为研究对象的学科。它研究社会法的发展规律、价值、功能、作用和原则，同时研究社会法具体规范的适用、改进等。社会法学是发展中的学科，具有广阔的发展前景。

编　者

2009 年 2 月

目　录

上编　社会法总论

下编　社会法分论

上编　社会法总论

第一章　社会法的含义和性质

■　第一节　社会法的含义

一、关于"大社会法说"、"中社会法说"和"小社会法说"的观点

目前，社会法外延学说有"大社会法说"、"中社会法说"和"小社会法说"。

（一）大社会法说

"大社会法说"将法律结构分为"三元"。三元法律结构是指公法、私法与社会法并存的法律结构。公法以国家利益为本位，私法以个人利益为本位，社会法以社会利益为本位。[1] 社会法是"三元结构"中的一元，即社会法乃公法与私法之外带有公私法属性的法律。[2] 有学者指出，该法调整的社会关系是难以寻找到同一性的。[3]

还有一种观点也被称为"大社会法说"。这种观点将经济法与社会法混为一体，认为经济法也属于社会法。这一学术观点不仅不能得到社会法学界的支持，而且研究经济法的学者对此观点也提出了质疑。[4] 有人认为，经济法是相对于公法和私法两大法域而言的第三法域。[5] 本书也不赞成将经济法与社会法混为一谈的观点，经济法是国家通过政府干预市场的法，经济法注重市场效率；而社会法则注重对社会弱势群体的救济及福利等。

（二）中社会法说

"中社会法说"认为，社会法是调整维护自然人基本权益而产生的社会关

---

〔1〕　董保华等：《社会法原论》，中国政法大学出版社 2001 年版，第 21 页。

〔2〕　秦恩才、孔祥瑞：《社会法论综》，中国长安出版社 2006 年版，第 5 页。

〔3〕　秦恩才、孔祥瑞：《社会法论综》，中国长安出版社 2006 年版，第 5 页。

〔4〕　秦恩才、孔祥瑞：《社会法论综》，中国长安出版社 2006 年版，第 5 页。

〔5〕　[日] 金择良雄：《经济法概论》，满达人译，甘肃人民出版社 1985 年版，第 30～33 页。

系，其调整方法兼具公法和私法色彩，可以认定上述同类性质的法律规范的总称为社会法。这类法律包括弱势群体（未成年人、老年人、残疾人、妇女、消费者、患者等群体）的法律、基本生活保障性法律（广义社会保障性法律）、公益法以及教育权利保障法。尽管上述法律调整的社会关系多有不同，但总能找出其共同点。目前，德国乃至日本的社会法逐步将单一的社会保障法转向中社会法。[1]"中社会法说"与"大社会法说"的不同之处在于："大社会法说"认为，公法与私法之外的法律均属于社会法，"中社会法说"认为，公法与私法之外部分具有同类性质的法律规范，属于社会法。本书的观点接近"中社会法说"。

（三）小社会法说

"小社会法说"认为，社会法即社会保障法，也就是社会安全法。"小社会法说"，实际上是狭义的社会法。[2] 我们认为，就我国实际情况来说，"小社会法说"不利于解决中国现存的重要社会问题，与中国的国情不符，同时也限制了社会法学的发展。社会保障法的重要意义是不言而喻的，但它只是社会法的重要内容或者重要部分。

（四）三种学说所依据的标准

三种学说对社会法的界定，依据的标准并不相同。"大社会法说"是以法域为标准来界定社会法的，即将法分为公法、私法和第三法域；"中社会法说"是以调整某类同质的社会关系为标准来界定社会法的；"小社会法说"是以特定部门法的社会功能来界定社会法的。

二、关于社会法"第三法域"的学说

公法和私法是两个法域，此外的法域为第三法域。在学理上把法分为三个法域，并不是文字游戏。划分法域，有助于我们明确法律的性质，明确法律的价值追求；明确法律调整的社会关系，明确应当采取的调整方法，有助于更好地发挥法的作用，并对立法有所助益。

公法与私法的划分，最早由古罗马的法学家乌尔比安提出。他指出："它们（指法）有的造福于公共利益，有的造福于私人。公法见于宗教事务、宗教机构和国家管理机构之中。"公法"有关罗马国家的稳定"，私法"涉及个人的福利。"[3] 现代对公法、私法的划分有多种学说。有人认为："以保护公共利益为目的的法律为公法，以保护私人利益为目的的法律为私法"。还有人认为："法

---

[1] 秦恩才、孔祥瑞：《社会法论综》，中国长安出版社2006年版，第5页。
[2] 秦恩才、孔祥瑞：《社会法论综》，中国长安出版社2006年版，第6页。
[3] ［意］彼德罗·彭梵得：《罗马法教科书》，黄风译，中国政法大学出版社1992年版，第9页。

律关系的主体双方均为私人或私人团体者为私法，法律关系主体的一方或双方为国家或公共团体者为公法。"[1] 此外，还有一些其他观点，比如，规定国家与法人、个人权利服从关系的法为公法；规定公民、法人之间平等关系的法为私法。[2]

有学者指出："私法与公法相互交错，出现了作为中间领域的，兼具私法和公法因素的社会法。如果我们将以国家本位为特征的公法看做第一法域；以个人本位为特征的私法看做第二法域；那么，私法与公法相融合而产生的，以社会本位为特征的社会法则是第三法域。"[3]

社会法是私法和公法融合的结果，属于第三法域。法律结构可以分为"三元"，即第一法域、第二法域和第三法域，社会法属于第三法域，但不等于第三法域。所谓第三法域是兼有公、私法性质的法域，它的外延要大于社会法。

三、对社会法的定位

目前，虽然对社会法尚没有统一的定义，但以上关于社会法的认识，都从某一角度揭示出社会法的内涵，虽有差别，但亦有共同之处。综上，我们将其定义为：社会法是国家为衡平社会利益关系、保障社会权利，通过国家机关及有关主体干预、调节社会特定关系的立法。换句话说，社会法是指整合社会力量，运用社会方法从整体上解决和协调涉及社会成员生存发展方面的公共利益、社会风险问题的法律制度总称。

（一）社会法以社会利益为本位

法律的利益的本位，是立法者追求利益的基本出发点。不同的法律部门，追求的利益不同。尽管它们有重合，但大致是可以区分的。不同的部门法，有不同的利益本位。法律所追求的利益，可以分为国家利益、社会利益（一说为社会公共利益）和私人利益。

私人利益，是利己性的个体利益。对私人利益，法律要保障私人追求利益最大化的可能，以及受侵害时得到最大保护的可能。追求利益最大化，要求意思自治，法律揭示了私人的基本权利（人身权和财产权），提供了侵权时的归责原则（过错原则和无过错原则）。"历史经验和理论逻辑证明：个体私利的自由追求在一定程度上确能既利己、又利他，使社会整体经济利益隐存其中，并自发促

〔1〕 《法学词典》（增订版），上海辞书出版社 1984 年版，第 143 页。
〔2〕 程信和："公法、私法与经济法"，载《中外法学》1997 年第 1 期。
〔3〕 董保华等：《社会法原论》，中国政法大学出版社 2001 年版，第 11 页。

就。"[1] 在商品经济、市场经济条件下，私人为了追求利益最大化，首先要有能够与他人交换的财产，或物质产品，或精神产品，或劳务。对私人利益的追求，是繁荣经济、促进社会发展的基础。对私人利益的追求，具有"主观为自己，客观为他人"的效应。社会的财富，是个体财富的总和。社会成员的财富多了，社会的财富也会随之增加。也就是说，对个体利益的追求是通往社会利益之途。社会利益是私人利益的综合性利益，当然不是私人利益的简单相加。

民法是用来规范私人对利益的追求的。它提供基础的交易规则，如民法中的债权制度，就是交易规则的体现。一个合同，就是一个交易关系，无数交易关系的综合，就是市场。进一步说，民法是规范市场的法。当然，社会并非仅仅是市场，还有家庭关系等人身关系；除了财产权，还有人身权。这些都由民法作基础性的规定。没有这些基础性的规定，其他法律的调整就会存在不可逾越的障碍。比如，没有财产权的民事制度，刑法就无法对侵犯财产权的犯罪进行规定；没有人身权的民事制度，刑法就无法对侵犯人身权的犯罪进行规定。

对个体利益的追求，既有不可忽视的积极的一面，也有消极的一面。在追求个体利益的过程中，会出现一系列的问题，具体表现在以下几个方面：①违反交易规则，进行不正当竞争；②利用优势地位进行非法垄断，最终窒息社会活力；③利用强者地位建立契约关系等，使资源分配不公；④重复投资、重复建设，造成资源的极大浪费；⑤欠缺公共产品，不能满足人们的正常需要；⑥污染环境，为经济发展付出不合理的代价。这些固然是违反民法的行为，民法设有以国家强制力为基础的民事责任制度（侵权责任制度、违约责任制度等），但仅依靠民法，显然不足以保护社会利益。

社会利益，是社会成员或者是多数人的利益。社会利益是个体利益的整合，更强调全体或者多数人利益的一致性。例如，消费者利益从整体来看，是社会利益，解决消费者的弱势地位带来的损失和困扰，就是实现社会利益的表现。

经济法是以社会利益为本位的，通过对社会利益的维护，最终维护个体利益。一般认为，经济法包含宏观调控法和市场规制法两个部分。宏观调控，比如计划调控、价格调控、资源的利用调控等；市场规制，是在民法规制的基础上给予行政管理和干涉。经济法的这两个部分，由谁来执法，谁来执行呢？就是政府。经济法是国家通过政府干预市场的法，它要解决的是市场失灵的问题。经济法使公权力介入市场，介入原属私法的"势力范围"。

国家经常以社会利益的代表出现。但国家利益与社会利益还是有所区别的。

---

[1] 程宝山：《经济法基本理论研究》，郑州大学出版社 2003 年版，第 409 页。

国家利益，是私人利益、社会利益通过国家形式的集中反映。比如，税收利益，尽管税收利益要返还于全社会，但税收利益首要体现的是国家利益。

关于利益的本位，不同法律部门的追求有所不同。例如：民法追求个人的权利和自治，以个人的利益为本位，通过个人利益的体现，实现社会整体利益；经济法追求利益的整合，追求经济秩序的良好运行，以社会经济利益为本位。或者说，经济法以社会经济利益来体现社会利益。社会法以社会利益为直接追求对象。当然，社会利益包括社会经济利益。由此观之，可以认为经济法是社会法的特别法。

（二）社会法是国家为解决社会问题主动提供公力救济的法

社会法最具特征的方面是以行政行为（干预、救济）主动介入私法关系。私法权利也存在公力救济，但属于事后的救济，如在一般情况下，欺诈或者违约之后须经法院判决才能得到违约救济；但对生活消费者的欺诈或者违约，行使市场管理职责的政府部门（工商行政管理机关等），则可以主动出击。即以行政行为主动对市场上侵害弱者（如消费者因信息不对称而成为交易中的弱者）的行为进行公力干预。

社会法兼有公私法的性质。对雇工合同的干预、对消费者合同的干预、对发展生产但污染环境的干预等都是对私法行为的干预。

四、社会法与相关部门法

（一）社会法与民法

民法是调整平等主体之间财产关系和人身关系的法律规范的总称。我国《民法通则》第2条规定："中华人民共和国民法调整平等主体的公民之间、法人之间、公民和法人之间的财产关系和人身关系。"民事法律关系是平权法律关系，民法具有私法的属性，最具旗帜意义的就是平等。

《民法通则》以调整对象为划分部门法的标准。该标准整整影响了我国改革开放后的两代学者。现在看来，这种标准过于机械。

我们认为，不应以调整对象为划分法律部门的标准，而应以调整的利益及调整的方法为划分法律部门的标准，因为涉及社会的法律部门的调整对象具有共性。现举一案例来分析："经营者自然人甲，以欺诈手段与消费者乙签订合同，将假冒伪劣商品卖给乙，骗取6万元。"

1. 就平等主体的民事关系来看，甲与乙因侵权行为成立了民事关系（欺诈是一种民事侵权行为）。《消费者权益保护法》第49条规定："经营者提供商品或者服务有欺诈行为的，应当按照消费者的要求增加赔偿其受到的损失，增加赔偿的金额为消费者购买商品的价款或者接受服务的费用的1倍。"

2. 《消费者权益保护法》第 50 条规定：" 经营者有下列情形之一，《中华人民共和国产品质量法》和其他有关法律、法规对处罚机关和处罚方式有规定的，依照法律、法规的规定执行；法律、法规未作规定的，由工商行政管理部门责令改正，可以根据情节单处或者并处警告、没收违法所得、处以违法所得 1 倍以上 5 倍以下的罚款，没有违法所得的处以 1 万元以下的罚款；情节严重的，责令停业整顿、吊销营业执照：……②在商品中掺杂、掺假，以假充真，以次充好，或者以不合格商品冒充合格商品的；……"

经营者甲违反了上述规定的第②项，应当给予行政处罚，即令违法者甲承担行政责任。甲不服怎么办？我国《消费者权益保护法》第 51 条规定：" 经营者对行政处罚决定不服的，可以自收到处罚决定之日起 15 日内向上一级机关申请复议，对复议决定不服的，可以自收到复议决定书之日起 15 日内向人民法院提起诉讼；也可以直接向人民法院提起诉讼。"

3. 我国《刑法》第 140 条规定："生产者、销售者在产品中掺杂、掺假，以假充真，以次充好或者以不合格产品冒充合格产品，销售金额 5 万元以上不满 20 万元的，处 2 年以下有期徒刑或者拘役，并处或者单处销售金额 50% 以上 2 倍以下罚金；……"

责任是对义务违反的后果。在上述三种责任中，民事责任是对民事义务的违反。不欺不诈是对民事法律关系中当事人的最基本的要求，或者说是民事法律关系中当事人的消极义务。行政责任则是行政法律关系的后果。政府的相关部门深入干涉了平等主体之间的关系，在干涉的过程中，又形成了政府部门与被处罚对象之间的关系。这是两个法律关系：一个是基础法律关系，一个是在干涉过程中形成的法律关系。这个干预形成的法律关系，有人称为经济法律关系，有人称为社会法律关系。无论如何，政府干预所产生的法律关系，是干预平等主体关系而产生的关系，这是两个法律关系。刑事责任则是国家审判机关（法院）干涉平等主体之间关系的一个法律后果。

从以上分析可以看出，平等主体之间的关系，民法予以调整，这是基础法律关系，社会法、经济法也在调整（有人称为二次调整），刑法还予以调整。由此可以得出如下结论：以调整对象划分部门法是不科学的。对同一法律关系，可能由多个部门法同时调整，只是各自关注的利益不同，调整的方法与调整的后果不同。

一些民法的规范，体现了社会法的思想。"民法的规范，社会法的思想"，是指民事法律规范的设计，不仅考虑到了特定当事人之间的利益关系，还考虑到与之相关的社会利益，具有社会法的思想。不过，由于没有行政手段的介入，这些规范虽然具有社会法的指导思想，但仍然停留在民事法律的阶段，即对当事人的关系仍然是民法的基础调整阶段。

（二）社会法与经济法

1. 经济法的内涵。经济法，是国家通过政府调整市场关系的法律规范的总称。经济法对市场关系的调整，包括宏观调控和市场管理。对经济法的概念，可以从以下几个方面理解：

（1）经济法是国家调整市场关系的法律。研究我国经济法的概念，不能脱离经济法存在的基础。我国社会主义市场经济是国家宏观调控下、管理下的市场经济。市场经济相对于计划经济而言，是通过市场机制的作用来配置资源的一种方式。单纯市场调节具有盲目性、滞后性，还有其他缺陷和负面作用，客观上需要国家作为整个社会的代表对市场进行干预，经济法就是关于国家干预市场经济的法律，就是国家调控和管理市场经济的法律。

（2）经济法体现了对现代市场经济的规范。经济法是与现代市场经济相对应的，如果没有对市场经济调控和管理的必要，也就没有经济法产生的必要和理由。经济法体现了国家对市场的调整、对市场关系的调整，实际上体现了对现代市场经济的规范。因此，也可以说，经济法是国家调控市场运行关系的法律和管理市场的法律。如果脱离对市场运行的调控、对市场的管理的特征去研究经济法，那么经济法与行政法就难以区分了。

（3）经济法是国家通过政府调控和管理经济的法律。依据上述分析，可以说，经济法是国家调控和管理市场经济之法。但这种表述，没有揭示经济法的基本特征，不能将经济法与其他法律部门相区别。以民法为例，从民法调整交易关系的角度讲，它也体现了国家对市场的干预。仅仅停留在这个认识上，经济法与民法就没有区别了。国家通过它的机关实现自己的职能。国家机关有立法机关、行政机关（政府）、审判机关、检察机关等，是不是都可以调节或直接干预经济？显然不是这样。我国经济法是体现国家通过政府调控和管理市场经济关系的法律，这是符合我国经济法现状的界定，也是区别经济法与民法的重要标志。

（4）政府对经济的调控和管理，要有可供遵循的规范和程序，要有相应的管理制度。国家对市场的调节和管理，不是任意行为，需要法律的确认和保障。这一任务是由经济法完成的。调控和管理，可以在多方面体现出来。如投资、开发向西部倾斜，利率的调整，物价的平抑等是一种调控，这种调控只是一种经济法现象。向何处投资、向何处倾斜，利率调整多大幅度，物价调整到什么程度，不是经济法本身的内容，而是经济法要规范的内容。经济法要为经济决策、经济管理提供原则、指导思想、程序和手段，使调控和管理避免盲目性和任意性。

（5）政府的调控和管理，还具有主动性。所谓主动，是指政府依法有权按照自己的意志主动干预经济生活。如对不正当竞争行为，政府部门可以主动查处，进行处理，以维护公平竞争。政府的干预行为，不以当事人的请求为必要。而民法，事先确立了交易规则，由市场主体依照这些规则进行交易活动，国家机关对于民事关系并不直接、主动加以干涉，不能主动提起案件。在当事人发生争议的时候，一方可以将另一方起诉到法院，由国家审判机关处理当事人之间的纠纷。这是一种事后的处理。

2. 社会法与经济法的区别。社会法与经济法的相同之处在于，都是由国家通过政府对社会进行调节、管理和救济。笔者认为，社会有两个领域：一个是市场领域，一个是非市场领域。国家通过政府对市场领域调节、管理和救济的法律，为经济法。国家通过政府对非市场领域的调节、管理和救济的法律，为社会法。

社会是观念性的，因此市场领域与非市场领域的重合是很正常的。比如，对私人交易（市场）通过国家行政权力进行干预，以救济弱势群体的法律，就是社会法。同样的规范，从调整市场竞争秩序的角度看，又是经济法。不同的角度，有不同的理念和研究的拓展空间。研究法律的人们不应当有争地盘的局限。

（三）社会法与行政法

行政法是国家通过政府管理社会的法。行政法与社会法的区别之一是：行政法是国家通过政府管理社会的法。行政法赋予行政机关（政府）以行政手段管理社会的权力，社会法赋予行政部门以行政手段和其他手段调控和管理社会的特定领域。社会法目的实现，在很大程度上需要依靠行政手段。

行政法是以国家利益为本位的，社会法是以社会利益为本位的。在终极结果上，行政法要体现社会利益，但它是以实现国家行政职能为现实目标的。行政法更强调社会的秩序，例如交通秩序的维护也在行政法的范畴之内。行政法在执行层面上并不特别关注资源的分配。社会法更注重的是分配的正义。行政法重效率，社会法重保障。这并不是说，行政法不进行分配，不保护弱者。实际上，社会救济以及对弱者的保护，在很大程度上是通过行政机关来实现的。

行政法的执行主体是行政机关和事业单位，[1] 社会法的执法主体则广泛得多，具体表现在以下两个方面：①行政机关是社会法执法主体，行政机关掌握公共权力，社会利益的平衡和资源的分配，离不开行政机关的运作和监督；②行政机关以外的有关事业单位、社会团体等也是社会法的执法主体，或许在社会法上

---

〔1〕　例如，国务院中的证监会、银监会、电监会等事业法人行使的是行政权力。

称为实行主体更为恰当。

目前应当强调的是，在社会法思想指导下制定有关行政规范，也可能同时具有社会法的性质。

■ 第二节 社会法的含义探源、定位及研究的学术价值

一、社会法的含义探源

"社会法"（Social Law，Droit social，Sozialrecht）这样一个法律术语，孕育于 19 世纪末的西方社会，在欧美各国它的发展已经较为完善，而在我国法学界对社会法的研究还处于起步阶段。从事社会法的学者往往从不同的侧面，在不同意义上使用"社会法"一词，使得其含义极为模糊和不确定，也造成了其内涵的多重性。

面对学术界的众说纷纭，冷静地反思是必要的。社会法的含义到底是什么？如果说社会法是解决社会问题的法律规范，那么何谓社会问题？如果说社会法是保护弱势群体的法律规范，那么何为弱势群体？如果说社会法是第三法域，社会法与公法、私法一起构成法律的三元结构，那么社会法域与公法私法化或者私法公法化的关系如何？如果说社会法是一种独立的法律部门，那社会法有哪些专门的调整内容和独特的调整方法足以使其可以区别于其他法律部门？进一步来说，社会法和劳动法的关系如何？所有的劳动关系都是社会法调整的对象吗？社会法和经济法的关系如何？上述这些问题的回答是进行社会法的定义时不应该也不能回避的，社会法的发展作为一种实践，不是主观臆造的结果，而关于社会法的多种定义和学说作为主观的产物，究竟哪一种含义更能较好地体现客观发展的需要并且对法律研究的进一步发展更有助益呢？

这里首先从社会法的概念进行分析，借鉴语义学的分析方法，考察社会法的含义。应当说，法律在诞生之日便和语言产生了亲密的关系，英国哲学家大卫·休谟是这样描述法律和语言之间关系的："法律语言与概念的运用，法律文本与事相关系的描述与诠释，立法者与司法者基于法律文书的相互沟通，法律语境的判断等等，都离不开语言的分析"。[1]对词语和语义的分析，往往是最为

---

[1] Helen L. Clailc，"Social Legislation"，1940，p. 112，转引自王全兴:《经济法基础理论与专题研究》，中国检察出版社 2002 年版，第 715 页。

根本的，也是考察法律概念以及试图解决定义上争议的一种基本方法。

"国际社会法在英文与中文中尚未成为明确的用语。"[1] 在英美国家并没有直接使用"社会法"的概念（social law），在具体的法律体系中没有出现单独的社会法，英国使用的是"社会安全法"（social security law 或者 the law of social security），美国使用的则是"社会福利法"（welfare law）以及"社会保障法"（social security act）[2]。此外，社会法的概念，还常常被"社会立法"（social legislation）所替代。《元照英美法词典》中没有社会法的概念，而出现了"社会立法"（social legislation），并将其定义描述如下：社会立法"是对具有显著社会意义事项立法的统称，例如涉及教育、住房、租金、保健、福利、抚恤养方面的法律。最早的社会立法大概是《济贫法》（Old Poor Law），但是大量重要的社会立法出现在 19 世纪，如当时有《工厂法》（Factories Acts）、《学徒健康与道德准则法》（Health and Morals of Apprentices Acts）和《劳工赔偿法》（Workmen's Compensation Legislation）等"[3] 美国学者克拉克先生（Helen L. Clailc）在其所著《社会立法》（Social Legislation）一书中曾评述道："我国今天称之为'社会法'这一名词，第一次使用系与俾斯麦的功业有关，在那 19 世纪 80 年代曾立法规定社会保障，以防止疾病、灾害、失业、年老。有些人限制其立法意义，是为了不利情况下的人群的利益，另一方面扩大其立法意义是为了一般的福利，我们今天使用这一名词必须包括这两个方面的意义。"[4] 这里克拉克强调了社会法与社会立法的区别，他的意思是社会立法的概念作为特定时期的一种特殊的立法行为，而社会法的含义既应当包括狭义上社会立法最初的保护弱势群体的含义，还应当包含一般福利的意义。

在大陆法系的德国，"社会法"这一概念主要是指社会安全法，包括社会预护法、社会补偿法和社会促进与社会扶助法。[5] 在德国，以社会安全作为社会法之内涵与外延的见解，已经得到了普遍的支持，社会法几乎可与社会安全法画

---

〔1〕 台湾政治大学法律系马英九先生在"劳动法与社会法学术研讨会"（1997 年）上的发言，参见"国际社会法之概念、功能与比较法之研究"，载《政大法学评论》1997 年第 58 期。

〔2〕 "社会保障"一词，由亚伯拉罕·艾普斯顿（Abraham Epstein）最先使用，该词的起源问题参见程福财："社会保障一词的由来"，载《社会》2000 年第 11 期。

〔3〕 薛波主编：《元照英美法词典》，法律出版社 2003 年版，第 1267 页。

〔4〕 转引自王全兴：《经济法基础理论与专题研究》，中国检察出版社 2002 年版，第 715 页。

〔5〕 ［德］贝尔恩德·巴龙·冯·麦戴尔："德国社会（保障）法：定义、内容和界定"，载郑功成、沈洁主编：《社会保障研究》，中国劳动社会保障出版社 2005 年版，第 86～89 页。

上等号，〔1〕德国劳动与社会部 1990 年所发行的《社会安全概要》（tibersicht Fiber die soziale Sicherheit）一书的界定，1997 年改称《社会法概要》（tibersicht Fiber das Sozialrecht），根据此书界定，"社会安全"是指社会法法典所规范的劳动促进（包括职业训练、职业介绍及失业保险）、教育促进、健康保险、年金保险、伤害保险；战争被害人补偿、暴力犯罪被害人补偿、房屋津贴、子女津贴、社会扶助，以及非属于社会法典的公务员照护、政府雇员照护、服兵役或民役者照护、残障者的复建和重建等。〔2〕根据《德国社会法典》第 3～10 条的规定，社会法包括了培训和劳动援助、社会保险（疾病保险、事故保险、退休保险、护理保险）、健康损害的社会赔偿、家庭支出的补贴（儿童费、教育费和生活费预支），对适当住房的补贴（住房费）、青少年援助、社会救济和残疾人适应社会（回复社会）等方面的法律。在法国，一般法学研究者所称的社会法的概念意指以研究劳动关系为主要内容的劳动法和研究社会安全制度相关法律规范的社会安全法。〔3〕1956 年，法国颁布了《社会安全法典》（Code de la Securite Sociale），并于 1985 年大幅修订，法典的内容包括：社会安全制度的组织、给付及财务等，但是该法典没有明确的关于社会安全的定义，一般认为社会安全法是指国家或者社会运用集体的力量建立的为预防或解决生、老、病、死、伤、残、失业、职业灾害等社会风险所造成的危害的社会防护体系。在法国，还将与实施以上社会安全制度相关的法律规范也统称为社会安全法。〔4〕

由于语言的局限，外国关于社会法的理论和实践之间的微妙关系恐怕不能为汉语语系国家真正地体会。第一次世界大战前后，社会法的概念传入日本。汉字"社会法"一词的使用，最早出于日本，"社会法概念在日本的兴起，其起源虽然可以追溯到战前的明治宪法时代，但其真正成为独立的法领域，并获得实定法上的根据，则还是战败之后的事。战后日本的社会法，不论在理论上或是在实务上均有长足的发展，战后初期对于社会法之概念、范畴与体系的讨论也较多。但是在近年，随着社会法各个领域之日渐成熟，学者的研究方向转向诸如劳动法、

〔1〕 郭明政："社会法之概念、范畴与体系——以德国法制为例之比较观察"，载《政大法学评论》1997 年第 58 期。
〔2〕 郭明政："社会法之概念、范畴与体系——以德国法制为例之比较观察"，载《政大法学评论》1997 年第 58 期。
〔3〕 肖磊：《法国社会法的概念及由来》，中国法制出版社 2004 年版，第 411 页。
〔4〕 竺效："社会法的概念考析——兼议我国学术界关于社会法语词的使用"，载《法律适用》2004 年第 216 期。

社会保障法等社会法各论的理论精细化与体系之严整化……"[1] 我国在 20 世纪 90 年代全面开展市场经济建设后，在法律和社会发展的内外需要的情况下从日本引入"社会法"一词。[2] 应当说社会法并不是"社会"与"法"两个词的简单叠加（即认为它是"社会的法"），而是指与社会政策有关的具有社会性的一类法律及其运行中所产生的现象，然而谈论"社会法"一词究竟为何指，就涉及了"社会"的含义和"法"的含义。

关于社会，是个较为宽泛的概念，广义上的社会是指在一种特定的物质资料的生产活动基础上形成的由人群组成的，以人与人之间的交往为纽带的、有文化、有组织的系统，它包括人类在政治、经济、文化和狭义社会等诸多领域的交往系统。狭义的社会则由社会问题覆盖，不包括人类在政治、经济、文化领域的交往系统，只包含狭义社会领域的交往系统。[3] 早期的社会学家孔德和斯宾塞都认为社会是一个有机体，在本质上与生物有机体是一样的，不过社会比生物有机体更加高级，是各个阶段、各个部门和机构的高度结合。以德国的齐美尔和法国的迪尔凯姆为代表的社会唯实派认为社会不仅是个人的集合，而且是一个客观存在的实体。以美国的吉丁斯和法国的塔德为代表的社会唯名派则认为真实存在的只是个人，社会不过是代表具有同样特征的许多人的名称，社会本身并不是实体。[4] 马克思指出："社会——不管其形式如何——究竟是什么呢？是人们相互交往的产物。人们能否自由选择某一社会形式呢？决不能。在生产力发展的一定的状况下，就会有一定的交换和消费形式。在生产、交换和消费发展的一定阶段上就会有一定的社会制度、一定的家庭、等级或阶级组织，一句话，就会有一定的市民社会。"[5] 从以上各种不同的定义，精炼的或者复杂的，语义学上的、哲学上的或者社会学上的，我们可以发现对"社会"的定义有一个共同的东西：都强调人与人的相互作用组成一个实体，并且这种相互作用必须产生一定的价值效果。在社会法学界对社会的认识有部分社会说和全体社会说两种观点。哈耶克也指出："'社会立法'（Social Legislation）也可以意指政府为某些不幸的少数群体（亦即那些弱者或那些无法自食其力的人）提供一些对他们来说具有特殊重要性的服务。"[6] 日本学者沼田稻次郎曾指出，社会法所谓的"社会"，是指特

---

[1] 郑尚元："社会法的定位和社会法的未来"，载 http：//www. studa. net/minfa/060929/10474374. html.

[2] 王为农："日本的社会法学理论：形成与发展"，载《浙江学刊》2004 年第 1 期。

[3] 汤黎虹：《社会法通论》，吉林人民出版社 2004 年版，第 1 页。

[4] 郭强：《大学社会学教程》，中国审计出版社、中国社会出版社 2001 年版，第 44～45 页。

[5] 《马克思恩格斯选集》第 4 卷，人民出版社 1995 年版，第 320～321 页。

[6] ［英］哈耶克：《法律、立法与自由》（第 2、3 卷），中国大百科全书出版社 2000 年版，第 221 页。

殊部分的社会阶层，尤其是指在资本制度的经济法则下为生活所苦的社会阶层。无论在理论上还是在实践上，均有必要在承认此等集团的此种特征的前提下，建构顾虑到其生存权要求的社会法。[1]　日本学者加古佑二郎先生认为，社会法实际上是保护由处于社会的从属地位的劳动者、经济上的弱势者所组成的社会集团的利益，而并非是所有的社会集团的利益之法律规范。[2]　可见，部分社会说是将社会理解成特殊的部分社会或者社会阶层，尤其是指相对弱势的社会部分。与之相对应，全体社会说则将"社会"理解成"社会共同体"或是"组织化的共同社会"。例如，日本学者菊池勇夫先生认为，社会法就是以个人利益从属于社会的整体利益为基本法理的法，其对应的是以个人的权利义务为核心的个人法，并认为社会法包含劳动法、经济法以及社会事业法等"以社会改良主义为理念的社会政策立法"。[3]　前文提及的美国的克拉克教授认为社会法应当包括维护不利情况下的人群的利益以及社会的一般福利。我们比较赞成这样的观点："社会法上之'社会'，从历史趋向和当前实践看，则兼有'全体社会'与'部分社会'的两种观点的可能性与必要性。"[4]

关于"法"的含义是所有法理学最基础、最重要的概念，也是被广为研究的主题。这里无意重复关于法的起源和特征，而是具体到社会法的研究中，考察社会法中的"法"是为何意。有的学者将社会法中的"法"理解为广义上的法域的概念，从而将社会法定位为与公法、私法并举的第三法域；也有学者将社会法的"法"定义为法律部门，从而认为社会法是构成现代法律体系的一个重要的基本的法律部门；还有学者将这里的"法"理解为法学思潮，从而认为社会法是与个人法相对应的一种法学思潮；或者认为这里的法是一种社会法意义上的法源的含义。对于社会法中的法的含义的不同理解造成了学者对社会法定位的差异。

二、社会法定位的比较

对基础命题共识的缺乏不利于从宏观上对社会法形成一个整体把握，从而也就不利于社会法理论的深入研究和社会法实践的健康发展。因此，结合学术界的

---

〔1〕　转引自樊启荣："社会法的范畴及体系的展开——简论社会保障法的概念和体系"，载中国私法网：www. privatelaw. com. cn.

〔2〕　王为农："日本的社会法学理论：形成和发展"，载《浙江学刊》2004 年第 1 期。

〔3〕　谢增毅："社会法的概念、本质和定位：域外经验与本土资源"，载中国期刊网：http：// dlib. edu. cnki. net/kns50/single_ index. aspx.

〔4〕　樊启荣："社会法的范畴及体系的展开——简论社会保障法的概念和体系"，载中国私法网：www. privatelaw. com. cn.

现有研究成果，对社会法的定位问题作一番梳理是必要的。

社会法的定位就是对社会法的性质与地位如何确定的问题。已有学者对当前社会法的定位作出过总结性归纳，[1] 例如吴为农和吴谦先生运用历史分析的方法总结了已有研究对于社会法的定位：①社会法是相对于"个人法"的一种法学思潮；②社会法是法社会学意义上的一种"法源"；③社会法是相对于公法和私法的"第三法域"；④社会法是法律体系中的一个独立"法律部门"。[2]

有学者认为："对社会法的理解可大致划分为四个层次：①作为独立法律部门的社会法，有的限定为劳动法或社会保障法，有的限定为劳动法与社会保障法；②作为法律群体的社会法，即包括第三法域中除经济法之外的其他法律部门，如劳动法、社会保障法、教育法、卫生法、环境保护法等若干法律部门；③作为法域的社会法，即介于公法与私法之间的第三法域，经济法、环境法等包括其中，又称广义社会法；④作为法律观念的社会法，除第三法域外，还包括公法和私法中的法律社会化现象。"[3]

还有学者将社会法的定位归纳为：大社会法说，即公私法之外带有公私法属性的法律；中社会法说，即调整维护自然人基本权益，兼具公力和私力调整方法的同类法律规范的总称；小社会法说，即社会保障法。[4]

狭义社会法，在这个意义上的社会法等同于社会保障法；中义社会法，即介于狭义社会法和第三法域之间层面的社会法；广义社会法，即与传统公私法并列的第三法域；泛义社会法，即一种法学理念或法学思潮，或与"自然法"和"制定法"相区别的一种法律。[5]

应当说，多数学者对社会法的理解采取了一种多角度定位的思路。这些思路有其相应的现实背景和理论支持，同时又存在一些值得商榷之处。

三、社会法研究的学术价值

社会法实践的发展激发了社会法研究的进展，社会法研究的深入又为法学理论的发展提供了新的课题，为理论的发展注入了新的活力，社会法研究带给法学理论更多的也许是对传统理论的挑战，然而也许正是种种挑战促进了人类认识的进步、思维的发展和智慧的积累。这里将社会法研究的学术价值总结为以下几个方面。

〔1〕 朱海波："论社会法的界定"，载《济南大学学报》2006 年第 5 期。
〔2〕 王为农、吴谦："社会法的基本问题：概念与特征"，载《财经问题研究》2002 年第 11 期。
〔3〕 王全兴："社会法学的双重关注：社会与经济"，载《法商研究》2005 年第 1 期。
〔4〕 郑尚元："社会法的定位与未来"，载《中国法学》2003 年第 5 期。
〔5〕 竺效："法学体系中存在中义的'社会法'吗?"，载《法律科学》2005 年第 2 期。

（一）社会法建立的社会本位对法的价值的影响

应当说，法学理论研究的是法律现象中最基础、最带根本性的核心问题，提供的是关于法的抽象的基本理论，法学理论往往集中表达了一个时代法的理念和精神，构成了一个国家具体法律制度的内在灵魂，以及整个法律体系大厦的思想基石和精神支柱。关于法律本位的界定集中体现了法理学主要的理念和精神。"本位"一词在汉语中有五种含义：①原来的官位；②原来的座位；③本人的府第；④主体，中心；⑤货币制度的基础或货币价值的计算标准。[1] 如果将"本位"放在语境中考虑"法本位"，应当是指法律的中心或者标准。在 20 世纪 30 年代对法律本位有代表性的定义是"当研究权利义务之先，对法律立脚点之重心观念，不可不特别论及，即所谓法律之本位是也"。[2] 当代有学者定义为："法律本位是指国家权力机关在制定法律的时候，必须首先确立法律的基本目的、基本任务或基本功能，它反映了法律的基本概念和价值取向。"[3]

近代以来，对于法律本位的最初探索，大致上西方国家的法律发展中较为重视个人本位，法律制度设计和构建的目的在于对于个人权利的充分保障，而我国的法律发展中一直以来较侧重于国家本位，政治上、道德上宣传集体主义，法律上也侧重于对国家权益的保护。应当说，这样两种法律本位各有优势，在特定的历史时期也都发挥了积极的作用，但是随着社会生活的发展，其弊端也日益显现。国家本位的法律强调国家的利益高于一切，但是实践中往往导致个人的专治和权力对权利的侵害。而个人本位也存在一定的缺陷，比如我国的大多民事法律引进了西方的独立、平等、自由、责任等民法精神，但因其奠基于实质为社会达尔文主义的个人主义基础之上，"任凭优胜劣汰，适者生存，这样民法在本质上就成了一种'丛林法则'，它只能保护市场优胜者，而市场失败者不在民法视野之内"。[4] 也就是说，个人本位的法律在充分尊重个体间平等权利的同时，对于这种平等竞争产生的负面效果并没有适当的救济，这种缺失会使得法律在形式平等美誉下存在很大的实质上不平等。应当说，无论是社会本位，还是国家本位，或者个人本位根本上的区别在于侧重维护的利益的不同。社会本位不同于国家本位和个人本位，社会本位强调社会整体的公共利益。社会利益不同于国家利益，

---

[1]　参见《现代汉语词典》（修订本），商务印书馆 1996 年版，第 60 页。

[2]　欧阳谿：《法学通论》，上海会文堂编译社 1933 年版，第 241 页，转引自 http://research.dr-yan.net/html/64/20060908/13794.shtml.

[3]　李东方："现代经济法的历史前提及社会公共利益的本位性"，载李昌麒：《中国经济法治的反思与前瞻》，法律出版社 2001 年版，转引自 http://www.okfw.com/lwzx/fxlw/jjld/2005/10/19/9790.html.

[4]　邱本："论经济法体系"，载《法制与社会发展》1998 年第 5 期。

社会本位更侧重于维护全体人民的利益，而国家更多的是维护统治阶级的利益，而不是全体民众的公共利益，社会本位也不侧重于维护单独个体的个人利益，但是社会法建立的社会本位可以在主要维护社会公共利益的同时，兼顾国家和个人的利益。在社会本位的基础上的社会法，扶持市场失败者，救济社会弱者，维护其基本权利，使人们有机会重新获得均等机会参与自由竞争，从而真正解放个人，促进整个社会的稳定和发展。作为一种法哲学原则，社会本位倡导以社会整体利益为重的价值取向，社会本位亦因此较之个人本位或国家本位日益受到青睐，而且，社会法的研究也必然带动法律价值的重新权衡，从而影响其他法律理论的研究和法律实践的发展。

（二）社会法研究对法律体系和法律部门理论的影响

法律体系，是指一国的部门法体系，即将一国现行的全部法律规范根据一定的标准和原则划分不同的法律部门，并由这些法律部门所构成的具有内在联系的统一整体。[1] 从法律体系的上述定义可以看出，法律体系具有两个基本特征：①法律体系涵盖一国现行全部法律规范；②法律体系被划分为不同的法律部门，由既相对独立又具有内在联系的法律部门构成。

对于法律体系为何要划分不同的法律部门，学术界尚有争议。主流的观点是赞同法律部门的划分具有重要的实际意义，即划分法律部门有助于从立法上完善法律体系、协调法律体系内部关系；有助于司法机关和司法人员明确各自的职责任务，准确适用法律；对于法学研究来说，使研究范围相对独立，使法学学科分工专业化。[2] 但是也有学者认为法律部门划分理论存在严重缺陷，提出放弃法律部门划分理论，而建立"法体制"理论。[3] 在社会法的定位中，主张社会法群的概念的观点基本上与此相似，以法群的概念涵盖法律部门的观点，认为法律部门理论的出发点和理论结构已经过时，法律部门的理论建立的法律本身并不能独立地自成体系，部门法划分也没有当代各国的立法根据，不能够适当地解决现实法律体系的矛盾，因此社会法的研究也应当放弃法律部门的定位，这点可以说是社会法对于法律体系或者法律部门理论的冲击。同时，从另一方面讲，将社会法定位于法律部门的学说，恰好说明了社会法可以完善和充实法律体系，法律体系会随着国家的立法活动及法学研究的发展而不断地发展变化，社会法正是应社

---

〔1〕 刘金国、舒国滢：《法理学》，中国政法大学出版社 1999 年版，第 97 页。

〔2〕 管荣齐："试论我国的经济法律体系"，载 http：//www. law－lib. com/lw/lw_ view. asp？ no ＝1564.

〔3〕 所谓"法体制"，是指同类法律规范的表现形式和实现方式的体系，可以分为国家法体制、经济法体制、行政法体制、民事法体制、刑事法体制。参见刘瑞复：《经济法学原理》，北京大学出版社 2002 年版，第 88～92 页。

会生活发展的需要而建立的新的法律部门，可以进一步促进法律体系的成熟和完善。另外，社会法对法律部门理论的影响还在于法律部门的划分的标准问题上。一般认为，在划分法律部门时，应主要以法律调整的社会关系为标准，其次考虑法律的调整方法。[1] 然而，在社会生活日益复杂的法律现实中，单纯的一种区分方法显然是不够的。如前文所述，在考虑社会法部门究竟应当包括哪些法律规范时，除调整的社会关系有其特殊性之外，法律理念、法律保护的对象、调整的方法等都将成为不同属性法律界别的标准。应当说，随着立法的增多，法律部门的划分标准也会更加具体，仅仅是调整对象和调整方法有时难以区分法律部门，还要在原有标准的基础上增加其他因素，比如综合考量法律理念、保护对象等，以使法律部门随着立法的发展和实践的需要变得更加合理与完善。

（三）社会法的研究对于法律分类理论的影响

分类，逻辑学上称划分，就是把一个词项的外延（集合），按照一定的标准，分为若干小类（真子集）明确词项外延的逻辑方法。这是人们认识事物的一种重要方法。法律规范的分类标准，是法律分类理论必须解决的首要问题。法律规范的分类标准应具有确定性，既应当能够说明实际存在的分类现象，又应当具有科学性和可操作性。

社会法自身的特点决定了对于社会法研究显然不能够简单地置于公法或者私法的框架之内。社会法是"私法公法化"和"公法私法化"互相渗透的结果，并且是以维护社会公共利益为本位的，如果公、私法的划分是以利益为标准的话，显然，社会法的研究就不能不超越公、私法的分类。这里不是说，公、私法的分类由于出现了新的法律现象就应当从根本上被否定，因为虽然在社会法的归位上公、私法有局限，然而还存在较多的传统法律规范可以直接划入公法或者私法领域，比如民法和行政法等，它们可以通过这样的分类共享某些法律精神，比如民法可以遵循私法自由的理念和法无规定即自由的原则；行政法要遵循禁止权力滥用和法无明文规定不能为的精神。正如拉德布鲁赫所言，"'私法'与'公法'的概念不是实证法的概念，它也不能满足任何一个实证的法律规则，当然，它可以为所有法律经验作先导，并且从一开始就为每个法律经验主张有效性。它是先验的法律概念。"[2] 正如海洋和陆地是先验的存在一样，不能因为陆地上有江河或者海洋里有岛屿而否认海洋和陆地的区别，也不能从海洋和陆地自身固有

---

〔1〕 刘金国、舒国滢：《法理学》，中国政法大学出版社1999年版，第103页。
〔2〕 ［德］拉德布鲁赫：《法哲学》，王朴译，法律出版社2005年版，第127页。

属性的比较中得出哪个更为重要的结论。[1] 社会法虽然不能是已成型的公、私法分类彻底被否定，然而，社会法的出现和逐步完善也使得公法与私法的临界上出现了一个交叉的区域，将社会法定位于第三法域的观点就认为这个区域冲淡了公私法的界限，冲破了公、私法划分的藩篱，成为法律项下一个独立的子集，与公、私法一起构成法律的三元结构。也有学者认为，规范性文件的分类属于技术范畴，并且以操作便利为着眼点和划分标准，我国的规范性文件可以划分为宪法、行政法、刑法、诉讼法、社会法、民法等几类。相应地，应用法学划分为宪法学、行政法学、刑法学、诉讼法学、社会法学和民法学六个次级学科。[2] 应当说对社会法的这种研究是一种对已有的公私法分类的补充和发展，正如弗里德曼所认为的那样，"权威和法律制度可能总是处在变动之中……没有一种安排能够令人满意，实现一劳永逸。满意的标准因时而异，并因文化不同而有别"。[3] 社会法对于公私法分类的影响并不存在一种普适性的结论，而是根据具体国家的社会发展情况而定，不论将这种影响定位在何种程度上，承认这种影响是不能回避的。

（四）社会法的研究推动法社会学研究和现实主义方法的应用

从法学与法治理念的关系上看，法学的问题不仅关系到我国法律制度的建构、社会实践的改革以及法学教育的方向，也关乎法学研究的方法与特征。法社会学的方法主要在于将法律置于现实的社会土壤中进行考察，重视法与社会现实的互动关系，从这点上说与下文提及的现实主义的方法有异曲同工之处。现实主义是 20 世纪上半期在美国和斯堪的纳维亚半岛兴起的一支法学流派。某种程度上说，西方法学中的基本派别例如社会学法学、现实主义法学、经济分析法学、批判主义法学、种族主义和女权主义法学等皆倾向于法律现实主义的方法。[4] 现实主义的立场和研究方法并不能简单等同于"法律现实主义"（Legal Realism）流派，然而共同之处是一种关注现实、一切从现实出发、根据现实来立法、执法、司法和发展法学理论的一种观点、态度和取向。法律现实主义在遇到问题时，首先想到的是这一问题所处的社会生活的现实关系，并以这种现实关系作为

---

〔1〕 郭明瑞、于宏伟："论公法与私法的划分及其对我国民法的启示"，载《环球法律评论》2006 年第 4 期。

〔2〕 刘诚："部门法理论批判"，载《河北法学》2003 年第 3 期。

〔3〕 [美] 弗里德曼：《选择的共和国——法律权威与文化》，高鸿钧等译，清华大学出版社 2005 年版，第 13 页。

〔4〕 范愉："新法律现实主义的勃兴与当代中国法学反思"，载中国民商法律网：http：// www. modernlaw. com. cn/1/1/10 - 21/2968. html.

分析问题和解决问题的出发点，而不是首先想到某种预先设定的而且往往是永恒不变的理念或理想，并认为一切立法、执法和司法活动以及一切法学理论的合理性和合法性在于它们同特定的现实相符合。中国当下的法学研究虽然有很大的发展，但是还存在一些问题，比如政治诠释、道德宣传以及经济分析的色彩比较浓厚，而缺乏对于现实的关注和研究。然而，在中国社会转型期，各种社会矛盾加剧，社会自身的问题需要解决，法律与国际接轨的任务也要完成。这都需要我们在法学研究中建立自己的法社会学研究和现实主义方法。社会法的研究不倾向于纯粹的规范主义或者概念分析式的研究，而更侧重于关于现实社会的问题，贯通各种多元化的视角和方法，包括经济分析法学、法文化论、公共管理以及其他学派的方法，以解决特定的社会问题，维护主体的社会性权利为己任，并以一种现实主义的态度检讨中国法制发展之路，客观地认识法律的作用，保证法与社会的协调，平稳地实现社会转型，这就要求法学理论研究者必须走出自我封闭的书斋，走到活生生的法律实践中，以一种现实主义的态度和经验实证方法研究和解决中国问题、开展学术研究，为中国的法制进程提供合理可行的方案。社会法的发展和研究，可以推动现实主义的理念和方法在中国的发展，与世界性的法律现实主义思潮保持共同的发展步伐。

■　第三节　社会法的性质

一、社会法性质概述

现有的法律大都是对社会条块分割、分块调整、各负其责，如局限于公、私法划分的传统，强调公法调整公共领域的社会关系，私法调整私人领域的社会关系。这有点像一些医生看病，头痛医头，脚痛医脚，而没有把人的身体看做一个整体一样。我们的法律也是如此，更多的情况下，要把整个社会当做一个整体进行系统、综合、协调地调整。更何况社会性质复杂，社会关系多样，社会绝不仅仅是公法所调整的公共领域和私法所调整的私人领域，社会还有比公共领域和私人领域大得多的其他领域以及公私交错或融合的领域，而社会法就是要解决传统法律部门如公法和私法不宜解决的社会问题，就是把社会当做整体来调整其存在的社会问题的法律部门。

如前所述，许多社会问题不是个人能解决的，也不是可以个别解决的，而必须动员和整合社会力量以从整体上加以解决。因此，社会法所要着力解决的核心问题是，怎样才能动员和整合社会力量以从整体上解决社会问题。社会法要围绕这一核心问题去设计其基本原理、规则，以便建立一套解决这一核心问题的长效法律机制。就其本质而言，社会法是一种动员整合社会力量从整体上解决社会问题的法律。

二、社会法性质的具体表现

社会法的功能决定了社会法具有以下两个方面的性质：

1. 社会法的存在是为了协调和解决社会成员基本生存发展方面的社会问题。例如，劳工问题、社会保障问题、环境资源问题等。劳动社会保障本质是社会弱者的生存和发展问题。需要从法律上规定社会弱者应该享有的权利和政府应尽的义务，如劳动立法和社会保障立法。可以说劳动法、社会保障法律一直是社会法的基础和核心，而环境资源问题也属于社会生存发展的公共利益问题，如果环境破坏、资源枯竭，那么人人受害，社会面临危机，同样形成社会问题。

2. 社会法是一个跨越公私两个领域综合运用公私两种方法的法律。社会问题不仅公共领域存在，私人领域也存在，私人问题与社会问题，私人领域与公共领域之间难以截然分开，有时是相依相存甚至互相转化的。因此，社会法不属于私法领域，也不属于公法领域，是跨越公私两域的。在调整的方法上，既运用公法方法，也运用私法的方法，即综合公私两种方法。

总之，我们诠释社会法时，既可以将其看做一个法律部门，如以劳动法和社会保障法为核心构成要素的部门法，也可将其看做一个法域，把整个社会作为统一的领域来调整的法域，还可以把社会法当成一种法律方法，即把社会看做一个整体，而不是把社会分割为各个领域块块，它要求从社会整体去观察问题并用社会方法解决社会诸多问题。就法律方法而言，社会法会有其独特的贡献和价值。

■ 第四节　社会法内涵的关键性问题

一、社会性权利

可以说，某种程度上法的根本价值在于维护公民的生存权和发展权等基本人权，这里提出社会法的价值在于维护公民的社会性的权利。应当说，社会性权利作为人权的一个组成部分，也会随着社会进步和人权的发展不断地完善。从社会法的产生看，社会法以保护社会弱势群体的利益为目标，以保护公民基本生存权为自己的价值追求，从某种程度上说，保障弱势群体的生存权是社会法产生的根源和存在的目的。无论是劳动法，还是社会保险、社会救助、社会福利等社会保障制度，都是要解决社会弱势群体的生存需求。随着社会的发展，社会法也开始关注人的发展权的保障和人的尊严的维护，例如教育、医疗、住房保障等。应当说，随着社会的发展，社会法产生之时政策性或者工具性的色彩逐渐转变为维护公民人权或者说社会性的权利的保障机制，社会法承载着保障公民诸如就业、社会保障、安全、健康等社会性权利的重任。"人生而自由平等"是 18～19 世纪人权思想的基点，也是近代人权运动的基本内容，与个人权利的概念不同，社会性权利是"基于福利国家或社会国家的理念，为使任何人都可以获得合乎人性尊严的生存，而予以保障的所有权利的总称"[1]。社会性权利的形成就是"为了解决资本主义高度发达下，劳资对立与贫富悬殊等各种社会矛盾与弊害，防止传统的自由权保障流于空洞化，谋求全体国民特别是社会经济弱者的实质自由平等，而形成的新型人权"[2]。社会性权利具有的特点使其可以区别于其他形式的权利，具体表现在以下几个方面：①保护的主体上，保障公民社会性权利的目的在于人的社会性、文化性生存，以达到多数人共同生活的社会整体的和谐，主要通过保障社会弱势群体，解决特定的社会问题而达到目的，因此权利主体具有特殊性、具体性和集团性等特点。②保护的目的上，社会性权利侧重于保障公民的实质自由和平等，某种程度上可以说，社会性权利是对于侧重形式平等的自由权结果的纠正和完善。③保障形态上，社会性权利的产生和存在要求国家权力介入和干预，使国家处于积极作为的状态来保证公民社会性权利的实际获得，这也不同于较少国家干预的个人自由权。正是这些特点使得社会性权利可以独立地成为社会法追求的价值目标。

二、社会问题

从社会法的发展实践上看，正是由于出现了亟待解决的社会问题，社会法才得以产生，并且由于社会问题的日益复杂化，社会法所覆盖的领域才逐渐扩大，解决的社会问题才逐渐增多。同时，从法学理论上讲，解决社会问题的社会法的产生也符合法的含义即统治阶级为了维护统治，适应人们普遍要求而解决社会问题的需要，由国家强制力来保证实施的行为规范；解决不同的社会问题的社会法的产生符合法的价值理论，因为社会法的思想基础或者道德准则是讲求可持续发展和人权的；解决不同社会问题的社会法的产生符合法的功能理论，因为社会法

---

〔1〕 〔日〕清宫四郎：《宪法》，有斐阁 1986 年版，第 22 页。
〔2〕 〔日〕田上攘治：《宪法事典》，青林书院新社 1984 年版，第 105 页。

发挥维护稳定、保障安全、促进社会进步等功能。[1] 关于社会问题,不同的学派有不同的理论界定,主要有两种意见:①认为社会问题是劳动问题。例如,华格纳(Adolphwagner)认为社会问题的发生是有产者与无产者的对立,大资产与小资产的对立,财产所得与劳动所得的对立;是私有财产制度的缺陷,是自由竞争制度的结果。赫德林(F. V. Hertiling)认为社会问题直接起源于社会分子的一部分与另一部分之间一切利害关系的冲突,要从社会共同生活全局出发,讨论阶级之间的敌对关系,不过仍然以劳动者的问题为中心。②认为社会问题是影响多数人生活的社会失调。例如,奥格朋(Ogburn)认为社会问题发生于文化失调。恺史(Case)认为社会问题必然是影响多数人并且为多数人所注意,被公认为一种社会危害,然后成为社会问题。季林(Gillin)和赫德(Hart)认为社会问题是社会变迁时所出现的社会失调,一切社会问题都与文化或者社会失调现象有关。[2]

社会问题是社会发展过程中由于社会矛盾(包括社会发展中的公平与效率的关系,经济发展与环境保护的关系,人与人、人与自然的关系等)激化的外在表现,是影响社会政治、经济、文化生活正常运行或者损害多数人利益的"公共问题"。具体到我国的社会发展实际中,社会问题表现在多个方面:如效益不好或破产的国有企业产生了大量的下岗失业人员;农村劳动者在公共设施、社会保障、迁徙自由、接受教育的机会等方面仍然与城市居民有较大的差距;进城务工的农村劳动者在法律上权益保护规定不足,几乎不享受社会保障待遇,在社会地位上,明显受到歧视;还有经济发展中造成的环境破坏问题等。这些可以归入社会法领域的社会问题有一些共同的特征,这些特征可以用来界定社会法所要解决的对象,也是对随着实践的发展进一步完善社会法体系的一个衡量标准。社会问题存在着这样的特征:

(1)社会问题指向的是公共利益,即社会问题是一种公共问题,涉及公共利益,而不是单独个体的权益保障问题。社会公共利益是"公民对社会文明状态的一种愿望和需要",[3] 它代表了社会大众的普遍需求和社会发展进步的共同价值取向。社会问题往往涉及很多人或者是一些群体的利益,比如贫困问题、两极分化问题、人口膨胀问题、环境破坏与资源浪费问题等,这些社会中存在的问题

---

[1] 汤黎红:《社会法通论》,吉林人民出版社 2004 年版,第 154 页。

[2] 郭强:《大学社会学教程》,中国审计出版社、中国社会出版社 2001 年版,第 348 页。

[3] 孙笑侠:"论法律与社会利益——对市场经济中公平问题的另一种思考",载《中国法学》1995 年第 4 期。

必须是涉及多数人的利益保护，这些问题的解决也往往需要国家负担责任，需要社会成员的共同努力，否则单独个体的问题或者特殊的典型现象可以用其他法律规范来调整。

（2）社会问题具有一定的危害性，即社会问题发展到一定的严重程度需要相应的法律规范来调整。社会问题妨害了社会的政治、经济以及文化生活的正常开展，给一定范围的社会成员造成了危害，例如人口的贫困问题、失业问题、失学问题等对公民的生存权和发展权造成了严重的损害，就需要社会法律规范进行及时的调整，一些社会发展中出现的问题可能影响性没有使其可以上升到需要社会法调整的层次，用社会政策或者临时性行政措施就可以解决，这些问题可以不归入社会法需要调整的社会问题中。

（3）社会问题调节机制的社会性。所谓社会调节机制，是"指国家以社会管理者的身份或社团（非政府组织）以社会公信力为媒介完成的一种社会生活交往模式"〔1〕在人类社会中，不仅需要以市场调节机制为特征的竞争机制，更需要以社会调节机制为特征的合作机制，以实现社会生活健康有序、稳定和谐的发展。社会问题的解决不是仅靠市场调节机制可以完成的，需要使用这种社会调节机制，即在社会法中，通过"团体契约"、"三方机制"等方式，体现公众的参与，保障社会法目标体系的实现。

三、弱势群体

应当说，弱势群体属于社会法需要保护的群体之一，但是社会法保护主体的范围不限于此。目前，我国学术界对于"弱势群体"没有统一认识。学者们往往从不同的角度对弱势群体进行各自的界定。有的学者从经济能力角度，认为"弱势群体是由于各种外在和内在原因，抵御自然灾害和市场风险的能力受到很大限制，在生产和生活上有困难的人群"〔2〕有的学者从政治角度，认为"弱势群体是一个相对概念，是在经济、文化、体能、智能、处境等方面，与另一部分人相比处于相对不利地位的一部分人"〔3〕

需要明确的是，"弱势群体"并不是一个严谨的法学术语，更多地属于社会学领域。"弱势群体"是一个相对的概念，由于生命体本身的差异以及竞争的存在，在社会发展中会出现所谓的强势群体和弱势群体，"弱势群体也并不是一个

〔1〕 郑少华："社会经济法散论"，载《法商研究》2001 年第 4 期。
〔2〕 沈红：《中国贫困状况与贫困形势分析》，社科院贫困问题研究的课题报告，转引自覃有土、韩桂君："略论对弱势群体的法律保护"，载《法学评论》2004 年第 1 期。
〔3〕 李林："法治社会与弱势群体的人权保障"，载 http：//www. guxiang. com/xueshu/others/falv/200203/200203230029. htm.

自觉产生的圆融自恰的封闭体系，组成群体的个体是流变的，在一定条件下，个体可以进入或者退出这个群体。因为弱与强之间本身就存在着诸多变量，为其相互转换提供了可能"[1]。在此意义上，"弱势群体"是对在政治、经济、文化以及生理健康等方面处于弱势地位的人群的总称，这里采用的是一种可以指称社会法保护主体的较为广义的含义。

对于弱势群体的列举式的归纳恐怕是不能穷尽其内容的，这里也从弱势群体产生的原因上进行分类，以期对理解弱势群体的含义以及增加解决问题的可操作性有所助益。

从法律角度来考虑，社会法中的弱势群体，首先包括由于生理原因造成的生理性弱势群体，如老年人、残疾人、儿童等；也包括由于自然原因造成的自然性弱势群体，如遭受自然灾害的农民，边远山区的人等；还包括社会原因造成的社会性弱势群体，如失业、下岗人员等。在社会转型或者社会发展的特殊阶段，除了这些较为典型的弱势群体应当受到社会关注的同时，社会中还存在着相对弱势群体，这些弱势群体表面上看来似乎并不弱势，但在现实中相对于"强者"而言，他们仍然处于不利地位，例如雇佣关系中的劳动者、消费关系中的消费者、环境污染中的受害者，他们相对于雇主、经营者、致害企业来说就是弱者。可见，弱势群体上的弱势有以下表现：①弱在权利和权利行使的不完全，其权利极易受到侵犯；②弱在对社会资源的占有上，对资源控制的不同必然导致各种社会关系中实际地位的差别。弱势群体对社会资源的平均占有是较少的；③弱在事实上的不平等，从而使他们处于社会中的从属地位。总之，弱势群体由于特定条件的限制占有较少的社会资源，处于事实上的不平等或从属地位，他们不能够完全行使自己的权利，在社会竞争中处于从属或者说不利地位，需要国家和社会给予支持和帮助。[2]

[1] 焦武峰、雷波："试论弱势群体及其法律保护"，载《江南社会学院学报》2003 年第 6 期。

[2] 岳燕锦："谈社会法中的弱势群体及其保护"，载《三峡大学学报》（人文社科版）2005 年第 27 期。

第二章 社会法的思想和社会法的产生

■ 第一节 社会法的思想

社会存在决定社会意识，而任何法律又都是人的行为规则，都要调整人的社会关系，因而都与人性密切相关，并源于人性。所以，有必要从研究社会法思想的角度先考察一下个人主义的弊端和社会主义的兴起。

一、个人主义的弊端

（一）个人主义的产生背景

在漫长的奴隶制和封建制社会，人分三六九等，身份决定权利义务，只有极少数奴隶主和封建主才具有主体资格，才享有权利义务，才被当人看，而绝大多数的奴隶和农奴只是"会说话的工具"，不享有权利义务，不被视为人。在这两种体制下，"普天之下、莫非王土、率土之滨、莫非王臣"，最高统治者如国王或皇帝成为国家的化身，"朕即国家"，国家的一切都集合并掌控在国王或皇帝手里。高度集权的结果是绝对的国家主义，个人统统隶属于国王或皇帝所代表的国家或者直接隶属于国王或皇帝本身，个人没有独立存在的可能，也没有个人自由可言，个人主义犹如天方夜谭。

直到15世纪的文艺复兴运动宣扬人的崇高、人的尊严、人的人性、人的理性和人的自由，这是"人的发现"，[1] 文艺复兴运动对人的思想起到了重要的启蒙作用。加上弥尔顿、哈林顿、洛克、伏尔泰、孟德斯鸠、卢梭、富兰克林、潘恩、杰弗逊等资产阶级思想家对自由主义思想的传播和普及，为资产阶级的革命做好了充分的舆论准备。英国在1688年"光荣革命"后，议会于1689年通过了《权利法案》、《叛乱法案》、《三年法案》和《嗣位法案》，这些法案对王权作了具体限制，确立了议会高于王权、司法独立于王权的原则，为君主立宪制奠定了基础。法国在1789年"大革命"之后颁布了《废除封建制的法令》和《人权和

---

[1] ［瑞士］布克哈特：《意大利文艺复兴时期的文化》，何新译，商务印书馆1979年版，第280～302页。

公民权利宣言》，其中《人权和公民权利宣言》指出："在权利方面，人生来是而且始终是自由和平等的"，"任何政治结合的目的都在于保障人的自然的不可动摇的权利。这些权利就是自由、财产、安全和反抗压迫"，"整个主权在根本上存在于国民之中。任何团体或个人不得行使主权所未明确授予的权力"。贯穿这些法律文件的指导思想是个人主义，它宣扬并确认个人的独立、平等和自由，是对国家主义的颠覆，自此，个人主义开始成为占统治地位的意识形态。

（二）个人主义的弊端

由于当时的人们刚开始摆脱形形色色的封建束缚，初步获得了独立的资格，但还无力左右他人；当时的人们差别不大或者没有什么实质性的差别，站在同一起点上，处于平等的地位，还无法高于他人；当时的人们刚刚从封建体制下解放出来，始得自由，还不能对他人构成影响或威胁。但随着人类的进化、科技的进步、分工的精细和社会的发展，人所固有的差别开始显现出来并且不断扩大，人们在自然天赋、家庭出身、教育程度、经济实力、社会地位、市场机会、竞争能力等方面千差万别，有时甚至是天壤之别。在这种情况下，奉行个人主义，势必放任千差万别的人们去自发竞争，优胜劣汰，结果只有极少数的优胜者才能生存下来，而绝大多数人作为劣汰者惨遭淘汰，所以这种个人主义实质上是极少数人主义，这极少数人不但不能代表社会的绝大多数人，而且是以淘汰和牺牲社会上的绝大多数人为代价来擢升自己的。这样一来，社会就成了极少数人的社会，而与绝大多数人无关，绝大多数人成为社会的弃儿。

这种个人主义认定，个人先于社会，个人决定社会，个人重要于社会，有个人才有社会，从个人到社会，社会由个人所组成。这种个人主义所培养和指导的个人，是一种个人主义者。个人主义往往把个人当做唯一的目的，而把社会当做工具，并且是人人可以充分利用而又人人不加爱护甚至不把它当回事的工具，这样的工具是不可持续利用的，这样的社会是不可持续发展的，这样的社会工具总有一天会被利用殆尽，到那时，个人就没有了可供利用来生存发展的工具了，个人的目的也就无法达到。个人主义把社会置于个人之后和个人之末，本来就暗含着对社会的轻视。人是一种社会存在物，没有了社会就没有了个人的安身立命之地，个人根本无法生存和发展，没有了社会就没有个人，畸形的社会使人异化。

人类所生存其中的环境，一方面，自然界没有赋予人类取之不竭的自然资源；另一方面，人类自身的生产力也远没有达到能够完全满足人类自身需要的程度，这就决定了人类所生存其中的环境是一个"僧多粥少"的困境。在这种困境中，人们肯定会先己后人、先个人后社会地去追逐各种利益。在追逐各种利益的过程中，有时个人利益和社会利益是一致的，而有时是冲突的。但个人主义认定个人利益先于或高于社会利益，社会利益基于或源于个人利益。作为个人主义逼真写照的亚当·斯密"看不见的手"的理论就认为，市场中的人们在追逐自己的私人利益时，受一只"看不见的手"的指引，会不知不觉地促进社会利益，并且不知不觉比明知有意识更能促进社会利益。但历史和现实反复证明，人们在追逐私人利益时只是有时会促进社会利益，并不会一定促进社会利益，而且有时还会损人利己、损公肥私，如果人们极端地追逐私人利益，往往还会损害社会公共利益。这也是几乎与亚当·斯密"看不见的手"的理论齐名的阿罗的"不可能定理"的基本思想。人们自发地追逐个人利益，会导致利益的得丧变更以及利益的分化和集中，结果，社会上的个人被分化为有产者和无产者两大阶级，社会财富在这两大阶级之间分化。两极分化、贫富悬殊的后果导致日益激烈的阶级斗争和社会革命。

二、社会主义的兴起

面对个人主义所导致的各种社会问题，人们开始了对个人主义的反思和批判，并在反思和批判中促成了社会主义思潮的兴起。这种社会主义思潮是对个人主义的扬弃和超越，如果说个人主义以个人为本位、以个人利益为圭臬的话，那么与个人主义相对的社会主义就是以社会为本位、以社会利益为宗旨，它具有以下一些内容和特点。

社会主义认为人的不独立、不平等和不自由正是由于个人主义抽象地看待人、盲目地假定人都是独立、平等和自由的所导致的结果。因此，它认为要改变这种结果并解决相应的社会问题，就不能抽象地看待人，否则也解决不了人的问题。无视或抹杀人与人之间的千差万别，所寻求的平等是形式平等、虚假平等而不是真正的平等。只有针对人的差别，对不同的人适用不同的规则才有平等、才是平等；不能笼统地看人，看每个人似乎都一样，都一样是独立、自由的，而要具体地看人，看到每一个具体的人，看到每个人都有所不同，尤其是看到那些处于社会弱势地位的人，如与经营者相对的消费者，与正常人、成年人相对的老弱病残者，要看到并正视他们的相对不平等。尤其要看到他们是社会问题的所在，也是社会问题的重点和难点，所谓的社会问题主要就是他们的问题。因此，怎样对人，关键是择出那些最能代表社会、最具社会性的社会弱势群体并加以人道相待，使他们能够有人格尊严地生存和发展。只有当社会弱势群体都能有人格尊严地生存和发展时，社会才是每个人的社会、所有人的社会。关于什么叫社会主义，马克思早就指出，社会主义就是要解放全人类。从现实社会状况理解此观点，那就是，只有解放社会上那些最不独立、最不平等、最不自由的人，解放那些最需要解放的社会弱势群体才能解放全体社会成员，社会主义以全社会成员为本，一个都不能少，只有解放了全体社会成员才真正实现了社会主义。

对于个人主义所认定的"个人先于社会，个人决定社会，个人重要于社会，有个人才有社会，从个人到社会，社会由个人所组成"的观念，社会主义认为，①这种认定只具有发生学的意义，也就是说，当原始人在刚刚组成社会时才有意义，在那个时期和那个阶段确实是如此，是个人先于社会，没有个人就没有社会；②对所有或全体个人来说是如此，如果没有所有或全体个人的首先存在，就没有社会，因而是所有个人决定社会，但并不是某个人决定社会，某个人是否存在并不能决定社会是否存在；③在分析社会构成要素时是如此，社会由个人所构成，个人是社会的基本构成要素，就像物质是由分子构成的，没有分子就没有物质一样，个人是社会构成的一分子，没有个人就没有社会；④在强调社会应尊重和保护个人时要如此，是个人重要于社会，不能无视否定具体的个人而强调社会。但不能推而广之，认为在往后的所有时期、所有阶段和所有情况下，都是如此。事实上，任何个人都无法决定社会，相反，倒是社会在深深地影响和决定个人，可以说有什么样的社会就有什么样的个人。虽然个人有时能够改造社会，但更多的时候是个人受制于社会，这就是所谓的"人在社会，身不由己"。当人被社会化了以后，当社会成为个人生存和发展的决定性要素和前提性条件时，当个人只能在社会中才能生存和发展时，就不能仅从个人论个人，还必须从社会论个人。有什么样的社会就有什么样的个人，只有健康完善的社会才有利于个人的生存和发展。因此，社会主义就是以社会为本，把人理解为社会的人，从社会去看待人，努力把社会改造和建设成为有利于个人生存和发展的社会，只有当每个人都能在社会中生存和发展时才有了完善的社会。

从利益角度讲，有个人利益也有社会利益，个人利益与社会利益有一致性，但又并不完全一致。社会利益就是那种被大多数个人所无偿享有但又容易被个人所忽视的利益，可是，人们越是无偿享有社会利益就越是无视社会利益。既然不能从个人利益的追逐中促进社会利益，那么社会利益就应寻求它自己的实现途径，社会利益要有自己的代理人和维护者，他们不仅仅是从个人利益中促进社会利益，还要从社会利益本身去维护社会利益。社会利益是一切社会成员的共同利益，应为人人享有、所有人享有，只有当社会利益得到所有社会成员的有效促进并在他们之间公平分配时，个人利益才有保障。许多社会利益是几代人共同创造累积的，是个人生来就享有的，比如优美的自然环境和优良的社会秩序，就是一种重要的社会利益。在利益一体化的情况下，不是个人利益派生社会利益，而是社会利益派生个人利益，没有社会利益就没有个人利益，即所谓的"大河无水小河干"，"没有大家哪有小家"。个人命运与社会命运息息相关，当社会不幸时，个人就会命运多舛；当社会利益损失殆尽时，个人利益也不能幸免。时至今日，人们应充分地认识到，社会利益有助于促进和增加个人利益，要实现和保障个人利益不能仅从追逐个人利益出发，还必须从促进和保护社会利益开始。因此，社会主义就是社会利益归全体社会成员所有，社会利益要公平分配，以期消灭贫富差别，实现共同富裕。

■ 第二节　社会法的产生

任何主义要想行之有效，都要记载和表述为具体的法律。社会主义和社会法也是这样，社会主义所记载和表述的具体法律就是社会法，社会法以社会主义为指导思想。

社会主义要以每个人为本、要以人为本，社会主义实质上是人人主义、全民主义。但已有的私法和公法已不能充分地反映和实现社会主义的这一要求。如私法，许多国家的私法特别是民法都有类似规定，如《法国民法典》第 8 条规定："所有法国人都享有民事权利。"《德国民法典》第 1 条规定："人的权利能力自出生完成之时开始。"《日本民法典》第 1 条之三规定："私权的享有，始于出生。"从上述主要国家的民法典的规定可以看出，民法对其主体资格的确认是附条件最少的，在许多情况下甚至是无条件的，因此可以说，在所有的法律部门中，民法几乎是对人的主体资格最充分的确认和保障了。但由于私法所规定的人是抽象的人，它"不知晓农民、手工业者、制造业者、企业家、劳动者等之间的区别，而只知道完完全全的法律主体，只是‘人’"[1] 它不但看不到具有千差万别的具体个人，而且把所有的个人都想象假定为"强有力的智者"，[2] 这种假定看似是对劣弱者的拔高，但实质上是对劣弱者的贬低，因为它没有给劣弱者以真正的关怀和照顾，并成为把劣弱者淘汰出局、使之丧失主体资格的重要原因。私法的主体平等是形式平等、起点平等，是把千差万别的人们置于同一规则下的平等，这种流于形式的平等，不管过程和结果的平等，不是真正的平等，而往往是最终导致产生三六九等。私法是市场竞争关系的记载和表述，本质上是一套市场竞争规则，私法的主体是处于竞争关系中的主体。市场竞争的客观规律是优胜

---

〔1〕［德］拉德布鲁赫：《法学导论》，米健译，中国大百科全书出版社 1997 年版，第 66 页。

〔2〕［日］星野英一："私法中的人"，王闯译，载梁慧星主编：《民商法论丛》第 8 卷，法律出版社 1998 年版，第 166 页。

劣汰，把少数优胜者攫升为主体，却把多数劣弱者淘汰出局，甚至否定他们的主体资格，结果只有极少数人才能真正成为私法主体、成为人，所以不足以保障和实现人人本位。再如公法，公法是调整公务关系的法律部门，典型的公法如行政法。行政法是调整行政关系的，仅涉及行政主体，行政主体只是社会成员的极少数人，而不可能是所有人；行政关系具有隶属服从性质，对于那些处于行政关系中的人，行政法强调的是一致、隶属和服从，而不是人的独立、平等和自由；行政法的宗旨是限制行政权力、规范行政行为、明确行政责任，本质上是控权法或限权法，它的这套规则与直接赋予人以权利、保障人的自由的规则大有不同；行政法是针对和规范行政主体的，它并不直接涉及社会弱势群体，不能用规范行政主体的方法来规范社会弱势群体。公法是"官本位"而不是"民本位"，它也并不直接追逐人人本位。

社会主义以社会为本，认为有社会才有个人，要求从社会着眼、从社会出发去思考和解决社会问题。但私法以个人为本，私法所调整的是一种私人领域，是一种私人社会，私人社会不同于社会主义社会。公法调整的是公共领域，主要是国家公权力作用的领域，这一领域只是广阔的社会领域的一部分。公法与政治国家有关，但政治国家是社会发展到一定阶段以后，由于陷入了各种矛盾和冲突无法自行解决，因而需要产生国家来加以解决。但国家一旦从社会中产生，以后就日益同社会相异化并凌驾于社会之上。[1] 结果国家有时借社会之名侵吞社会，只有国家而没有社会，社会被国家化了，几乎没有了社会的空间。但这是极权国家，是不正常的。在人类社会的历史上，有过漫长的无国家的原始社会，也存在过国家支配、吞噬社会的极权国家，但从国家的发展趋势来看，暂不说马克思、恩格斯所预言的国家最终要消亡，最起码国家的范围和作用应是越来越小。一个自由、民主、法治的社会，不应是国家与社会相等同或者两者合二为一的社会，国家主义不等于社会主义，国家只是社会的一部分，国家不应代替社会，也代替不了社会。

国家利益与个人利益和社会利益都密切相关，国家利益是一些非终极性的利益，而是待分化的利益，它既可能归个人所有而变成个人利益，也可能归社会全体所有而变成社会利益，因此，不可笼统地把国家利益与社会利益直接等同起来，认为国家利益就是社会利益。

社会主义承认国家干预的必要性，要求国家有所作为。但私法主张意思自治，它在本质上是排斥国家干预的。它认为所有人都是一样的，所有人遵守的是

---

〔1〕《马克思恩格斯选集》第 4 卷，人民出版社 1995 年版，第 170 页。

同一规则，各人应好自为之，自我负责，所以，那些不能意思自治，不能自我负责的社会弱势群体，私法是放任不管的。公法作为一种控权法或限权法，在本质上也是要求尽量减少或限制国家干预的。并且公法的国家干预方式具有依照程序严格、动用国家公权力、贯彻命令服从等特点，这种干预方式适合规制和管理权力机关和公共事务，但并不适合管理社会事务。社会问题更需要社会担负处理。

　　正是因为社会问题的存在，正是因为已有的私法和公法不能完全满足社会主义的要求，因而要求产生一系列新的法律部门，如劳动法、社会保障法等法律部门。这些新的法律部门构成了一个新的法域，大家名之为社会法。

第三章　社会法的历史沿革

■ 第一节　西方社会法的历史沿革和发展

　　"社会法"一词单从概念的提出来看，它产生于 19 世纪的西方资本主义社会。但是，社会法中所蕴含的主要思想和理念却有着悠久的历史。因此，研究社会法的历史必须了解和认识社会法作为明确的规范产生之前的发展轨迹，以使人们真正认识支撑社会法的思想内涵和社会法本身所具有的社会价值。西方学者提出的社会法的概念主要有广义和狭义两种。广义的主要是指为了解决社会性问题而制定的各种有关法律规范的总称。它是根据国家既定的社会政策，通过立法的方式制定法律以保护某些特别需要扶助人群的经济生活安全，或是用以普遍促进社会大众的福利，将所有有关的该方面内容的法规汇合在一起，便被广泛地称为社会法或社会立法。在英美法系国家，社会法通常作广义的理解。在英国，社会法被解释为对具有普遍社会意义的立法的统称。狭义的社会法主要是指社会保障法。德国基本上采用此说。德国的《社会法典》第 1 条第 1 款规定：社会法典为实现社会公正和社会保障应有效调整社会福利支出（包括社会救济和教育性救助）。从社会福利支出的意义上去理解社会法，则社会法包括社会保险、社会补偿、社会促进和社会救济，而像劳动法等却不包括在社会法中。一般认为，德国的社会法就是社会保障法。本书此部分关于社会法历史沿革的论述从广义和狭义相结合的角度进行介绍。

一、社会法的萌芽时期

　　社会法的思想源于古代济贫的观念。被认为是世界上最早的一部比较系统的法典《汉谟拉比法典》曾规定："要保护寡妇、孤儿，严禁以强凌弱。"[1] 早期济贫的思想实际上根源于慈善之心，体现为关心生病、年老、残疾和贫穷者。

---

[1]　林榕年、叶秋华主编：《外国法制史》，中国人民大学出版社 2003 年版，第 28 页。

社会法的萌芽思想影响了古希腊和古罗马时期的社会政策。[1] 公元前 560 年起，希腊政府就开始对伤残的退伍军人及其遗属发放抚恤金，对贫困者发放补助。公元 6 世纪末，罗马城邦也采取大规模的、有组织的救济措施，城邦的市政当局用捐款和公款购买粮食，将粮食无偿地分发给丧失劳动能力的人和阵亡将士的遗属，以减缓社会冲突。

最早对社会保障进行专门立法的国家是英国。英国是老牌的资本主义国家，也是最早发生工人运动的国家之一，很早就开始尝试以法律的手段解决社会发展中的问题，因而英国成为西方较早进行社会立法实践的国家。

英国社会法的前身是资产阶级革命前的"济贫法"（Poor Law），1601 年的英国女王伊丽莎白颁布的《贫民救济法》是这一时期的典型代表。该法规定，对贫民进行救济是每个教区的责任，各教区必须任命贫民救济官来处理救济事务，所谓的救济事务主要包括安排贫民及其家庭成员的工作，向教区内的财产占有人征税以便为贫民设立教区济贫基金等。以后，对贫民的救济逐渐发展成各教区联合管理的制度，并且设立了联合救济会。1601 年的《贫民救济法》最大的特点是确认国家负有救济贫民的责任，国家主要是使用征税的办法对圈地运动中流离失所的贫民进行救济，这部法律的出台表明统治阶级已经意识到贫困和失业对于统治的威胁，该法的出台也标志着英国的社会保障从随意性走向制度化、法律化。1834 年英国政府对这部济贫法进行了进一步修改，颁布了《济贫法修正案》，规定社会负有保障公民生存的义务。修正案认为，社会救济不是一种消极的行为，而是一种积极的福利保障措施，规定了停止向济贫院以外的穷人发放救济金。这种规定，一方面可以保障济贫院中的贫民生活；另一方面，也在市场上保留一部分一无所有的劳动力来发展社会生产。这部法律对社会法发展的意义还在于它确立了享受社会救济是公民的合法权利，政府可以使用相关的社会保障法律缓解社会发展中的问题，这都为社会法的进一步发展打下了良好的基础。

1802 年的英国政府颁布了《徒工健康和道德法》，这部法律是以解决工人问题为主的社会法的形式之一，该法禁止纺织厂雇用 9 岁以下的徒工，并规定劳动时间不得超过每日 12 小时，以及禁止夜工等，这部法律被认为是现代各国劳工立法的开端，对保障工人的权利和完善职工保护制度有积极的意义。

社会制度的起源和发展，不可能是孤立的或者突如其来的，而是与一定的历史条件、传统习惯和社会背景相关。英国的社会法的萌芽产生于封建的农业社会

---

〔1〕　古希腊、古罗马的相关内容，参见郭捷主编：《劳动与社会保障法》，中国政法大学出版社 2004 年
　　　版，第 277 页。

末期，这是英国从封建社会向资本主义社会转变、开始资本原始积累的时期。"圈地运动"造成许多村庄被消灭，大批农民背井离乡、贫困潦倒，统治阶级颁布《济贫法》，正是为了缓和社会矛盾，安抚贫民，维护社会制度。而在资本主义确立之后，自由资本主义的蓬勃发展要求大量的劳动力，正是为了保障劳动力的需要，英国出现了对济贫法的修正和保障工人权利的社会立法。从根本上说，当时的历史条件下还不可能产生现代意义的社会法。

二、社会法的形成时期

现代意义上的社会法形成于 19 世纪下半叶的德国。与英国相比，德国的工业革命和资本主义化足足晚了半个世纪。1871 年德意志帝国建立，俾斯麦（Bis-marck）担任首相时，采取了"胡萝卜加大棒"的政策，即一方面制定"社会党镇压法"，压制社会民主党的革命运动；另一方面接受了社会政策学会的主张，通过制定社会政策和社会立法来保护劳动者，缓解劳资之间的矛盾。1881 年 11月，德皇威廉一世发布了建立社会保险的敕告，指出对社会问题的解决不能只是镇压社会民主主义的不法行为，而是应当力求稳定地、积极地促进工人福利，他将促进工人福利视为皇帝的职责，认为皇帝有义务重新并持久地保证国内和平，有义务给予需要帮助者更大的安全感和更多的支持。该敕告被视为德国社会保障的大宪章。随后，德国于 1883 年颁布《疾病保险法》、1884 年颁布《工伤保险法》、1889 年颁布《伤残及养老保险法》，尽管这三个法律的适用范围仅涉及当时德国就业人口的 1/5 或者总人口的 1/10，但它们却确立了社会保险法的基本思想和原则，开创了社会保障立法之先河。此后，德国不断通过立法扩大社会保险的适用范围。如 1911 年颁布《孤儿寡妇保险法》，并将疾病保险、工伤保险和养老保险合并为单一的社会保险，形成所谓的社会保险法典，史称"帝国社会保险法典"。德国这一时期社会立法的特点是，通过社会保险的形式加强对劳动者人身安全和健康的初步保障来维持其正常的劳动和生存，借以缓和劳资对立、减少社会冲突。这些法律的制定和实施，为日后德国社会福利制度的发展奠定了基础。

德国以社会保险法的形式推进社会法的做法为欧洲各国相继效仿，社会保险法的形式也成为社会法的主流。1890 年至 1911 年间，欧洲各国相继颁布了包括医疗、养老、失业、工伤等内容的社会保险法，开始建立社会法体系。在此期间实行老年残疾保险的国家有丹麦、奥地利、英国等 16 个国家；实行疾病生育保险的有比利时、瑞士、英国等 9 个国家；实行工伤保险的有波兰、法国、意大利等 37 个国家；实行失业保险的有英国、法国、挪威、丹麦等 9 个国家。

三、社会法的发展时期

从 20 世纪 30 年代开始，美国的社会法得到了较大发展。1929 年资本主义世界爆发了严重的经济危机，美国国内社会矛盾激化，罗斯福总统开始实行新政，强调通过国家干预来解决经济危机。1933 年美国颁布了《联邦紧急救济法案》，1934 年 6 月 8 日，罗斯福总统提出了制订一项社会保障计划的设想，随后成立了"美国经济保障委员会"。1935 年 8 月 14 日，罗斯福总统签发了美国第一部《社会保障法》。该法的主要内容包括：①联邦政府设立社会保障署，负责全联邦社会保障计划的实施；②实行全联邦统一的养老保险制度，由雇主和雇员缴纳养老保险税，建立养老保险基金；③由联邦政府和州政府共同实施失业保险计划，对雇佣 8 人以上的雇主征收失业保险税；④在联邦政府资助下，由州政府实施老人和儿童福利、社会救济和公共卫生措施。

美国 1935 年的这部《社会保障法》在社会法发展过程中具有划时代的意义，该法是世界上第一个对社会保障进行全面系统规范的法律，这部法律第一次使用了社会保障的概念，第一次在一部法典中规定了社会保险、社会福利和社会救济等社会保障的内容，确立了社会保障普遍性和社会性原则。在美国社会保障立法之后，社会保障作为一个基本法律制度被许多国家确立并实施。

四、社会法的完善时期

社会法的完善是福利国家政策的产物。1942 年的《贝费里奇报告》（Beveridge Report）[1] 集中体现了福利国家的思想，这份报告主张建立统一的社会保障制度以保证公民自由的实现，提倡建立国家卫生服务和家庭津贴制度，执行充分就业政策。第二次世界大战结束之后，各国执政党为了解决战后的社会问题，颁布了大量的社会保障法规，形成了庞大的社会法律体系，几乎囊括了"从摇篮到坟墓"的所有的社会保障制度，这些社会保障制度主要包括社会保险、医疗保险和社会服务三大部分，具体包括国家保健法、国家保健服务法、长期患病和失去工作能力者法、儿童法、药品法、清洁空气法、污染控制法、就业保护法等各种法规；社会补贴的种类也很多，包括养老金、失业救济、工伤津贴、公费医疗、孕妇补贴、儿童补贴、寡妇补贴、工业死亡补贴、住房补贴、教育费用、圣诞节奖金等等。

福利国家的理念和各国福利制度的实践，促进了社会法在欧洲国家的发展。北欧五国包括瑞典、丹麦、挪威、芬兰和冰岛，以及法国、德国等国都宣布成为福利国家。福利政策和经济发展相互促进，形成了一定程度的良性循环。

---

[1] See Neville Harris, *Social Security Law in Context*, Oxford University Press, 2000, pp. 73 ~ 92.

欧洲各国社会法的实践也促进了国际领域中的社会法的发展，国际劳工组织于1952年制定了《社会保障最低标准公约》，该公约对社会保障中的有关具体待遇、疾病津贴、医疗护理、失业救济、工伤补偿、残疾津贴、死亡补助等的最低标准作出了具体的规定。该公约在国际社会上具有重要的影响，被誉为国际社会保障事业的里程碑和"社会保障的国际宪章"。

■ 第二节　中国社会法的历史沿革和发展

一、中国古代社会中的社会法因素

尽管现代社会保障法起源于欧洲，我们所采取的社会保障制度更多地被认为是一种"舶来品"，其实，历史悠久的中华民族很早就有社会保障的思想。春秋战国时期就有社会大同的思想，[1] 在孔子的思想里，"天下为公"是大同社会的最高理想，在这个社会里，人们和睦相处、尊老扶幼、丰衣足食，这种理想就包含了社会保障的思想因素。中国传统文化中还有许多救灾优抚的思想，其中最突出的为以储存粮食以备灾荒，历代统治者都特别注意囤积粮食以备不测。[2] 平时储粮以备荒时所需，以使百姓平稳度过灾年，这种思想基于对百姓生存保障的考虑，是一种朴素的社会保障的思想。

在这样的思想指引下，我国古代出现了一些与社会保障相关的制度。自黄帝时代起，就有"塞争端"、"通货财"、"存亡更守"、"有无相贷"、"疾病相救"等。到尧舜时代，统治者主张天下为公，尧典中记："克明俊德，以亲九族，九族既睦，平章百姓，百姓昭明，协和万邦，黎民于变时雍。"到周代已开始设立与社会保障有关的机构。[3] 实际上，我国古代自周朝以来对老弱病残者或鳏寡孤独者都实施过许多不同形式的救济，有设立的公产、义田和义仓，也有"居养

---

〔1〕　如孔子《礼记·礼运》中的"大同章"就记载："大道之行也，天下为公，选贤与能，讲信修睦。故人不独亲其亲，不独子其子。使老有所终，皆有所养。男有分，女有归，货恶其弃于地也，不必藏于己，为恶习其不出于身也，不必为己，是故谋闭而不兴，资寇乱贼而不作。故外户而不闭，是谓大同。"

〔2〕　如《礼记·王制》提到："国无九年之蓄，曰不足；无六年之畜，曰急；无三年之蓄，曰国非其国也。三年耕，必有一年之食，九年耕，必有三年之食，以三十年之通，虽有凶旱水溢，民无菜色。"

〔3〕　《礼记》中记载："季春之月，天下布德行惠，乃命有司发仓廪，赐贫穷，赈乏绝。"《周礼·地官司徒》记载："以保息六养万民：一曰慈幼，二曰养老，三曰振穷，四曰恤贫，五曰宽疾，六曰安富。"

院"、"普济院"、"育婴堂"等。例如，周秦时期已有仓储制度，待贱收买，待贵售卖，称为"准平"。[1]西汉时代也有"常平仓"制度，"常平仓"的作用在于平抑谷价，储存谷物以备特别之用。汉唐以来，历代各地都设置有"社仓"和"义仓"。"社仓"又称为乡仓，是社内的公共设立之仓，由社内各家随所得劝募粟麦，储藏仓内，每年收藏不使损坏，预备灾荒时赈给社内需要者。"义仓"由富裕者的义捐或特别课税收集米黍由官府管理，在重要地方设置仓库加以储藏，待至荒年或青黄不接时散发，以赈济贫民。宋代也建有慈善性质的"广惠仓"，用于发放救济财物给老弱贫病残者。宋明清以后各朝代都有"义田"、"学田"的设置：一曰赐复，二曰免科，三曰除役，四曰振茕独，五曰养幼，六曰收羁穷，七曰安节孝、通商，八曰劝输，九曰严奏报之期，十曰办灾伤之等，十一曰兴土劝、使民就佣，十二曰及流亡，使民生聚。[2]

中国古代的这些社会保障制度，是在奴隶社会、封建社会的特定历史条件下实行的，虽然这些措施本身具有局限性，但是这些社会保障的思想是中国古代儒家思想智慧的结晶；当时所采取的某些社会保障措施，如仓储后备制度、社会救济措施、中央集中管理的做法等对现今建立社会保障制度仍具有借鉴意义。

二、中国近代法律转型时社会法的引入

自1840年中国沦为半殖民地国家之后，清政府面对列强屡战屡败，社会问题众多，社会矛盾激化。当时许多有识之士强烈要求变法，建立新的制度，以富国强兵和抵御外侵。当时清政府变法过程中以德国法为主的大陆法系为范本，来改变传统中国封建法律，在"参考古今，博辑中外"的修律方针指导下，西方的社会保障的思想也渗透法律制度之中。[3]一方面清政府进行修律，救济贫民，赋予人民权利，缓和社会矛盾；另一方面，社会中的各个阶层和团体纷纷提出社会改进的措施。太平天国运动的领袖，按照平均主义的理想，制定了《天朝田亩

---

[1]　《周礼》中记载："遣人掌邦之委积，以待施惠；乡里之委积，以恤民之艰厄……县都之委职，以待凶荒。"

[2]　林嘉：《社会保障法的理念、实践与创新》，中国人民大学出版社2002年版，第71页。

[3]　1900年施行的《德国民法典》就出现了有关劳动保护的内容。随后，1918年的《劳资协定法》和1920年的《企业委员会法》（现已更名为《企业组织法》），对德国劳动法的发展直到今天还在起着决定性的作用。我国在全面借鉴德国法律制度时，就在相应的法律制度中涉及劳动保障的规定。例如，《德国民法典》第323条，该条确立了一般合同法律关系的基本原则："没有给付就没有对待给付。"这个原则应用于劳动法律关系就是不劳无获，但是根据劳动保护的基本精神，《德国民法典》还是作出了如下规定："如果一个工人因为基于其人身的原因在一段时间内无法工作，那么它并不丧失获得工资的权利。"随着对产业工人的劳动保护不断发展和完善，又发展成了如下的具体规定："工人生病时，雇主在前6个月内必须继续向其支付工资。超过6个月的，雇主可以不再

制度》，宣布："凡天下田，天下人同耕，此处不足，则迁彼处，彼处不足，则迁此处。凡天下田，丰荒相通，此处荒，则移彼丰处以赈此荒处，彼处荒，则移此丰处以赈彼荒处。务使天下共享天父上主皇上帝大福，有田同耕，有饭同食，有衣同穿，有钱同使，无处不均匀，无人不饱暖也。"这种朴素的思想，体现了对弱势的农民群体的平等关爱。另外，在洪仁玕的《资政新篇》一书中也涉及了奖励慈善事业的规定。[1]改良派代表人物康有为在《大同书》中也提出了对饥民问题的解决，主张建立公政府商部，弥补意外水旱天灾的损失。革命派领袖邹容在《革命军》一书中疾呼农民之痛苦，考虑"均贫富"的问题。孙中山也提出平均地权的思想和制度，以解决社会中受压迫最深的农民问题。

在中国近代特殊的时期，社会保障制度并没有专门的规定，清政府在改变中国传统的诸法合体的法律体系建立新的部门法时，并没有专门规定社会法部门，而是在民商法律的制定中学习西方国家的社会保障制度，体现为缓和社会矛盾，保障人民权利的立法；而各阶层的仁人志士也是在提出中国社会的出路的过程中涉及社会保障的思想和制度的，主要表现为对弱势的农民群体的救助和保护。

三、中国社会法的建立和发展

在南京国民政府时期，政府颁布了大量的社会性立法，包括禁止买卖人口、保护华侨、保障财权、保护民族政策、发展教育等诸多方面。[2]

在新中国成立之前，中国共产党领导建立的革命根据地也进行了有关社会保障的立法。1922年8月中国劳动组合书记部拟定的《劳动立法原则》中，就有关于实行社会保险的内容，规定："一切保险事业规章之订立，均应合劳动者参加之，俾可保障政府、公共及私人企业中劳动者所受到的损失，其保险费完全由雇主或国家分担之，不得使被保险者担负。"

以后，在中国共产党领导下召开的历次全国劳动大会通过的《劳动法案大纲》和各种决议案中，也明确提出实行社会保险的基本主张和具体要求。例如，规定"应实行社会保险制度，以使劳动者在疾病、伤亡以及女工生育时得到生活保障"，"对于需要体力的女子劳动者，产期产后应给予8个星期的休假，其他女

支付工资，但是工人可以从社会医疗保险机构获得工资的80%作为疾病补助金。"再如，《德国民法典》第618条，对产业工人来说是最重要的一条。根据该条规定，雇主必须在生产的自然属性所允许的范围内，尽可能地设置和安排工作场所、机器和工作程序，以保障工人的生命和健康没有危险。这项法律原则日后则衍生出很多对于生产活动中保护工人权利的规定。参见梁枫："从农业社会到工业社会：德国劳动法的发展"，载 www.lzjf.com.cn.

〔1〕 曾宪义主编：《中国法制史》，北京大学出版社、高等教育出版社2000年版，第235页。

〔2〕 曾宪义主编：《中国法制史》，北京大学出版社、高等教育出版社2000年版，第287页。

工给予 5 个星期休假，休假期间工资照发"、"政府设立劳动保险局，由资本家每月缴纳工资总额 3% 作为基金，此外，政府从预算中拨出若干，以充当工人失业救济及养老金"。1927 年在汉口举行的第四次全国劳动大会通过的《产业工人经济斗争决议案》、《救济失业工人决议案》、《手工业工人经济决议案》等，都提出了对工人给予社会保障的措施。1929 年以后，中国共产党在中央苏区颁布和实施了有关社会保障的立法。如 1931 年颁布的《中华苏维埃共和国劳动法》第十章就是关于社会保险的内容，规定，"社会保险对于一切雇佣劳动者，不论他在国家企业、合作社或私人企业，不论工作时间之久暂，及付给工资的形式如何，都得施及之。"该法在 1933 年修订时，进一步规定，社会保险，对于凡受雇用的劳动者，不论他在国家企业或合作社企业，工资的形式如何，均得施及之。关于农业工人、苦力、家庭工人与零工的社会保障，中央劳动部得制定特别章程实施之。

　　1940 年前后革命边区和抗日根据地颁布的劳动保护条例也有关于社会保障的内容，如《陕甘宁边区劳动保护条例》、《苏皖边区劳动保护条例》、《晋冀鲁豫劳动保护条例》等规定，要对失业工人予以安置，对女工给予生育假期保护等。1948 年 7 月在哈尔滨举行了全国第六次劳动大会，通过了《关于中国职工运动当前任务的决议》，提出了有关社会保障的立法主张。同年，东北行政区还颁布了《东北公营企业战时暂行劳动保险条例》，这是关于社会保险的第一个专门性法律文件。

　　这些涉及社会保障内容的法规和条例的颁布，尽管带有一定的理想色彩，在战争时期以及当时的经济条件下难以完全实施，但其制定和实施代表了先进的思想和社会发展的主流力量，为新中国成立后建立全国统一的社会保障制度奠定了一定的理论基础，也积累了丰富的立法经验。

四、新中国社会法的建立和发展

（一）20 世纪 50 年代到 70 年代末期的社会法

　　中华人民共和国成立后，我国政府开始建立新中国的社会保障制度。1949 年 9 月中国人民政治协商会议通过的《中华人民共和国政治协商会议共同纲领》就提出建立社会保障的主张，规定对"革命烈士家属和革命军人家属，其生活困难者应受国家和社会的优待。参加过革命战争的残废军人和退休军人，应由人民政府给予适当安置，使其能谋生自立"，在企业中要"逐步实行劳动保险制度"。根据《共同纲领》的规定，新中国成立后，国家制定了很多有关社会保障的法律法规及政策。

　　1950 年政务院开始草拟劳动保险条例，于 1951 年 2 月 26 日正式颁布了《中华人民共和国劳动保险条例》（以下简称《保险条例》），该条例最初只适用于100 人以上的国营、公私合营、私营和合作社经营的工厂、矿场及其附属单位，以及铁路航运、邮电三个产业所属企业单位与附属单位。1953 年国家对《保险条例》进行了修订，适当扩大了适用范围，并酌情提高了待遇标准。1956 年，国家再次扩大了《保险条例》的实施范围，除上述规定的产业和部门外，还包括商业、外贸、粮食、供销合作、金融、民航、石油、地质、水平、国营农牧场、造林等产业和部门。保险的项目包括生育、疾病、负伤、残疾、死亡、养老、供养直系亲属待遇等。按规定，企业职工各项社会保险待遇的费用，全部由企业负担，其中一部分由企业直接支付，另一部分由企业缴纳社会保险金，企业按月缴纳相当于企业职工工资总额的3%作为社会保险金，其中30%上缴中华全国总工会，作为社会保险总基金；70%存在该企业工会基层委员会，作为社会保险基金，用于支付各项保险费，余额转入省、市工会组织或产业工会组织，作为社会保险调剂金，不足开支时，向上级工会组织申请调剂。《保险条例》的颁布实施，标志着我国除失业保险外，包括养老、工伤、疾病、生育、遗属等内容的职工社会保险制度已初步建立。

与此同时，国家机关工作人员的社会保险制度也以颁布单行法规的形式逐步建立起来。1950 年国家颁布《革命工作人员伤亡褒恤暂行条例》，对国家工作人员的伤残和死亡待遇作了规定；1952 年颁布《关于全国各级人民政府、党派、团体及所在地属事业单位的国家机关报工作人员实行公费医疗预防措施的指示》，对国家机关工作人员实行公费医疗作了规定；同年政务院还颁布了《关于各级人民政府工作人员在患病期间待遇暂行办法》，规定了国家机关工作人员的疾病待遇；1955 年颁布了《关于女工作人员生育假期的通知》、《国家机关工作人员退休处理暂行办法》。通过这些规定，国家机关工作人员的社会保险制度基本建立起来了。

在社会救济和社会福利方面，新中国成立初期国家也制定了许多法规。如1949 年 12 月政务院发布了《关于生产救灾的指示》，指出："各地人民政府应给予灾民一部分贷款，并拨出一部分救济粮扶助灾民生产自救。"1950 年 5 月还成立了中国人民救济总会，通过了《中国人民救济总会章程》，在全国范围内开展救灾运动。为了救济城镇失业工人和知识分子，1950 年政务院还颁布了《关于救济失业工人的指示》，劳动部颁布了《救济失业工人暂行办法》，对城镇失业人口采取了各种救济措施，具体措施包括生产自救、还乡生产、以工代赈、发放救济金等。通过这一系列措施的落实，解决了大量失业人员的就业问题。1950年中央人民政府除了颁布《革命工作人员伤亡褒恤暂行条例》外，还规定了

《革命烈士家属优待暂行条例》、《革命残废军人优待抚恤暂行条例》、《革命军人牺牲、病故褒恤暂行条例》、《民兵民工伤亡抚恤暂行条例》等一系列有关优待抚恤方面的法规，确定了我国军人、烈士抚恤制度。

从 1957 年开始，国家针对前期社会保障制度实施中出现的一些问题进行了调整。例如，针对企业和国家机关有关退休和退职待遇不统一而造成相互影响的问题，1958 年国务院颁了《关于工人、职员退休处理的暂行规定》及其实施细则以及《关于工人、职员退职处理的暂行规定》及其实施细则，这些规定的颁布，统一了企业和国家机关的退休和退职办法，适当放宽了退休退职条件，并提高了待遇标准。1957 年卫生部、全国总工会颁布了《批准工人、职员病、伤、生育假期的试行办法》和《医务劳动鉴定委员会组织通则》，卫生部还制定了《职业病范围和职业病患者处理办法的规定》，将职业病列入工伤保险的范围。1958 年国务院发布《关于国营、公私合营、合作社营、个体经营的企业和事业单位的学徒的学习期限和生活补贴的暂行规定》，调整了学徒工的工伤、疾病保险等方面的待遇。

60 年代初期，为适应中央高速国民经济政策，国务院于 1962 年发布了《关于精简职工安置办法的若干规定》，规定凡被精简下来的老弱病残职工，符合退休条件的按退休处理，不符合退休条件的按退职处理。对家庭生活有依靠者，发给退职补助费；家庭生活无依靠的，由当地民政部门按月发给相当于本人原工资 40% 的救济费。1965 年卫生部和财政部发布了《关于改进企业职工劳保医疗制度几个问题的通知》，对国家机关工作人员和企业职工的医疗保险制度作了调整和整顿。在此期间，国家还建立了易地支付社会保险待遇的办法，并改进了城镇集体经济组织社会保险，在城市开始兴建社会福利院，在农村开始建立农村合作医疗制度、集体"五保户"制度等。这段期间，我国社会保险得到了进一步的改进和发展，但由于受"左"倾思想的影响，发展的步伐并不是很大。

（二）20 世纪 80 年代到 90 年代的社会法

1978 年党的十一届三中全会确定了党的工作重点转移到经济建设中来，确定了改革开放的方针政策。1979 年我国开始了对农村经济体制改革，1984 年党的十二届三中全会通过了《中共中央关于经济体制改革的决定》，开始了以城市为中心的经济体制改革，社会保障改革也由此拉开了序幕。

首先进行的是社会保险制度的改革，国家颁布了一系列有关社会保险的法律、法规。1986 年国务院颁布《国营企业实行劳动合同制暂行规定》，同年 7 月，国务院颁布了《国营企业职工待业保险暂行规定》，在我国首次建立了失业保险制度。1991 年 4 月第七届全国人大四次会议批准的《国民经济和社会发展规划十年规划和第八个五年计划纲要》提出，在"八五"期间，要努力推进社会保障制度的改革。要以改革与建立养老保险和待业保险制度为重点，带动其他社会保险事业和社会福利、社会救济与优抚等事业的发展。按照国家、集体和个人共同合理负担的原则，在城镇各类职工中逐步建立社会养老保险制度，扩大待业保险范围，完善待业保险办法，实行多层次的社会保险。同年6月，国务院发布了《关于企业职工养老保险制度改革的决定》，规定随着经济的发展，要逐步建立起基本养老保险、企业补充保险和职工个人储蓄性养老保险相结合的多层次的养老制度。1993年4月，国务院发布《国有企业职工待业保险规则》，对1986年的规定作了修订。

为了从根本上保障人民生存权的实现，1982年12月《宪法》对社会保障的问题作了全面的规定。该法第44条规定："国家依照法律规定实行企业事业组织的职工和国家机关工作人员的退休制度。退休人员的生活受到国家和社会的保障。"第45条规定："中华人民共和国公民在年老、疾病或者丧失劳动能力的情况下，有从国家和社会获得物质帮助的权利。国家发展为公民享受这些权利所需要的社会保险、社会救济和医疗卫生事业。国家和社会保障残废军人的生活，抚恤烈士家属，优待军人家属。国家和社会帮助安排盲、聋、哑和其他有残疾的公民的劳动、生活和教育。"这些规定对社会保障制度的全面建立和改革提供了宪法依据和保障。

1993年11月中共中央十四届三中全会通过了《关于建立社会主义市场经济体制的若干问题的决定》，对我国社会保障制度改革提出了以下重要原则：建立多层次的社会保障体系，社会保障体系包括社会保险、社会救济、社会福利、优抚安置和社会互助、个人储蓄积累保险；社会保障政策要统一，管理要法制化；社会保障水平要与我国社会生产力水平以及各方面的承受能力相适应；城镇职工养老和医疗保险金由单位和个人共同负担，实行社会统筹和个人账户相结合；建立统一的社会保障管理机构，社会保障行政管理和社会保险基金经营要分开，建立由政府有关部门和社会公众代表参加的社会保险基金监督组织。

与此相适应，劳动部于1994年1月发布了《关于建立社会主义场经济体制时期劳动体制改革的总体设想》，进一步提出了改革社会保险制度的基本指导思想：变企业保险为社会保险，以促进企业公平竞争和劳动力合理流动，建立多层次的社会保险制度。1994年第八届全国人大八次会议通过了《中华人民共和国劳动法》，其中第九章专章规定了"社会保险和福利"，规定企业职工社会保险项目包括养老保险、医疗保险、工伤保险、失业保险、生育保险和死亡遗属津贴等。

90 年代中后期，我国加快了社会保障立法的进程。《国民经济和社会发展"九五"计划和 2010 年远景规划目标纲要》中明确提出了社会保障制度改革的总目标是：加快养老、失业、医疗保险制度改革，初步形成社会保险、社会救济、社会福利、优抚安置和社会互助、个人储蓄积累保障相结合的多层次社会保障制度。我国颁布了大量社会法法律、法规，包括：《残疾人保障法》（1990年）、《未成年人保护法》（1991 年）、《妇女权益保障法》（1992 年）、《消费者权益保护法》（1993 年）、《老年人权益保护法》（1996 年）、《城市居民最低生活保障条例》（1999 年）。此外，各省、自治区、直辖市颁布了相当数量的社会法地方法规。

（三）21 世纪的社会法

2001 年，我国批准了《经济、社会及文化权利国际公约》，该公约规定："人人有权享受社会保障，包括社会保险。"我国在批准公约时，没有作任何保留。这就意味着我国的法律，要落实国际人权保护政策，完善社会保障制度，重点也就应当转向保护长期被忽视的农民和其他弱势群体，应当把消除贫困和最低保障作为优先的社会保障模式。

2004 年 3 月 8 日在第十届全国人民代表大会第二次会议上，全国人民代表大会常委会副委员长王兆国发表了关于《中华人民共和国宪法修正案（草案）》的说明，指出新的宪法修正案中，增加建立健全社会保障制度的规定。根据党的十六大精神，《宪法修正案（草案）》在《宪法》第 14 条中增加一款，作为第 4款："国家建立健全同经济发展水平相适应的社会保障制度。"社会保障直接关系广大人民群众的切身利益。建立健全同经济发展水平相适应的社会保障制度，是深化经济体制改革、完善社会主义市场经济体制的重要内容，是发展社会主义市场经济的客观要求，是社会稳定和国家长治久安的重要保证。这样，《宪法》中明确规定了建立健全社会保障制度，使得建立的社会保障制度成为国家在宪法上的义务，这就会更好地促进社会保障法律制度的发展。

在国际社会影响和国内社会发展需要的双重作用下，我国进行了社会保障方面的大量立法。例如，2003 年 4 月 16 日，国务院常务会议讨论通过《工伤保险条例》，自 2004 年 1 月 1 日起施行。2003 年 6 月 20 日，国务院常务会议通过了《城市生活无着落的流浪乞讨人员救助管理办法》，自 2003 年 8 月 1 日起施行。2005 年 12 月国务院发布了《关于完善企业职工基本养老保险制度的决定》，进一步完善了企业职工基本养老保险制度。为加强对社会保险基金的管理和监督，原人力资源和社会保障部、财政部、审计署等部门依据国家的法律、法规制定了《社会保险基金财务制度》、《社会保险基金会计制度》、《社会保险基金行政监督办法》、《社会保险基金监督举报工作管理办法》、《社会保险审计暂行规定》、《社会保险稽核办法》等一系列规章和制度，加强社会保险基金管理和监督。2006 年 6 月 27 日，财政部和国家税务总局发布了《关于基本养老保险费、基本医疗保险费、失业保险费、住房公积金有关个人所得税政策的通知》。2006 年 1 月 11 日，国务院发布了《农村五保供养工作条例》，于 2006 年 3 月 1 日施行。2006 年 1 月 31 日，国务院发布了《关于解决农民工问题的若干意见》。2006 年 6 月 16 日，国务院办公厅发布了《关于做好当前减轻农民负担工作的意见》。2007 年 6 月 29 日，全国人大常委会通过了《劳动合同法》，进一步保障工人权利，完善劳动合同制度。

从国家的整体上看，我国立法工作确实取得了令世人瞩目的成绩，也可以说我国用几十年的时间走过了西方近百年的立法道路，仅第九届人大及其委员会（1998～2002 年）颁布的法律文件就有 113 件，最高人民法院的司法解释也多达 170 件。但是，我国目前还没有一部是专门调整社会保障法律关系的基本法律；在国务院已经颁布的行政法规中，也很少有专门为调整社会保障法律关系而制定的，这种立法状况与社会保障法在社会发展中的地位与作用很不相符。现行的这些社会法规和规章的颁布对调整我国社会保障关系起到了一定的积极作用，但对于要建立完善的社会保障法律体系来说，还是远远不够的。

■ 第三节 当代世界社会法的发展特点和趋势

一、基本特点

纵观当代世界范围内的社会法，其发展状况呈现出以下特点：

（一）社会法立法先行，保障公民权利更充分

世界各国基本上在 20 世纪 30 年代就已经构建了自己的社会保障法律制度。社会保障立法越是全面的国家，公民的社会保障权利就越能得到全面地实现，同时，社会公民的全面发展又进一步推动着社会保障立法及其社会的全面发展。纵观世界社会法的发展历史，不难看出，先有社会保障的立法，尔后才有公民社会保障权的实现。世界各国社会保障制度的建立、发展和完善无不表现出其社会立法先行的特征，而各国公民社会保障权利的全面实现也无不是法律强制实施的结果，法律成了各国社会保障制度的强硬支撑点。例如，从 1601 年英国的旧《济贫法》到 1834 年的新《济贫法》，英国建立起最初的社会救济法律制度方面的

权利义务关系；从 1883 年到 1889 年，德国颁布了闻名于世的"三大保险法"，开创了现代社会保障立法之先河，并为其他工业化国家所仿效。与其说社会保障法是市场经济发展的结果，不如说社会保障法是一个国家或者民族发展的基本制度之一，是保障公民基本权利的重要方式。建立比较完善的社会法，要比出现某一方面的社会问题再治理的这种头痛医头的政策性措施更加有效率，更能够促进整个社会健康发展。

（二）社会法发展呈现历史性，不同时期呈现出不同的特点

社会法的建立经历了一系列的发展变化阶段，从 17 世纪英国社会法的萌芽，到 19 世纪下半叶德国社会法的形成，20 世纪 30 年代美国社会法的发展，再到二战之后社会法的完善，从英国萌芽时期采用税收政策，到德国形成时期侧重社会保险的形式，再到福利国家"从摇篮到坟墓"的全面保障，不同时期社会法的发展呈现出了不同的特点。在福利国家的社会发展阶段之后，社会保障制度由于"成熟过度"而弊端丛生，社会法于是进入了改革与调整阶段。

20 世纪 70 年代以来，发达资本主义国家的经济发展进入滞胀阶段，社会保障制度也陷入困境。普遍化、高水平、多项目、全民化的"普遍福利"政策和"福利国家"，产生了一些副作用，主要表现在：①巨额的社会保障开支使国家不堪重负；②为了维持高福利而不断增加的税收，最终影响了经济的发展；③福利费的扩张，扩大了劳动成本，使国家的国际竞争力下降；④财政赤字和通货膨胀反过来促使物价上涨，影响了民众的生活；⑤高标准的社会保障助长了一些人的懒惰情绪，影响了经济的正常发展。为了摆脱福利危机的这些困境，西方发达国家从 20 世纪 70 年代末进入社会保障的改革和调整时期。从总体上看，这些国家社会保障法的改革与调整主要在于增收节支，即增加社会保障费的收入，减少社会保障金的支出。改革和调整的措施主要包括：提高或取消缴纳社会保险费的上限；提高社会保险费率；征收社会保障所得税；修改社会保障金的调整办法；建立社会保障基金等。

（三）社会法的发展呈现国别性，各国立法模式各异

由于社会法的发展与一国社会经济、历史文化以及社会法律自身成熟程度有关，各国在社会法的发展中呈现出各自的特点与模式，社会法的立法模式主要包括以下几种：

（1）单一立法模式，如美国。这种模式是国家按照高度集约的原则制定一部高度综合的社会保障法律，规范各种主要的社会保障事务。美国就是以综合性很强的《社会保障法》作为最基本的法律依据，其他配套的社会保障法则非常少。

（2）多法并重的立法模式，如日本和其他许多国家。这些国家根据社会保障子系统及具体项目的需要，同时制定互相平行、相互协调的多部社会保障法律，分别规范某一类别社会保障事务，共同构成其社会保障法制系统。

（3）混合立法模式，国家既制定部分有关社会保障方面的专门法律，同时又将一些社会保障事务纳入到其他部门法律体系中进行规范，从而形成一种专门立法和混合立法相结合的社会保障立法模式。

二、发展趋势

为了更好地应对社会法在成熟阶段过后的弊端带来的挑战，各个国家和国际社会都在逐步完善社会法，在应对挑战的过程中，社会法的发展呈现出这样的趋势：

（一）社会法发展的总体趋势

1. 社会法的覆盖领域方面——社会保障项目较综合，覆盖面较广。各国的社会保障法律制度的建设进程大多是不平衡的，一般都经历了从相对单一、少数的社会保障领域立法到现阶段较为综合、全面的社会保障立法的过程。例如，美国现在社会保障项目几乎囊括了生老病死、衣食住行、工作学习、环境卫生、天灾人祸等诸多方面，涉及各个老人、妇女、幼儿、残疾人、军人、少数种族等特殊利益集团。这些项目相互交错，构成十分繁杂的社会福利网络。根据联邦社保基金理事会在 2006 年 5 月 1 日发布的年度报告，2005 年估计已有 1.59 亿美国人从联邦社保基金受益，而这一数字几乎包括了所有的成年公民。[1]

2. 社会法规定的社会保障水平——与本国的经济发展水平相适应。社会保障的水平逐渐与本国的经济发展条件相适应，这是世界各国社会保障法发展得出的结论和调整的原则，因而社会立法不同于其他法律的一个趋势是法律规定与实际情况结合密切，立法中常见的超前性要求对于确定社会保障的指标方面作用并不明显。从世界范围内看经济实力较弱的国家受经济条件的限制，社会保障处于相对较低的水平，社会保障法中规范税收比例相对较小，以使社会保障的支出在社会总产值中的比例比较合理。如在葡萄牙、希腊、西班牙等经济实力相对弱小的欧盟国家，社会保障的支出占社会总产值的 15% ~18%，而经济实力较强的国家相应的比例接近 30%。[2] 不去盲目追求高标准而是结合经济发展水平制定社会保障法律，这是从战后福利国家政策带来诸多问题的教训中吸取的经验，也是

---

〔1〕 载 www. annuity. com. cn. ，访问时间 2006 年 10 月 19 日。

〔2〕 ［德］汉欧力："联邦德国社会保障体系概览"，载《中德劳动立法合作项目成果概览（1993 ~ 1996）》，第 277 页。

确定社会法的发展水平的趋势，我国在进行社会保障法的制定中也要注意与社会经济发展水平相适应。

3. 社会法的立法迫切性——社会保障成为可持续发展的重要议题。社会法打破了传统的公私法划分的局限，以社会利益为本位，使人们对于法律的定位和价值有了新的思考，社会法在保障经济可持续发展中的作用就是重要的体现之一。各国社会保障制度的产生、发展和改革使我们认识到社会保障制度已经成为任何一个实行市场经济的国家不可或缺的重要制度，是社会稳定的安全网和经济发展的调节器，相关的社会法也要不断地顺应经济和社会发展的状况进行改革，以维持与经济和社会发展的协调。从社会法的历史发展看，各国的社会法大都是在社会巨大变化的历史背景下产生的。我国进入 21 世纪之后，人均 GDP 已达到1 000 美元，经济和社会发展全面进入了加速转型期。在这样的特殊阶段，各种社会矛盾日益显现，由于城乡差别、地区差别以及不同的社会阶层之间的差距日益扩大，同时，又存在灾害、疾病、失业和人口老龄化问题，这些都成为制约我国经济持续健康增长的社会因素。只有建立健全社会保障制度，才能解决现有的各种社会难题，才能保证社会的稳定和经济的可持续发展。

4. 社会法的立法技术——移植与本土化相协调。在经济全球化影响下，法律全球化成为各国法律发展的主要趋势，然而在此方面社会法的发展与其他法律的发展形式略有不同。例如，在欧盟组织迅速发展的同时，欧盟成员国都将各自的政治职能移交给欧盟，从而使欧盟能够制定统一的调整规范，但是社会法的发展是个例外，如何建构本国的社会保障制度基本上依然是由成员国自己负责的事务。因此，欧洲各国的社会保障结构和水平都不尽相同。社会法受到国家社会影响的形式是一种"开放的协作方式"，即首先由成员国对某一社会领域内什么是良好的政策在目的和指标方面达成一致，然后各成员国提交报告，汇报其国内政策在取得共识的目的和指标方面的执行情况以及正在实施的和计划实施的相关措施，欧盟在此基础上作出比较分析，归纳出一般性的建议。社会法的发展要结合本国的实际情况，不是任何别国的优秀的制度都可以移植成功的，这也是欧盟国家社会法的发展形式给我国社会法发展的启示之一。

（二）社会法具体规定的趋势

1. 调整政府的角色。为了调整 20 世纪 70 年代以来过度福利的社会保障制度，各国政府开始控制在社会保障方面的经费支出，平衡政府的财政，改变社会福利方案的形态。各国政府在社会保障制度的提供上，不再是传统福利给付中唯一"提供者"的角色，而是逐渐转变为扮演"减轻负担者"[1]的角色。在社会保障制度设计上，大多是以保险的方案为基础，为其国民提供交费式的社会保障供给。多数国家都陆续修改相关法令，采取资产调查式的福利给付，实行资产从严认定。政府要求雇主为雇员提供基本的福利待遇，鼓励民间提供更多选择的福利方案供雇员选择。这样，政府在社会保障中从"提供者"到"规范者"角色的转变，使得社会福利保障制度形成一种多元化的趋势。

2. 加强企业的社会责任。企业的社会责任（Corporate Social Responsibility），是从 20 世纪 80 年代开始，在欧美国家兴起的，它包括了对环保、劳工、人权的要求，并由此导致了公众对于产品质量、环境、职业健康和劳动保障等社会责任多方面的关注。公众通过购买权要求大企业、跨国公司承担社会责任，改善工厂的劳动待遇和保护环境等问题，另外一些涉及绿色和平、环保、社会责任、人权等非政府组织以及舆论也不断呼吁，要求社会责任与贸易挂钩。迫于上述公众和非政府组织的压力以及企业自身发展的要求，很多欧美跨国公司都纷纷制定可以对社会做出必要承诺的社会责任守则或者进行社会责任的认证，以适应不同利益团体的需要。

社会保障责任是企业社会责任的一个重要组成部分。它分散在企业对员工的责任、企业对社区及公益事业的责任范围之中，可以说就是要企业承担相应的社会保障责任。具体在法律层次上主要是要求企业遵守社会保险的相关法律的规定，如实缴纳社会保险费、安置企业工人、保障职工相关权益等。

3. 完善社会保险基金法律制度。社会法的调整时期，各国的改革措施归纳起来就是开源节流，一方面增加社会保险基金的投入，包括对原先免征的社会保障给予开征所得税，提高费率，改革医疗、疾病保险制度；另一方面紧缩社会保险开支，包括前面所言政府转变角色，从项目中抽身，具体包括修改社会保障津贴的调整方法，抑制支出增长，通过立法削减社会保障开支等。而改革和完善社会保障制度的重点应当在于社会保险基金的运用。国际劳工组织提出了三种社会保险基金的筹集方式，即完全积累制、现收现付制和部分积累制。发达国家一般都采用的是现收现付制，许多发展中国家采用完全积累制，还有部分国家采用部分积累制。从改革的发展趋势上看，基金制被认为是更有效率的做法，许多国家都采用的是基金制，例如智利、新加坡都建立了完全积累的个人账户制度。国际劳工组织认为，现收现付制和基金制不应当是非此即彼的选择，可以采取混合的模式，相应的保险基金法律制度也要进行相应的调整。

---

[1] 林嘉：《社会保障法的理念、实践与创新》，中国人民大学出版社 2002 年版，第 75 页。

4. 社会保障的市场化。社会保障的市场化趋势主要在美国出现，并影响了其他面临同样困境的国家。解决好社会保障开支问题是美国社会保障机制延续和发展的重要关键，小布什总统自 2004 年大选获胜连任以来多次强调要大幅度改革美国的社会保障，并把改革的重点放在缓解社会保障开支问题上，具体方案就是以更加"市场化"的眼光来改革美国现行的社会保障制度。所谓市场化，就是主张社会保障受益人用公司和个人所缴纳的部分社保税建立个人投资账户，投资证券市场，自负盈亏。对退休人员现行的社会福利不作担保，逐步减少政府对养老退休金的负担，更多地由私人承担。布什政府努力将这种改革方案推动成正式法律，把雇员交纳的 2% 的社保税转移到个人控制的"个人投资基金账户"，原来交纳的其余 4.2% 和雇主负担的那部分社保税仍然按照原来的渠道用于支付社保金。

第四章 社会法的调整方法和调整对象

■ 第一节 社会法的调整方法

　　社会法就是伴随着国家通过干预私人经济以解决市场化和工业化所带来的社会问题，满足经济、社会和生态可持续发展的需求，而在私法公法化和公法私法化的进程中逐渐产生和发展起来的。从社会法的产生来看，社会法是公法私法化以及私法公法化的结果，从而可以说社会法是典型的公、私融合性法律，社会法的出现表明，随着社会的发展，传统的公法、私法开始暴露出局限和不足，需要有一种能把公法与私法结合起来的调整方法对某些领域的社会关系进行有效的调整。社会法的出现克服了单纯依靠公法或单纯依靠私法调整环境问题而产生的弊端，社会法的调整就是把公法与私法的调整方法融合到一起而形成的一种新的调整方法。这种公私融合的社会法在调整手段和方式上具有独特性，与传统的公法和私法往往采取单一的规制手段和方法不同，社会法采取了行政、民事和刑事等诸多规制手段综合并用的方式。社会法的调整方法不同于纯粹的公法，社会法所调整的社会关系涉及公力机构，但不是以约束公力机构为目的的法律。由于宗旨不同，因此社会法的调整方法与行政法的调整方法不同，同时，社会法的调整方法也不同于纯粹的私法所主张的契约自由和意思自治。如果说行政法运用的手段是命令与服从的方法，民法运用的是平等主体自由平等协商的方法，那么社会法是把社会看做一个整体而不是社会分割为公私等各种领域，它要求从社会整体去观察问题而不是只见个人不见社会；它要求从社会整体去解决问题而不是头痛医头脚痛医脚；它在经济、行政等方法之外，通过整合社会力量来解决社会问题。可以说，如果能对这种方法彻底掌握并运用自如，那么社会法就更是大有作为，社会法在法律方法上将有其他的贡献和价值。

■　第二节　社会法的调整对象

法的调整对象，即法律所调整的社会关系，这是一个法律部门得以成立的基本依据，也是对法律进行分类的主要标准。任何法律部门都应有其调整对象，社会法亦然。

一、社会法对其所调整对象的要求

社会法的调整对象，是一种社会关系。社会法对其所调整的社会关系，具有以下要求：

1. 这类社会关系应具有社会性。一般说来，任何社会关系都具有社会性。但这不等于说，一切社会关系都应由社会法来调整，因为不同社会关系所具有的社会性的程度有所不同。我们这里所谓的社会性，是指这类社会关系关乎社会整体，影响社会全局。例如，劳动问题，劳动是人性的基本需要，也是人们获取生存和发展所必需的各种物质资料的根本途径，人人都是劳动者，劳动与人人密切相关，劳动问题具有社会性；劳动关切并决定人们的生存和发展，具有极端重要性。再如，环境问题就具有社会性，它影响的不是某个人或某些人，而是社会上所有人，甚至是全人类。社会法之所以叫社会法，从根本上说就是调整那些具有重大社会性社会关系的法律，那些不具社会性或不具重大社会性的社会关系可以由别的法律部门去调整，而无需社会法来调整。

2. 这类社会关系包含着社会的主要矛盾和问题。众所周知，社会关系包含着矛盾和问题，之所以需要法律去调整社会关系，就是因为需要法律去解决社会关系中的矛盾和问题。但不同的社会关系所包含的矛盾和问题是有所不同的，有的社会关系包含着社会的主要矛盾和问题，或者说这种社会关系所包含的矛盾和问题具有重大的社会影响。如社会弱势群体的保障问题即是如此。社会上那些弱势群体的生存和发展问题，是社会问题的重点和难点之所在，如果他们的问题得不到有效的解决，社会将不安定和谐，也难以持续发展。社会法就是要调整那些包含着社会主要矛盾和问题的社会关系，那些不具有社会主要矛盾和问题的社会关系可以由别的法律去调整，无需社会法来调整。

3. 这类社会关系要用社会方法去调整。所谓社会方法，不是市场方法，靠自发调节，自由竞争，优胜劣汰，不顾后果。实践证明，市场方法往往产生社会问题，如产生社会弱势群体，并使其生存和发展成为社会的主要问题，但不能予以解决；也不是行政方法，行政方法以行政为主导，隶属服从，强制命令，作用有限。实践证明，仅凭行政方法解决不了社会问题，解决社会问题不能依靠某个人或某些人的力量，也不能仅依靠行政方法，而必须依靠社会方法，如社会本位，国家组织，社会参与，统筹兼顾，社会保障，才能成功。社会法就是要用社会方法去调整社会关系，解决社会问题。

4. 法律调整这类社会关系的目的是实现社会公平和社会和谐。任何法律部门调整社会关系都有其目的，虽然法律部门调整社会关系的目的有重叠之处，但不同的法律部门还是有所侧重，有其不同的目的。社会法调整社会关系的目的有：①实现社会公平，如重构社会成员的平等地位、促进机会人人均等、矫正贫富差别、消除两极分化、保障社会弱者、实现共同发展等；②促进社会和谐，如以人为本、全面协调、持续发展、和睦共处、人人进步等。

二、社会法所调整的几种具体的社会关系

依据上述要求，社会法所调整的社会关系包括以下几种：

（一）劳动关系

人具有能动性，而人最有意义的能动是劳动，所以劳动是人性的要求，人人都要求劳动，人人都在劳动，劳动具有广泛的社会性，劳动关系是一种具有社会性的社会关系。在劳动关系中，由于劳动者除了自身的劳动力以外往往一无所有，无法同作为有产者的雇佣方平等协商、讨价还价，处于弱势地位。基于劳动关系中劳动者和雇佣方实力不均衡、地位不平等、情形相异殊，劳动关系不可能通过市场调节和契约自由的途径去调整，而必须借助国家干预和社会协调的方法去调整。劳动者在出卖劳动力的过程中，特别是体力劳动者，大都要身体力行，具有一定的危险性。劳动者的地位和劳动的性质，决定了劳动者是社会的弱者，保障劳动者的合法权益已成为社会公平的基本要求和促进社会和谐的主要措施。所以，劳动关系合乎上述要求。

（二）社会保障关系

人是千差万别的，在任何一个社会都有社会强者和社会弱者，而社会弱者的生存和发展问题极具社会性。要解决社会弱者的生存和发展问题，不能仅凭社会弱者自己的能力和努力，而必须由国家去组织、动员全社会的力量才有可能。即依靠一部分社会成员去帮助另一部分社会成员，尤其是依靠，有时要强制社会强者去帮助社会弱者，社会问题要社会办，所谓的社会保障，就是要动用全社会的力量去保障社会上那些仅凭自己的能力和努力无法生存和发展的社会弱者，使其能够有人格尊严地生存和发展。

（三）环境关系

人是在环境中生活的，环境对人有决定性的影响。人与环境的关系是重要的社会关系。事实上，并没有纯粹的社会关系，任何社会关系都或多或少与环境有关。从根本上说，并没有脱离环境的社会关系，所谓的社会关系是在特定环境中形成的人与人的关系，环境渗透到了社会关系的方方面面，环境关系具有社会性。人人参与环境，人人影响环境，环境影响人人，环境影响具有社会性，如环境污染已成为社会公害；环境问题的解决要动员社会力量，人人参与其中，只有全社会爱护环境，人人保护环境，才可能真正解决环境问题。环境问题的解决，充分体现了社会法的要求。

（四）其他社会关系

当然，社会热点问题也会在一定范围内动态地发生变化，但凡是合乎上述要求的社会关系都可以纳入社会法调整的范畴之中。可以预言，随着社会的发展以及社会关系社会性的加强，会有越来越多的社会关系需要由社会法来调整。

第五章 社会法的基本原则和体系

■ 第一节 社会法的基本原则

一、社会法基本原则的含义

法律原则作为法律规范的基础或在法律中较为稳定的原理和准则，其特点是，不预先设定任何确定而具体的事实状态，也没有规定具体的权利、义务和责任，因此与规则相比，原则的内容具有较大的包容性，它在明确程度上显然低于规则，但是原则所覆盖的事实状态远广于规则，原则的适用范围宽于规则。基本原则中体现了法律的基本精神，是在价值上比其他原则更为重要，在功能上比其他原则的调整范围更广的法律原则；具体原则是以基本原则为基础，并在基本原则指导下适用于某一特定社会关系领域的法律原则。具体来说，社会法的基本原则，是指集中反映社会法的本质和精神，贯穿整个社会法始终，指导制定和实施社会法所应遵循的基本准则，它是社会法体系的灵魂。如前所述，社会法出现的根本原因是存在各种社会问题，而且这些社会问题又不是个人所能解决的，也不是可以个别解决的。因此，社会法所要着力解决的核心问题是：怎样才能动员和整合社会力量从整体上解决社会问题？社会法要围绕这一核心问题去设计基本原则和制度，以便建立一套解决这一核心问题的长效法律机制。

二、社会法基本原则的具体内容

（一）社会本位原则

社会法之所以得以产生，并且之所以叫社会法，从根本上说，就是基于社会本位的要求。所谓社会本位，含义有四：①社会法要以社会为本位，要有社会整体观念和社会全局意识，要排除个体观念和局部意识，一切从社会本身着眼，一切从社会整体出发，一切服从社会全局。社会法就是要把整个社会调整成为一个内在统一、协调一致的整体，社会法要有"天下大同"的理念，社会法就是社会之法。②要求社会法要立足、着手于那些关系社会整体和全局的社会关系，以整个社会为调整对象。③要求社会法要以人为本。人是社会的主要因素，社会是由人所构成的，社会是人的社会，以社会为本位自然就要求以人为本位。这里所说的人指的是每一个人、全社会成员，所以社会本位是每个人本位、人人本位、所有人本位，社会本位要求一个都不能少，仅仅以少数人或多数人为本位不能叫社会本位。保障社会上所有的人都能有人格尊严地生存和发展是社会本位的最高宗旨。④要求社会法促进和保障社会利益。人并不是不食人间烟火的抽象存在，人的生存和发展一刻也离不开物质利益的支持。以人为本，而人的根本在于人的利益，因此，以人为本就必须为人的生存和发展提供必需的各种物质利益。既然社会本位要求以每个人为本、以人人为本、以所有人为本，那么自然就要求以每个人的利益为本、以人人的利益为本、以所有人的利益为本。所谓的社会本位，核心的一点就是要促进和保障社会利益，使社会利益与每个人息息相关，人人共享社会利益，人人有其生存和发展所必需的利益，社会利益在所有人之间得到公平分配，所有人都能凭借其所享有的利益，有人格尊严地生存和发展。

（二）保障弱者原则

社会成员，芸芸众生，千差万别，既有社会强者，也有社会弱者。一般说来，社会强者，因其自己的强势，凭借自己的能力和努力能够较好地生存和发展，因而不存在多大社会问题，甚至不存在社会问题，尤其是不存在生存和发展方面的问题。而社会弱者，因其自己的弱势，仅凭自己的能力和努力难以生存和发展，从而成为社会问题。社会法，要言之，就是解决社会问题之法，社会法的核心功能就是解决社会弱者的生存和发展问题。那么，社会法怎样才能解决社会弱者的生存和发展问题呢？实践证明，不能仅仅依靠平等保护，因为社会强者和社会弱者，他们在天赋条件、所处环境、社会地位、经济实力、市场机会、竞争能力等方面都存在较大差别，他们之间是不平等的，也无平等可言。在他们之间适用平等原则，对他们进行平等保护，貌似平等，实则不平等，并且在不平等的社会强者和社会弱者之间适用抽象的平等原则会进一步导致社会强者和社会弱者之间的不平等，会使社会弱者处于更加不平等的地位。所以，要保障社会弱者的生存和发展，必须优待社会弱者，扶持社会弱者，在制定、实施法律和政策时，要对社会弱者加以倾斜、给予特别保护。对不同的人有针对性地适用不同的原则才是平等，对社会弱者加以倾斜保障，扶弱抑强，以强扶弱，使社会强者和社会弱者真正平等起来，共同发展，这是当代的平等观，也才有真正的平等。

（三）人权保障原则

能集中反映社会法本质和精神的还有人权保障原则，即保障社会成员有人格尊严地生存和发展的权利。之所以如此，原因有四：①人权是人之作为人所必不可少的权利，人权关系到人的生存和发展，当人们的人权出现问题时，就会危及人们的生存和发展。社会和国家负有保障人权的神圣职责，有责任为那些人权出现问题的社会成员提供人权保障。人权问题是社会法的起因，如果没有人权问题，也许就无需社会法调整；人权是社会法的根基，人们正是依据人权才能主张和享有劳动权、社会保障权、环境权等。如果没有人权，人们就没有主张和享有上述权利的依据；人权是人之成为人最低限度的权利，也是社会保障的底线，是否保障人权是检验有无劳动权、社会保障的试金石，如果人权都得不到保障，那么劳动社会保障就是一句空话。②在一般情况下，社会法只是对人的生存和发展提供最基本的保障或说是最低限度的保障，只是保障人之成为人，使其有人格尊严地生存和发展。比如说，社会和国家无需给社会成员提供高于人权的社会保障。如果社会保障给社会成员提供高于人权的社会保障，使社会保障为社会成员提供全面周到的服务，成为安乐窝，那么人们就会滋生懒惰安逸、贪图享乐、不思进取的心理，这有违社会保障的初衷，因为社会保障的初衷就是通过社会的力量帮助有困难的社会成员克服困难渡过难关，最终成为无需社会保障的人，而不是鼓励不劳而获。③社会保障只应保障人权。所谓的社会保障，其实是一部分社会成员保障另一部分社会成员，要动用和牺牲一部分社会成员的利益去转移支付给另一部分社会成员，这就涉及社会成员之间的利益分配和再分配的问题，如果国家给社会成员提供高于人权的社会保障，必然要求一部分社会成员作出更多更大的牺牲，这不仅有失公平，而且由于作出牺牲的那部分社会成员往往是社会生产力的载体和代表，是社会的衣食父母，是社会保障的根基和源泉，牺牲他们的利益，必然会损害他们生产的主动性、积极性和创造性，这是杀鸡取卵，会牺牲效益。④许多社会和国家只能提供人权保障，特别是许多发展中国家，由于其国情特殊、经济水平不高、社会财富有限，没有能力为全社会成员提供高于人权的保障，在有些国家，连保障人权都勉为其难，更不用奢谈提供高于人权的保障了。所以，人权保障是社会保障的核心，在很大程度上可以说，保障了人权就实现了社会法的灵魂。

（四）社会保障原则

时至今日，保障社会弱者已经成为全社会的共识和社会法的基本原则，问题只是如何保障社会弱者。社会弱者是在社会中生存和发展的，要保障社会弱者只靠某人或某些人的力量根本不可能，要依靠全社会的力量，只有调动和动员全社会的力量，才能真正保障社会弱者。社会问题社会办，所谓的社会保障，其实就是一部分社会成员保障另一部分社会成员，就是社会成员之间的互相协助、互相接济、互相保障。组成同一个社会的社会成员自有互相保障的义务，人人为我，我为人人，社会保障才能保障社会，这是社会保障的根本保障。所以，可以说社会保障是保障社会弱者的根本依据和惟一途径，社会保障法是社会法的核心和重点之所在。由于国家是社会的最高代表，国家要对全社会成员负责，国家有职责为全社会成员提供保障，所以社会保障的应有之义就包含着国家保障，国家保障在社会保障中占有极其重要的地位，有时社会保障可以与国家保障等同起来。此外，之所以需要国家保障，还有以下原因：①国家存在的根本目的就在于实现社会保障，国家负有社会保障的神圣职责，如果国家未尽到社会保障的职责，那么国家就丧失了存在的正当性和合理性；只有国家才能组织动员全社会的力量进行社会保障，只有国家才能通过运用公权力从一部分社会成员那里征收社会财富并转移给另一部分社会成员，国家在对社会财富进行再分配的过程中，抑制贫富悬殊，消除两极分化，使社会财富能够公平分配，以至于能够用社会财富去保障所有社会成员的生存和发展。②为了实现社会保障，国家必须动用强制力强制那些对社会保障负有义务和责任但尚未对社会保障尽到义务和责任的人尽到其应尽的义务和责任。没有国家的介入和组织、动员和强制，就不能真正实现社会保障。只有国家才能代表社会，保障社会；保障了社会，才有社会保障的基础。

三、社会法基本原则的功能

在了解了社会法的基本原则的内容后，我们还应了解一下社会法基本原则的功能是什么，都包括什么内容。

（一）立法准则

社会法基本原则的立法准则是指社会法基本原则是构成其自身以及其下位法的法律规范的原理或基础，社会法及其下位法的法律规范的制定必须依据社会法的原则进行，必须在逻辑上以社会法的原则为出发点。社会法的原则的根本性特征要求立法者在制定社会法及其下位法的法律规范时，必须重视和遵循社会法基本原则的内容和精神，不能使这些法律规范的制定违背社会法的原则。由此可以看出，遵守社会法原则实际上是对立法者的立法权的一种制约。

社会法基本原则的这种立法准则功能直接体现了社会法的目的和价值。法理学认为，法律原则一般是法律精神的最集中体现，其构成了整个法律制度的理论基础。"可以说，法律原则也就是法律制度的原理，它体现着立法者及其代表的社会群体对社会关系的本质和历史发展规律的基本认识，体现着他们所追求的社会理想的总体蓝图，体现着他们判断是非善恶的根本准则，所有这一切，都以高度凝缩的方式集中在一个法律制度的原则之内。"[1] 立法的过程也可以说是立法者把法律需要实现的价值目标用规范性的语言来表述的一个过程，如果要顺利完

---

[1] 张文显主编：《法理学》，法律出版社 1997 年版，第 72～74 页。

成这样的过程则需要用法律原则作为指导。这是因为法律规范作为行为规范应当具有明确性和可预测性，立法者不可能直接将社会本位、保障弱智、社会保障、人权保障等这些原则所要体现的目标直接作为法律规范写下来，而具体的规则因其确定性特征又给予直接体现抽象的法律价值，立法者在制定规则时必须借助于法律原则这一中介才能在法律价值与规则之间实现对接。社会法的制定也是一样，社会法基本原则作为人类长期社会活动规律的总结，是社会法的基本原理，是社会法的价值和目的的集中体现，社会法的原则因其模糊性特征而以极大的思想容量直接负载着社会法对相关价值目标的追求。立法者在制定社会法规则时必须依赖于社会法基本原则的中介作用。否则，制定出来的程序规则就可能背离立法者的初衷，背离社会法所追求的价值目标。

（二）执法、司法准则和行为准则

社会法的原则不仅是立法准则，而且也是社会法体系的一部分，社会法的基本原则也可以为执法和司法活动提供相应的依据。

社会法原则不仅为立法、执法、司法活动提供指导和依据，更重要的是为社会法法律关系中的当事人提供了行为准则，对参与社会法活动的当事人具有法律约束力。[1]

（三）限制自由裁量权的合理范围

美国行政法教授戴维斯曾经指出："在世界上没有任何一个法律制度无自由裁量权。为了实现个体的正义，为了实现创设性正义，为了实现还无人知道去制定规则的新纲领，自由裁量都是不可缺少的。取消自由裁量会危害政治程序，会抑制个体正义。在我看来，那些禁止非议事先宣布的规则为基础的政治强制的人们误解了法律和政治的原因。"[2] 毋庸置疑，社会法领域中也存在大量的自由裁量，想要合理确定自由裁量权的权限，社会法的原则作为指导思想是不可或缺的。

■ 第二节　社会法的体系

法的体系是由调整同类社会关系的各有关法律部分有机构成的，法的调整对象是构建法的体系的主要依据，依据上述社会法的调整对象，社会法的体系包括

〔1〕　赖达清主编：《社会法——保障公民生存权利的法律形式》，四川人民出版社2003年版，第117页。
〔2〕　张文显：《20世纪西方哲学思想研究》，法律出版社1996年版，第627页。

劳动法、社会保障法、环境资源法、消费者权益保护法等构成要素。

一、劳动法

人是一种能动的动物，其中最有意义的能动就是劳动，劳动在人的发展过程中起了决定性的作用，人是在劳动中成为人的；劳动是财富之源，人们在劳动中创造财富资源。没有劳动，社会就会贫穷枯竭、难以为继；劳动是人们获取生存和发展所需各种资料的主要途径，没有什么东西是可以不劳而获的，劳动是人最根本的保障，所以劳动总是与社会保障相提并论。任何人都需要劳动，人人都是劳动者，劳动具有普遍性和社会性。对于许多劳动者来说，劳动力是其唯一的资本和安身立命的根本，他们用自己的体力、血汗，甚至冒着生命危险在劳动，劳动者的弱势地位是不言而喻的。劳动者是财富资源的创造者，是社会的衣食父母，要维护社会的生存和发展，必须保护劳动者。劳动者的弱势地位和劳动者的重要地位这两方面都决定了必须给予劳动者以特别的法律保护。

人生活在社会关系中，往往要首先生活在劳动关系中，人们在劳动中形成各种社会关系，诸如同事关系、朋友关系、劳保关系以及其他社会关系，这些社会关系为人们织就了牢固的社会关系网，这些关系网不仅有利于人的成长，而且有利于人的保障，人们在社会关系网中才获得了有力的保障。所谓的社会保障，内涵之一就是社会关系网给人们提供的保障。如果人们失业，就会脱离劳动关系，处于社会关系网之外，没有了社会关系网，就没有了社会保障。可以说，有时失业就是失去一切。所以，解决失业问题始终是社会的头等问题，不仅为社会成员所关心，也为国家政府所关注，促进社会就业是国家政府的重要职责，也是法制建设的重要内容。

正是劳动和劳动关系的极端重要性决定了劳动法的极端重要性。从历史上看，劳动法是社会法的起源，劳动法是最早的社会法。在资本主义的资本原始积累时期和工业革命时期，劳动者处于"血汗劳动"和"饥饿工资"的悲惨境地，劳资冲突不断产生，劳资矛盾日益恶化，既危及资产阶级的统治安全，又导致劳动力资源的萎缩枯竭，如何解决劳资冲突和矛盾已成为当时严重的社会问题。但由于劳资双方处于不平等的地位，作为平等之法的私法已力不从心、无从调整，如果继续实行私法自治，那只能是任劳方为资方所奴役，后果会变本加厉。在这种情况下，就要求立法突破私法平等保护、意思自治的原则，确认国家干预，对劳动者给予特殊的保护，这样劳工立法就应运而生了，如 1802 年英国的《学徒健康和道德法》，1806 年法国的《工厂法》和 1841 年的《童工、未成年工保护法》，1839 年普鲁士的《工厂矿山条例》和 1845 年的《工商管理法》，等等。这些立法开启了劳动立法的先河，它内含着社会法发展完善的基因。劳动法是保护劳动者的法律，也是保护社会弱者的法律，还是保护人权的法律，劳动法与社会法的精神和宗旨是一脉相承的。时至今日，劳动法已成为社会法的核心，是最典型的社会法之一。

二、社会保障法

尽管对于人们来说，劳动是最基本的社会保障，如果人人能劳动，人人有劳动，并且劳动所得足以维持人们有人格尊严地生存和发展，那么就人人有保障了，并且这是最好的保障，在很大程度上就实现了社会保障。但由于各种原因，社会上总有一些人失业，他们无法通过就业获得生存和发展所必需的各种资料，他们的生存和发展面临危机，进而成为严重的社会问题。此外，天有不测风云，人有旦夕祸福，生老病死，人生是充满风险的。一旦风险来临，往往使人不堪一击，甚至使人一蹶不振，并且这种风险是不确定的，降临到谁的身上是不可知的。人所面临的风险具有普遍性，风险来临后给人们和社会造成的损害和影响也具有社会性。为了解决这些问题，人们经过不断的探索和试验，最终找到了社会保障的方法。所谓的社会保障方法，就是建立在这样的一些基础之上，即在全社会成员中，总是只有一部分社会成员失业，而其他社会成员能够就业；一部分社会成员遭遇风险，而其他社会成员没有遭遇风险，社会保障方法就是要求就业的社会成员去保障失业的社会成员，没有遭遇风险的社会成员去保障遭遇风险的社会成员。社会保障方法的制度化和法律化就形成了社会保障法。从历史上看，最早的社会保障法起源于德国1883年的《劳工疾病保险法》、1884年的《劳工伤害保险法》和1889年的《老年及疾病保险法》。这三部法律于1911年合并，并加入《孤儿寡妇保险法》，形成著名的《社会保险法典》。现代社会保障法就是在此基础之上发展起来的。社会保障法的基本宗旨就是凝聚全社会的力量保障有困难的社会成员，使他们也能有人格尊严地生存和发展。社会保障法就是调整在运用社会力量保障社会成员的过程中所形成的各种社会关系的法律规范的总称，其核心是规定社会保障资金的筹集、社会保障的范围和标准以及社会保障金的支付和领受等内容。社会保障法是社会法的核心，也是社会法的归属，其他社会法或多或少都具有社会保障法的性质和使命，社会法的根本宗旨就是为了实现社会保障，使全社会成员都能有人格尊严地生存和发展。

三、环境资源法

人本身是环境的产物，人是在环境中生存和发展的，环境是人类的家园和栖身之所。由于人类共有一个地球，同在天空下，山水相连，万里同风，因此环境从来就是大环境，环境超越了地区界限和国家界限，已成为人类环境、国际环境、全球环境，可以说是"环球同此凉热"。环境问题极具社会性和全球性，解决环境问题不能单凭个别努力、各国努力，而必须全球合作、共同努力，全球性是最广泛的社会性。任何劳动都不能无中生有，"巧妇难为无米之炊"，一切劳动都必须同自然资源密切结合，劳动只有同自然资源相交换才能创造物质财富，如果说劳动是财富之父的话，那么自然资源就是财富之母。自然资源是人类生存和发展的物质前提，是社会的基础，没有自然资源，人类就无法生存和发展，就没有社会可言。有的资源是不可再生的，总有一天会枯竭；虽然有些资源是可再生的，但有时再生的速度赶不上人类需要和利用的速度，并且，如果人类不善待可再生资源，有些可再生资源也会转变为不可再生资源。自然资源不属于哪代人，有的甚至不属于哪国人，它们是人类的共同财富。人们在利用自然资源时不能鼠目寸光，不为子孙后代着想，而要"瞻前顾后"，要保持"代际公平"，让子孙后代拥有可持续发展的自然资源，只有这样，才是最持久的社会性。

环境资源之于人类生存和发展的重要性决定了要保护人类社会就必须保护环境资源。但自工业化和市场化以来，人们不惜以牺牲环境资源为代价去片面追求经济增长，导致环境破坏和资源枯竭的情形日益加剧，人类面临严重的环境资源危机。为了遏制和改变这种情形，自20世纪70年代以来，许多国家加强了环境资源方面的立法，世界上掀起了环境资源立法的高潮。如1967年日本的《公害对策基本法》、保加利亚的《自然保护法》，1969年美国的《国家环境政策法》和瑞典的《环境保护法》，1973年罗马尼亚的《环境保护法》等。环境资源极具社会性，决定了调整因利用环境资源而形成的社会关系的环境资源法属于社会法。环境资源法保护环境资源，为人类保护了安身立命的家园，为人类保护了赖以生存和发展的物质前提，使人类能够代代相传、生生不息、持续发展，体现了社会法的基本精神，实现着社会法的根本目标，环境资源法是社会法的核心构成要素。

第六章 社会法中的社会权

社会权是社会法的本位，是社会成员对其所在社会所享有的一些基本权利。社会权具有社会性，本质上是人权的具体化。社会权的内容主要包括工作权、公正和良好工作条件的权利、组织工会权、相当的生活水准权、社会保障权、受教育权、健康权等。

■ 第一节 社会权概述

一、社会权的概念

有人认为，社会权又称生存权或受益权，是指公民从社会获得基本生活条件的权利，主要包括经济权、受教育权和环境权三类；有人认为，社会权是指属于人权与基本自由范畴的各类体现社会正义的经济、社会、文化权利；有人认为，社会权是个人获得完全社会化以及作为社会交往的主体生存和发展所必需的基本权利，它的实现以社会保障责任与国家和政府保障责任为前提；有人认为，社会权又称社会权利，是指那些区别于传统的自由权，要求国家积极作为之权利的总称；等等。

以上关于社会权的认识，都从某一角度揭示了社会权的内涵，虽有差别，但亦有共同之处。综上，社会权就是社会成员对其所在社会所享有的一些基本权利。

（一）"社会成员"

由于社会权中的"社会"，是指特定社会，而不是指无国界社会或全人类社会，因此，不存在抽象的社会和社会权。一个人只有首先成为某一社会的成员才能对该社会享有社会权，这一点，使得社会权不同于人权，人权为人人所享有，有些人权如传统的自由权，不受国籍的限制，不区分是否为哪国公民，只要是人就应享有人权。这是因为，社会权是那些仅凭自己的能力和努力不能生存和发展的公民要求社会和国家予以协助和保障的权利，是要求社会和国家积极作为，并构成了社会和国家的义务和负担；而传统的自由权，公民可以自给自足、自我实现，国家不负有积极作为的义务。作为"免受束缚的自由"，它们不但不要求国家干预，而且反对国家干预。由于社会权增加了社会和国家的负担，因此，不是某国社会成员，某国社会当然就不会也不愿意承担保障其社会权的义务。

（二）"对社会享有"

这主要包含以下两层意思：①指社会权只能在社会中实现，社会是一个连带、交易、合作和互助的系统，具有实现社会权的功能，生存于其中的社会成员仅因为其社会成员的资格或身份就可以对其他社会成员或对整个社会主张权利，离开了社会，社会权不仅无从谈起，而且也无法实现。②指社会权无法通过个人实现，只能通过社会实现。社会权产生的根源就是由于某些社会成员仅凭自己的能力和努力无法生存和发展，其许多权利无法自我实现，只能诉诸社会，通过社会协助和政府保障才能实现。但政府本身并不直接生产财富，自身也不拥有保障社会权的资源，这些财富和资源只能来源于境况较好的社会成员，因此，政府在其中起着"取之于民、用之于民"的中介作用，政府要凭借自己的职能从境况较好的社会成员那里征集一定比例的社会财富并按照一定的原则转移支付给境况较差的社会成员，如果没有政府的作用，社会权就无法实现。

（三）"基本权利"

社会权是那些维持人们生存和发展、保障人们人格尊严的权利。显然，它是一种基本权利，是一种最低限度的权利，本质上是一种人权。这里也指出了决定社会权内容的标准，即只有那些维持人的生存和发展、保障人们人格尊严的权利才能纳入社会权的范围，若非如此，不易也不应纳入社会权的范围。社会权的实现不是自给自足的，凡是自给自足的权利，只要不妨害他人，应该不受限制，但社会权的实现要依赖他人、社会和政府的协助和保障，凡是要依赖别人、社会和政府协助和保障的权利都应该是有所限制和最低限度的。社会权所对应的是他人、社会和政府的义务和负担，社会权只是维持人们的生存和发展、保障人们的人格尊严，并不具有其他更高的目标。

二、社会权的性质

社会权的概念、由来和根据决定了社会权具有以下性质：

（一）社会权具有社会性

社会权的社会性是指只有社会成员才能享有社会权，只有特定社会的成员才能对其所处社会主张社会权，一个人要想在某社会享有社会权，前提条件是其要成为该社会的一个成员，社会权是对社会主张的权利。没有社会，社会权无从谈起，社会权不能自给自足而只能外求于人，是对别人主张的权利，没有别人特别是社会强者的协助，社会权无法实现。社会权是一种存在于社会关系中的权利，社会关系是一种团结与连带、分工与交易、合作与互助的关系，这种社会关系是社会权得以实现的基础和保障，在这种社会关系中社会权才能实现。社会权是一种社会化的权利。社会权的宗旨是通过社会力量协助社会成员特别是那些仅凭自己的能力和努力难以生存和发展的社会成员，使其有人格尊严地生存和发展。社会权保障人人成为人是社会性最集中、最充分的表现，也是社会性最大和最高程度的标志。

（二）社会权应是人权的具体化

人权是总括性的，它包括各种具体的人权，其中社会权即是其中之一，社会权是人权的具体化。

社会权得以产生，与人权观念和人权保障的发展密切相关，是人权观念和人权保障的必然要求，人权是社会权的根据，人们正是依据人权而主张社会权的，没有人权就没有社会权。

社会权是从人权中发展出来的，社会权得以产生，与人权观念、人权思想、人权运动和人权制度的发展密切相关。人权与社会权的关系决定了人权与社会权是密切相关、难以区分的，人权与社会权有许多重叠交叉之处，在这方面，谈论人权往往要谈论社会权，没有社会权，人权就不全面或变得空洞；同样，谈论社会权也往往要谈论人权，没有人权，社会权就缺乏终极的依据，人权与社会权两者相互参证、相互补充。如《公民权利和政治权利国际公约》与《经济、社会和文化权利国际公约》就有许多相同之处，它们的《序言》不仅几乎完全相同，[1] 而且相互参证，前者要求"按照世界人权宣言，只有在创造了使人人可以享有其公民和政治权利，正如享有其经济、社会和文化权利一样的条件的情况

---

[1] 其中《公民权利和政治权利国际公约》是这样写的："本公约缔约各国，考虑到，按照联合国宪章所宣布的原则，对人类家庭所有成员的固有尊严及其平等的和不移的权利的承认，乃是世界自由、正义与和平的基础，确认这些权利是源于人身的固有尊严，确认，按照世界人权宣言，只有在创造了使人人可以享有其公民和政治权利，正如享有其经济、社会和文化权利一样的条件的情况下，才能实现自由人类享有公民及政治自由和免于恐惧和匮乏的自由的理想，考虑到各国根据联合国宪章负有义务促进对人的权利和自由的普遍尊重和遵行，认识到个人对其他个人和对他所属的社会负有义务，应为促进和遵行本公约所承认的权利而努力，兹同意下述各条……"《经济、社会和文化权利国际公约》是这样写的："本公约缔约各国，考虑到，按照联合国宪章所宣布的原则，对人类家庭所有成员的固有尊严及其平等的和不移的权利的承认，乃是世界自由、正义与和平的基础，确认这些权利是源于人身的固有尊严，确认，按照世界人权宣言，只有在创造了使人可以享有其经济、社会及文化权利，正如享有其公民和政治权利一样的条件的情况下，才能实现自由人类享有免于恐惧和匮乏的自由的理想，考虑到各国根据联合国宪章负有义务促进对人的权利和自由的普遍尊重和遵行。认识到个人对其他个人和对他所属的社会负有义务，应为促进和遵行本约所承认的权利而努力，兹同意下述各条：……"

下，才能实现自由人类享有公民及政治自由和免于恐惧和匮乏的自由的理想"，后者要求"按照世界人权宣言，只有在创造了使人可以享有其经济、社会及文化权利，正如享有其公民和政治权利一样的条件的情况下，才能实现自由人类享有免于恐惧和匮乏的自由的理想"。在它们的各条规定中也有共同之处，如自决权，家庭、婚姻和妇女、儿童方面的权利，文化权，等等。还有许多相关的规定，如人道待遇权与公正和良好工作条件权，结社自由权与组织工会权，人格尊严权与相当的生活水准权，等等。

社会权是人权的具体化，如《经济、社会和文化权利国际公约》就是对《公民权利和政治权利国际公约》有关权利的具体化。前者第 11 条规定的"相当的生活水准权"就是后者第 10 条规定的"人格尊严权"的具体化，因为如果人们连相当的生活水准权都不能享有，无法生存，难以发展，那他（她）还有什么人格尊严权可言？只有保障了人们相当的生活水准权，过上正常人的生活，他（她）才有人格尊严可言。前者第 15 条规定的"文化权"是后者第 27 条规定的"文化权"的具体化。[1]

（三）社会权应是最低限度的人权

在人权诸问题中，一个重要的问题就是人权的标准问题。发达国家常常指责欠发达国家没有为其国民提供高标准的人权保障，欠发达国家反击人权标准是按照发达国家的标准制定的，高于欠发达国家的保障能力。但由于人权的保障是由一国的经济社会文化发展水平决定的，各国只能按照自己的国情和国力去保障本国国民的人权，因而人权保障并无统一的标准。如果人权的标准要普遍适用，特别是把发达国家的人权标准适用于欠发达国家，而发达国家又不愿向欠发达国家提供有效援助的话，那么欠发达国家将无力实施，所以，人权标准就应适用欠发达国家的人权标准。由于人权是一种强制性的、国家必须予以保障而国民无偿享有的权利，如果人权标准过高，国家将无力负担，不能如实予以保障，那么就会遭到人权保障不力的谴责。人权的保障名义上是国家保障人权，但实质上是处于

---

〔1〕《经济、社会和文化权利国际公约》第 15 条规定：①本公约缔约各国承认人人享有以下权利：一是参加文化生活；二是享受科学进步及其应用所产生的利益；三是对其本人的任何科学、文学或艺术作品所产生的精神上和物质上的利益；享受被保护之利。②本公约缔约各国为充份实现这一权利而采取的步骤应包括为保存、发展和传播科学和文化所必需的步骤。③本公约缔约各国承担尊重进行科学研究和创造性活动所不可缺少的自由。④本公约缔约各国认识到鼓励和发展科学与文化方面的国际接触和合作的好处。《公民权利和政治权利国际公约》第 27 条规定："在那些存在着人种的、宗教的或语言的少数人的国家中，不得否认这种少数人同他们的集团中的其他成员共同享有自己的文化、信奉和实行自己的宗教或使用自己的语言的权利。"

同一社会的社会强者保障社会弱者的人权，如果人权标准过高会加重社会强者的负担，会遭到社会强者的反对，难以实现，也可能杀鸡取卵，不可持续。所以，从人权的性质和保障的可能来看，人权都应是最低限度的人权。社会权作为人权，也应是最低限度的人权，即社会权只能保障社会成员享有最低社会待遇的权利。

（四）社会权通过社会成员的互助才能实现

社会权之所以叫社会权，一个根本的原因就是社会权不能由个人自我实现，凡是个人仅凭自己的能力和努力就能实现的权利不是社会权。社会权主要是指那些仅凭个人的能力和努力无法实现而只有在社会中和只有在社会的互助下才能实现的权利，社会权是一种通过社会力量而实现的权利，离开了社会的互助，社会权就无法实现。

但需要进一步指出的是，这里所谓的社会互助，实质上主要是社会强者协助社会弱者。由于社会弱者仅凭自己的能力和努力不能保障自己的生存和发展，只能外求于社会强者，保障社会弱者的社会权的经济基础、物质资源主要是社会强者创造和提供的，最起码是从社会强者身上征集来的，如税收，所以，社会权是社会强者协助社会弱者而实现的权利，是社会弱者对社会强者无偿享有的一种权利。

（五）社会权通过政府干预才能实现

如前所述，社会权是社会强者协助社会弱者而实现的权利，是社会弱者对社会强者无偿享有的一种权利，在社会权的权利义务结构中，权利义务在社会强者和社会弱者之间是分立的，社会强者负有义务，而社会弱者享有权利，这就使得社会强者未必会主动、积极地协助社会弱者以保障其社会权的享有，社会弱者的社会权可能无法得到保障。在这种情况下，就需要政府去干预和组织。社会权的享有和实现不但离不开政府的干预和组织，而且首先是直接针对政府而主张的，再由政府通过各种措施（主要是向社会强者征集必要的社会资源）来保障社会权的实现，政府负有保障社会权的神圣义务，没有政府的干预和组织，社会权无法予以保障。所以，社会权是一种通过政府干预和组织才能实现的权利。

■　第二节　社会权的主体和内容

一、社会权的主体

社会权的主体包括权利主体和义务主体。

社会权的权利主体是由社会成员的性质和社会问题的核心所决定的。社会问题的核心是社会弱者的生存和发展问题，解决了社会弱者的生存和发展问题几乎就解决了社会问题，甚至就没有了社会问题。社会弱者仅凭自己的能力和努力往往无力解决自身的生存和发展问题，而只能依凭社会权诉诸社会强者的协助。通过社会权，社会弱者有权获得社会的救济和保障从而得以生存和发展，因此，社会权的主体是社会弱者。

社会权的义务主体就是政府或社会，但政府本身并不直接创造协助社会弱者的物质财富，它只不过是充当"取之于民、用之于民"的中介，政府所承担的实现和保障社会权的义务最终要由社会成员来承担和落实。社会由社会成员构成，如前所述，社会成员包括社会强者和社会弱者，社会弱者连自己的生存和发展问题都难以解决，更不可能承担保障和实现其他社会成员的生存和发展的义务，而且恰恰是他们的生存和发展问题成为了政府和其他社会成员的义务，所以，剩下的就是社会强者。由此可见，社会权的义务主体是社会强者。社会权的实质就是社会弱者获得社会强者协助的权利，或者说是社会弱者在政府的组织下获得社会强者协助的权利。

至于怎样划分社会强者与社会弱者？没有统一的、"一刀切"的标准，他们之间的区分是相对的，可以准用确定社会保障对象的标准，因为社会保障的对象就是社会弱者，也正是社会权的权利主体。

二、社会权的内容

社会权的宗旨是保障社会成员人人都成为人，并且是成为同类的人，因而社会权的内容要依此而设计。根据社会权的概念、性质以及《经济、社会和文化权利国际公约》的规定，社会权主要包括工作权、获得公正和良好工作条件的权利、组织工会权、相当的生活水准权、社会保障权、受教育权、健康权等。

（一）工作权

人是一种能动的动物，其最有意义的能动就是从事劳动。人不能无所事事，劳动是人们的基本需要，在当今社会，从事劳动是人们获取报酬以购买生活资料满足自己及家庭成员生活需要最主要的途径，对绝大多数人来说，劳动是生活或生存所必需的。工作权的性质决定了劳动是对人们生存和发展最基本、最有效和最得体的保障，如果人人都能劳动，都有工作，那么人人就都能购买其生活资料，也都能自己生存和发展，这样就没有了社会保障问题，也就不必有社会权了。但遗憾的是，由于种种原因，总有不少人不能从事劳动，总有不少人没有工作。如果人们没有工作，就无从获取报酬，无力购买生活资料，无法生活，就难以生存和发展。所以，提供增加劳动工作岗位始终是社会保障的关键所在，也是社会权的核心所在。人们在劳动工作中，属于工作单位的一员，有一种归属感；组成工会，形成劳动和社会保障关系；与其他人合作共事，缔结了同事关系，劳动工作关系是重要的社会关系，人们从事劳动工作就等于融入了社会关系，被社会化了，成为了社会的一员。如果人们没有工作，就失去了上述种种社会关系，就脱离了社会，也难以社会化，就失去了社会关系网络的保障。劳动工作的性质决定了劳动工作权是社会权的内容之一。

（二）获得公正和良好工作条件的权利

当然，所说的工作权并不是没有条件的工作权，而是具有公正和良好工作条件的权利。因为，对许多人来说，劳动还不是志愿而只是谋生的需要，如果工作条件不公正，如劳动报酬与劳动强度和工作性质不相当，工资过低使得劳动者不足以购买生活资料以满足自己及其家庭成员的正常生活，那么就达不到劳动工作的目的，就没有保障劳动者的社会权。如果工作条件不好，如劳动不自由、工作时间过长、工作环境太差、没有劳动保护等，会严重损害劳动者的身心健康，破坏社会的生产力，进而也就阻碍了社会的发展，最终会影响社会权的实现。所以，获得公正和良好工作条件的权利是社会权的内容之一。

（三）组织工会权

在当代社会特别是在资本主义或市场经济社会，人们大致被分为资方和劳方两大类。其中，相对来说，资方是社会强者，劳方是社会弱者，在这种社会强弱既定的格局下，单个的劳方根本无力与资方平起平坐、平等协商，结果就会损害劳方的权益。为了使劳方能与资方势均力敌地博弈，单个的劳方必须组织起来，组成工会，通过工会与资方谈判，才能维护全体劳方的权益。工会是劳方自己组织的，维护自己权益的主要机构，劳方的许多权益是通过工会实现的。劳方组织工会是维护自己权益的首要途径，是在"小社会"范围内保障劳方的社会权。如果劳方能够通过工会维护自己的权益，那么就大大减少了劳方通过社会、政府保障社会权的需要，只有在劳方通过工会依然难以维护自己的权益时，才诉诸社会、政府去保障，但这是退而求其次的方法。可见，组织工会权在社会权中占有重要地位。

（四）相当的生活水准权

在工作条件公正和良好的情况下，能够从事劳动的人，会有合理的报酬以购买生活资料满足自己和家庭成员的生活需要，维持相当的生活水平。但总有一些人由于种种原因，不能从事劳动或没有工作，在这种情况下，他们就没有固定的收入和生活来源，其生活难以达到相当水准。如果他们的生活不能达到相当水准，就不能保障其生存和发展，就不能维护其作为人的人格尊严。这正是社会权产生的根源，也是社会权关注的目标，还是社会权要解决的问题。社会权的目标就是维持他们相当的生活水准，他们也是通过社会权来解决自己的生活水准问题的。相当的生活水准权是社会权的核心和宗旨所在，其他所有的社会权最终都要落实到或转化为相当的生活水准权，否则就是一句空话。

（五）社会保障权

在历史上，社会权原本就是社会保障权，后来的社会权是在社会保障权的基础上发展起来的，但他们在根源、理念、宗旨和实现方式等方面都完全一致，在许多情况下，社会权与社会保障权依然同义，即使把他们区别开来，社会保障权也是社会权的核心和主体，社会权的实现一般离不开社会保障权。

（六）受教育权

人是教育出来的，教育是对人的基本保障。社会权的最终目的是保障人成为人，这与教育和受教育权的宗旨是一致的。人受教育的过程。也是人社会化、成为社会人的过程。如果一个人能够社会化、成为社会人，在社会中能够生活自如，那么他（她）就无需诉诸社会权；相反，在现代文化科技高度发达的社会，如果一个人缺乏教育成为文盲或半文盲，那么他（她）不但难以适应社会、融入社会，而且寸步难行，其生存和发展就成为了问题，就要诉诸社会权。人的力量在于人的知识和思想，一个有知识和思想的人一般都能自保，无需社会保障，而人的知识和思想是通过受教育得来的，所以，受教育权是实现社会权的基本途径。具体说来，如人只有通过受教育才能成为一个有知识、有文化、有技能的人，才能胜任劳动工作，获取报酬以购买生活资料满足自己和家庭成员的生活需要，保障自己有人格尊严地生存和发展。所以，受教育权是社会权的重要内容。

（七）健康权

人的健康往往是第一位的。因此，要保障人成为人，首先就要保障人的健康。一个身心健康的人才能从事劳动工作，才能获取报酬以购买生活资料满足自己和家庭成员的生活需要；相反，一个身心不健康的人不仅自己很难生存和发展，还会连累家人或别人，影响他们的生存和发展。在现实中，经常发生许多人因病致贫、因病返贫的现象，疾病是人的一大忧患。一个安全有保障的社会必须解决人们看病难的问题，解决了人们的看病难，就为人们解决了后顾之忧，就为人们提供了很好的社会保障。所以，医疗健康保障具有普遍的社会性，是社会保障和社会权的基本内容。而且病人是社会弱者，最渴望得到社会的协助，怎样对待病人是检验社会道德和社会保障的试金石，社会权要保障社会弱者就必然保障病人、保障他们的健康权。

（八）不属于社会权的内容

社会权的内容不仅限于上述权利，事实上，它会随着经济、社会和文化的发展而不断扩大，但社会权的概念和性质决定了社会权的内容不能任意扩大，有些权利就不应属于社会权的内容。

1. 经济权。因为尽管人是依赖经济而生存和发展的，经济在社会中占有绝对重要的地位并具有决定性的意义，要保障社会权一刻也离不开经济，但不能说，经济权是社会权的重要内容，或经济权包括社会权。我们应对"经济权"作出准确的界定。"经济权"有非常广泛的含义，如从事生产、经营、交易、分配、消费等方面的权利都是经济权，如果一个社会成员能够享用上述"经济权"的话，那么他（她）就能够自力更生了，根本无需社会救济，因而也就无需社会权了。所以，我们这里所指的"社会权"肯定不是上述意义和范围的"经济权"。从《经济、社会和文化权利国际公约》中所规定的经济权和社会权来看，其中的经济权主要是工作权，但工作权不等于"经济权"本身，它只是获取"经济权"的主要途径而已，所以对于那些失业者，该《公约》还赋予其"相当的生活水准权"等权利，这些权利大都游离于生产、经营和交易之外。对于那些失业者来说，他们根本无法自己生产、自主经营，也没有什么可以交易的，连仅有的劳动力都无人雇用，因此，这些权利充其量只是分配、消费方面的权利。但这些权利也不是通过市场体制下的等价交换来实现的，而是通过社会救济、政府保障来实现的，所以，这里的"经济权"主要是一种"经济救济权"，与"社会权"同义。

2. 婚姻家庭权。

（1）婚姻是高度自由的，是否缔结婚姻完全取决于双方当事人的自由意志，婚姻既不能强制命令，也不能社会分配，每个人的婚姻权只能由本人自己解决，婚姻权的实现方式是高度个人化的，这样的权利不是社会权。

（2）对于那些不能结婚的人来说，也就没有组织成家庭，自然也就无法真正享有许多家庭中的权利，如夫妻双方的权利、生育的权利、父母的权利等。

（3）只有那些能够通过社会救济和政府保障的权利才能纳入社会权的范围，也才能通过社会实现，并达到社会权的目的。就此而言，上述家庭权利中的许多权利就难以实现。如生育的权利，如果夫妻不愿生育或不能生育，他们显然不能叫别人或通过政府命令别人给他们生育。这些权利都只能自我实现，无法通过社会实现。

（4）婚姻和家庭中的许多权利，都可以也必须通过或转化为社会权中的其他权利去实现。如工作权，如果一个人有工作，结婚的可能性就较大，就可能享有婚姻权，相反，如果一个人无业，结婚的难度就较大，甚至可能难以享有婚姻权。又如儿童的权利，也不完全是家庭中的权利，如果家庭能够很好地关照儿童，使儿童在家庭中能够身心健康地成长，无需求助社会或政府，那么这就与社会权无关。如果家庭无力或不能很好地关照儿童，如孤儿，那么儿童就由家庭进入社会，他（她）在家庭中无法实现的权利就应通过社会救济和政府保障来实现，如儿童享有相当的生活水准权、身心健康权、社会保障权、受教育权等。所以，并没有抽象空洞的儿童权利。

第七章 社会法中的权利救济

■ 第一节 社会法权利救济概述

一、权利救济

（一）救济

《现代汉语词典》对"救济"一词的解释为："用金钱或物资帮助灾区或生活困难的人。"将"救济"一词作为法律术语加以运用，是我国对国外做法的借鉴和引入。在英文里，与救济相对应的词是 remedy，是指"一种手段，通过它，一种权利得以实现或者对权利的侵害被阻止、纠正或补偿"，是"用于实施权利或补救损失的手段，它区别于权利，权利是一种已被确认或承认的主张"。[1]《牛津法律大辞典》云："救济是纠正、矫正或改正业已发生或业已造成伤害、危害、损失或损害的不当行为。……权利和救济这样的普通词组构成了对语，……更准确的分析可以这样来表达：法律制度赋予特定社会关系中的当事人以两种权利和义务：第一权利和义务与第二权利和义务，前者如取得所购买的货物和取得货物的价款，后者如强制对方交货或强制对方就未交货一事给付赔偿；或者在另一方面，强制对方支付货物的价款或强制对方就拒收货物而给予赔偿。虽然只有在第一权利未被令人满意地满足的情况下，第二权利或救济权利才能发生作用，但要求对方履行义务的权利，或要求对方就未履行义务或不适当履行义务给予救济的权利，却都是真正的法定权利。相应地，救济是一种纠正或减轻性质的权利，这种权利在可能的范围内会矫正由法律关系中他方当事人违反义务行为造成的后果。"[2]

可见，"救济"首先是与权利紧密相连的，是通过法律方式及类法律方式对

---

〔1〕 *Black's Law Dictionary*, 5th edition, West Publishing Co. , 1979, p. 1163.

〔2〕《牛津法律大辞典》，光明日报出版社 1988 年版，第 764 页。转引自程燎原、王人博：《权利及其救济》，山东人民出版社 1998 年版，第 358 页。

权利冲突的解决,[1] 是权利得以实现或者对权利的侵害被阻止、纠正或补偿的手段或途径。只有在保障权利实现和阻止、纠正或补偿对权利的侵害的层面上,我们才使用救济一词。而如果是在保障国家公权力实现和阻止、纠正对公权力的侵害的层面上,一般不使用"救济"一词。其次,救济在本质上是一种权利,即当实体权利受到侵害时从法律上获得自行解决或请求司法机关或其他机构、组织和个人给予解决的权利,这种权利的产生必须以原实体权利受到侵害为基础。即是说,原权利没有纠纷或冲突就不会产生救济。救济是相对于主权利的助权。[2] 当然,对于救济的权利属性,在不同的法系有着不同的理解。在大陆法系,特别是在德国法,权利所含的请求部分及其他影响原权利实现的部分,如请求权、形成权和抗辩权,均被视为法定权利的内容,即分别为原权利和救济性权利;而在论及实体权利的实现遇到障碍而需要司法保护时,人们也会将获得司法保护视为救济性权利。而在英美法系,特别是早期英国法主张救济先于权利,即"无救济,无权利"。[3]

（二）救济方式

救济既然是权利得以实现或者对权利的侵害被阻止、纠正或补偿的手段或途径,那就必然会涉及通过什么样的方法或渠道使得权利得以实现或使得侵害被阻止、纠正或补偿,这就是救济方式。"救济方式"是指救济可以采取的形式。[4] 古往今来,在不同的国家和同一国家的不同时期,救济方式都会有所差别。但一般而言,人类社会上存在的救济方式包括三大类:私力救济、社会救济和公力救济。

私力救济,又称自力救济,是指当事人认定权利遭受侵害,在没有第三者以中立名义介入纠纷解决的情形下,不通过国家机关和法定程序,而依靠自身或私人力量,解决纠纷,实现权利。[5] 私力救济的本质是权利受到损害的一方（个人、家庭或家族、村社）凭借一定的暴力或非暴力手段,使自己的某种权利得以实现或补偿,并使对方受到一定的制裁或惩罚。私力救济的主体不仅是直接受害者本人,而且可以包括与其权利或利益相关的家庭、家族、村社和其他主体。[6] 从整个世界史的范围看,私力救济大都经过了从血亲复仇到同态复仇的演进历

〔1〕　程燎原、王人博:《权利及其救济》,山东人民出版社1998年版,第357~358页。

〔2〕　程燎原、王人博:《权利及其救济》,山东人民出版社1998年版,第358页。

〔3〕　冀宗儒:《民事救济要论》,人民法院出版社2005年版,第2~3页。

〔4〕　程燎原、王人博:《权利及其救济》,山东人民出版社1998年版,第361页。

〔5〕　徐昕:《论私力救济》,中国政法大学出版社2005年版,第102~103页。

〔6〕　程燎原、王人博:《权利及其救济》,山东人民出版社1998年版,第362页。

史，同态复仇使自力救济的规则更加明确化和定型化。"以牙还牙、以眼还眼"这一明确而定型化的规则，始终制约着自力救济的方式。早期社会的自力救济，随着社会的发展渐已式微。现代社会中，由于社会救济和公力救济的发达使得私力救济的适用范围非常有限并十分确定。而且，它严格受到国家立法的限制，在形式上常常以"自助"的形式出现，而且从方式到程序、实体内容都须符合法律、道德及其他社会规范的要求。[1] 多数学者理解的私力救济包括强制和交涉两种类型。[2] 在现代社会，法律许可的强制型私力救济的主要形式为自卫行为（包括正当防卫和紧急避险）和自助行为。交涉型私力救济的典型形式是私下和解，即双方当事人在没有第三方介入的情况下互相交涉、沟通、协商，在彼此让步的基础上达成合意，解决纠纷。和解的程序相对随意，没有严格的法律规范，道德规范、社会习俗、情义等因素均可成为纠纷解决的参考，程序的合意性特征明显。[3]

社会救济，是指基于纠纷主体的合意，依靠社会力量的介入解决纠纷，对被侵害的权利进行救济。社会救济主要包括调解和仲裁。调解是指通过中立第三方的沟通协调，使双方当事人在平等协商的基础上达成解决纠纷的合意的权利救济方式。根据调解人的身份和性质，可以将调解分为法院调解、仲裁机构调解、行政机关调解、民间组织调解和个人调解。仲裁是指争议双方在争议发生以前或争议发生以后订立仲裁协议，自愿将争议交给非司法机关的第三者予以裁决的一种纠纷解决和权利救济方式。仲裁具有自愿性、灵活性、保密性、专业性、快捷性、经济性等特征。作为社会救济方式，调解和仲裁的共同之处是，在解决权利冲突或纠纷中都蕴含着纠纷主体的合意，都是依靠居间的第三者的介入解决纠纷。居间第三者的任务在于劝导争议双方消除冲突或纠纷，提出冲突权利的处置和补偿办法，或者对之作出裁决。[4] 作为不同形式的权利救济方式，调解和仲裁之间也存在明显的区别，主要表现在以下几个方面：①介入纠纷解决过程的第三者不同。介入调解过程的主体较多，可以是国家机关、社会组织或者个人；而介入仲裁的一般是临时仲裁机构或常设仲裁机构；②纠纷处理结果的产生不同。调解协议的达成往往取决于双方当事人的意愿，尽管调解人可以提出冲突权利的处置和补偿办法，但只有在双方当事人达成合意的基础上才能产生纠纷处理结

〔1〕 程燎原、王人博：《权利及其救济》，山东人民出版社 1998 年版，第 363～364 页。
〔2〕 徐昕：《论私力救济》，中国政法大学出版社 2005 年版，第 100 页。
〔3〕 辛国清："公力救济与社会救济、私立救济之间——法院附设 ADR 的法理阐释"，载《求索》2006 年第 3 期。
〔4〕 程燎原、王人博：《权利及其救济》，山东人民出版社 1998 年版，第 364 页。

果；而仲裁在程序的最后阶段都是由仲裁员根据自己的判断就争议事项作出裁决，仲裁员作出裁决无需以双方当事人达成合意为基础；③仲裁和调解结果的法律效力不同。调解达成的调解协议可以是能够被强制执行的，也可以是不能被强制执行的。在法院、仲裁机构主持下达成的调解协议一般是可以强制执行的，在行政机关、民间组织和个人支持下达成的调解协议一般是不能强制执行的；而仲裁的裁决结果通常具有同法院生效判决相同的效力，具有确定力、拘束力和执行力。

公力救济，是指国家机关依权利人请求运用国家公权力对被侵害的权利实施救济，包括司法救济和行政救济，其中最重要的形式是民事诉讼。[1] 诉讼作为公力救济的典型形式，其基本含义是将争议提交国家司法机关予以裁断。一般而言，一项诉讼应包含以下因素：①有争议的双方主体和争议事项；②作为公权力代表的司法机关作为第三者裁判争议；③法官按法定的程序和规则审理案件；④法官在对案件进行审理后必须对争议作出裁判；⑤生效的裁判具有国家强制力，必须遵照执行。和其他救济方式相比，诉讼的优越性表现在以下三个方面：一是诉讼救济是其他救济方法发挥效用的条件，即其他救济方法有效地救济权利，离不开诉讼救济的支持；二是诉讼救济是权利救济的最合法、最公正、最彻底和最权威的形式；三是在一种更广泛的意义上，诉讼救济通过对法定权利的肯定，反复地强调权利的价值，不断地宣示权利和高扬权利，并维护法律的尊严和权威，这为权利的充分实现创造了良好的法律氛围。[2]

二、社会法中的权利救济的特点

社会法中的权利依然是私权利，故当权利受到侵害时同样面临一个救济问题。但基于社会法的规制对象、调整原则、调整方法、权利体系和法律责任等方面不同于私法的独特性，社会法中的权利救济除了具有私法中权利救济的一般属性外，还具有自己的独特之处。

（一）救济主体方面：社会团体力量的发挥

1. 社会团体在社会法中的权利救济中的作用。在一定意义上，可以说私法是与市民社会相适应，公法是与政治国家相适应，社会法则是与团体社会相适应。社会利益是个别利益的提升，社会弱者的利益通常被纳入团体社会加以保护。[3] 在社会法领域，社会团体在社会法权利主体的利益维护和权利救济方面，

---

〔1〕 江平主编：《民法学》，中国政法大学出版社 2000 年版，第 87～89 页。
〔2〕 程燎原、王人博：《权利及其救济》，山东人民出版社 1998 年版，第 398～399 页。
〔3〕 董保华等：《社会法原论》，中国政法大学出版社 2001 年版，第 212 页。

发挥着举足轻重的作用。

通常意义上，社会团体一般是指政府以外的非企业性的社会组织，也有称之为非营利性组织、非政府组织、民间组织、第三部门等。这些不同的称谓往往因表述的主体、背景和侧重点的不同而相异。其中最中性的称谓为第三部门，它指的是相对于第一部门政府组织和第二部门企业组织而言的。[1] 现代社会尊重个人权利，但个人权利的实现往往通过其所在的社会组织或团体实现，所有团体的行为最终都可以归结为组成团体的个人的行为。[2] 西方国家民主政治的一个现象是众多的利益集团参与政策的制定和执行以及司法过程。社会团体是相同目标的人群为了达到一定的目的，将其行为彼此协调联合而形成的。[3] 塞拉蒙指出，非营利组织具有六个特征：正规性、民间性、非营利性、自治性、志愿性和公益性。[4]

作为民间自治的社会力量，社会团体的产生概括地说源于两个方面的需求：一是基于成员的需要，执行为成员谋取利益的服务职能；二是基于国家的需要，履行服从国家利益的管理需要。后者是社会团体具有社会合法性的基础。[5] 近代社会中的社会团体，最早可溯源到中世纪欧洲封建社会的自治城市中的社会组织，如在 11 世纪的最后 10 年普遍兴起的商人行会、社区行会、手工业者行会等。近代社会，随着劳工保护、消费者保护、环境保护、妇女权益保护等大量社会问题的凸现，社会弱势群体纷纷集结成社会团体，展开大规模的社会运动，诸如劳工运动、消费者运动、环保运动、女权运动等，社会运动随之发达。[6]

社会运动和社会团体是 19 世纪和 20 世纪资本主义社会问题挤压出来的产物，并对当代社会中的社会结构、政治面貌以及理论学说都产生了巨大的影响。[7] 社会团体首先具有纠正和弥补市场失灵的作用。在形形色色的社会团体中，有很多是活跃于经济领域的。它们源于经济主体的利益需求和社会管理的需要，在市场机制可能带来的问题以及市场机制不能起作用的领域，发挥着纠治和

---

〔1〕 王斌："非政府组织与和谐社会"，载《甘肃农业》2006 年第 8 期。

〔2〕 〔美〕中特丽克·米歇尔：《自我设计的新天地》，林泽译，中国工人出版社 1990 年版。

〔3〕 季燕霞："非政府组织与我国和谐社会的构建"，载《江淮论坛》2006 年第 4 期。

〔4〕 〔美〕莱斯特·塞拉蒙："非营利领域及其存在的原因"，转引自保华等：《社会保障的法学观》，北京大学出版社 2005 年版，第 98~99 页。

〔5〕 季燕霞："非政府组织与我国和谐社会的构建"，载《江淮论坛》2006 年第 4 期。

〔6〕 董保华等：《社会法原论》，中国政法大学出版社 2001 年版，第 213 页以下。

〔7〕 董保华等：《社会法原论》，中国政法大学出版社 2001 年版，第 218 页。

弥补的作用。[1] 而且，社会团体在社会治理方面具有政府替代功能。社会团体在基层社会的层面上参与经济生活和社会生活，集聚改革和发展的能量，协调社会利益，在社会关系整合和秩序保持中起到了不可替代的作用，这些作用主要表现为利益整合、组织整合以及规范整合等。[2]"社会团体在市民社会中具有对内整合个体和对外代表个体的双重作用。"[3]

社会团体在社会法中的权利救济方面，所发挥的最主要的功能在于，将社会弱者的利益纳入团体社会的保护，依靠团体的集合力量，对现代社会不均衡发展所带来的强者——弱者实力显失均衡的状态进行矫正，从而建立起新的平衡。例如，作为工人代表的工会，通过组织工人进行集体罢工、代表工人与企业进行集体谈判、签订集体合同等方式，可以矫正单个工人与企业进行对峙所形成的强弱悬殊的格局。以维护消费者权益为使命的消费者组织，可以开设热线咨询电话，向消费者提供商品信息、服务信息、发布消费警示、创办刊物对消费者进行权益宣传教育；可以普遍接受消费者的投诉，支持或代表消费者进行诉讼，推动法院设立保护消费者权益专项审判庭以及促进消费纠纷仲裁制度的建构；可以针对不公平、不合理的行规、惯例及格式条款等，将消费者团结起来与经营者、有关管理部门进行交涉，传达消费者的利益要求；等等。通过集体维权方式弥补单个消费者在与经营者、管理部门对抗过程中的弱势处境。消费者协会的维权活动是对消费者这一信息弱势群体的保护，也是对市场经济中生产者和经营者不规范、不合法行为的有效约束。[4] 环保组织可以利用环境公益诉讼对抗环境污染企业和负有环保职责的政府机构，维护公民的环境权。环保的综合性、科技性、公益性特点与非政府性质的环保组织的灵活性、专业性、公益性特点相吻合。环保组织无论是思想上还是实践上，都将人类关怀作为其最终归宿，常常表现出"没有祖国，只有人类"。尤其是专门的民间国际环境组织，以保护全球环境为己任，在解决全球环境问题过程中，沟通各方，促进协调与合作，发挥着独特的作用。[5]

2. 我国社会团体的现状。在我国，随着改革开放和社会主义市场经济体制的建构，原有的政治化、行政化、一体化的社会逐步走向了开放化、市场化和多元化。[6] 伴随"公法私法化"的演进、政府职能的调整、利益主体的多元化、

---

[1]　季燕霞："非政府组织与我国和谐社会的构建"，载《江淮论坛》2006 年第 4 期。

[2]　季燕霞："非政府组织与我国和谐社会的构建"，载《江淮论坛》2006 年第 4 期。

[3]　董保华等：《社会保障的法学观》，北京大学出版社 2005 年版，第 101 页。

[4]　季燕霞："非政府组织与我国和谐社会的构建"，载《江淮论坛》2006 年第 4 期。

[5]　季燕霞："非政府组织与我国和谐社会的构建"，载《江淮论坛》2006 年第 4 期。

[6]　季燕霞："非政府组织与我国和谐社会的构建"，载《江淮论坛》2006 年第 4 期。

人们社会交往的日益频繁以及交往内容的日渐丰富，公共领域不断扩大。随之而来的是社会团体如雨后春笋般纷纷建立，在公共领域占据主导地位，成为沟通国家与公民、政治国家与市民社会的中间桥梁。从行业管理、资产管理、商事和民事裁判、中介咨询，到文化交流、教育培训、学术研究、慈善公益等方面，各种形式的民间社会团体纷纷涌现。截至 2005 年 3 月底，全国共登记社会团体 15.3 万个，民办非企业单位 13.7 万个。而在体制之外，有更多的没有登记的、半公开的社会组织广泛存在，并发挥着各种各样的作用：它们不但可以有效利用或配置社会资源，及时敏感地回应民间需求，更可以协调化解社会矛盾，维护社会和谐。[1]

如何兼顾公平和效率是一个亘古难解的题目，现在这个难题也摆在了我们面前。随着市场机制的引入，经济学上的效率目标在一定程度上已经达到，但社会公平问题却矛盾凸现，特别是两极分化和社会弱势群体的生存发展问题。在还没有建立成熟、完善的社会保障体系的我国现阶段，社会团体的发展可以在一定程度上缓解社会矛盾。我国社会团体在化解社会矛盾方面的作用主要体现为以下三个方面：①通过社会团体，利用合法的途径与渠道，为弱势群体争取权利，保障他们的合法权益；②通过社会团体来制约与监督政府的政策；③通过社会团体，帮助公民自立、自强、自治。[2] 当前，我国基于保护特定弱势群体利益的目的结成的社会团体主要有：工会、妇女联合会、消费者协会、环境保护基金会、老年人协会、残疾人联合会、宋庆龄基金会、中国红十字会、中国人口福利基金会、青少年发展基金会等。我国的各类社会团体在维护特定群体的利益、表达特定集团的利益诉求、化解社会矛盾、构建和谐社会中发挥着日益重要的作用。总括而言，我国社会团体在弱势群体权利救济中发挥的作用主要有：①进行普法宣传。在法治社会，获悉法律规范是所有社会组织和个人能够获知自己的权利和获悉权利救济途径的一个前提。然而，对于浩如烟海的法律规范，社会弱势群体由于各种原因，法律信息封闭，很难获取有效和足够的信息。这就需要相关的社会组织充分发挥自己的特长，广泛开展普法宣传工作。②受理投诉，提供法律援助。在相关人员或群体的权利受到侵害需要维权时，相关的社会组织既可以直接出面予以调解、交涉，也可以为其提供一定的法律援助，使其能利用有效的方式保护自己的合法权益。如消费者协会受理消费者的投诉，并对投诉事项进行调

---

〔1〕 李亚彪等："'另类和谐力量'正在激活"，载《半月谈》2005 年第 6 期。

〔2〕 王建芹：《非政府组织的理论阐释》，中国方正出版社 2005 年版，第 3 页。转引自王斌："非政府组织与和谐社会"，载《甘肃农业》2008 年第 8 期。

查、调解，投诉事项涉及商品和服务质量问题的，可以提请鉴定部门鉴定，鉴定部门应当告知鉴定结论，就损害消费者合法权益的行为，支持受损害的消费者提起诉讼。③通过合法途径表达特定集团的利益诉求，保护、争取权益。如工会代表职工与企业方进行集体谈判、签订集体合同，表达职工的愿望和要求；消费者协会参与有关行政部门对商品和服务的监督、检查，就有关消费者合法权益的问题，向有关行政部门反映、查询，提出建议，对损害消费者合法权益的行为，通过大众传播媒介予以揭露、批评。

尽管顺应时代发展的需求，我国社会团体体系已经逐步建立并在和谐社会的建构中发挥着日益重要的作用，但总体来说，我国社会团体的发展还存在一些问题。除了具有董保华先生在《社会保障的法学观》一书中论及的行政色彩太浓、职能错位、人员素质低、资金短缺、自律性差以及法律法规缺位等缺陷外，[1] 我国社会团体还具有结构不合理、与国外社团相比功能相对单一以及社会地位和发挥的实际作用相对较弱等缺陷，具体表现有三：①据统计数据显示，目前，我国的社会团体仍然是行业协会和职业协会主导模式，这类社团的数量占社团总数的 34.4%。②教育、研究类的社团比例较高，占 18.4%；文化、娱乐类社团的比例也达到了 10.1%；而社区发展类、同学会等联谊性社团的比例最低，仅为0.6%。我国社团的行业与职业主导模式，与英国和巴西的教育主导模式、美国和日本的卫生保健主导模式、法国和德国的社会服务主导模式、捷克和匈牙利的文化娱乐主导模式、澳大利亚和芬兰的平衡模式都有很大的不同。[2] 我国社团的这一结构模式与社会的多元需求和构建和谐社会的目标还有很大差距。中国未来社团结构调整的方向应当是逐步增大社会服务、社区发展与公益慈善等社团的比例，减少行业与职业性社团的数量并注重其质量的提高。这就需要地方政府在社团发展的战略布局中，将政策有意识地向社会服务、社区发展与公益慈善等社团倾斜。[3] ③我国各类社团还处于发展的初期阶段，大多数社团尤其是社区服务、公益慈善型等社团还面临组织结构不完善、运行资金短缺、社会地位较低等难题。例如，在我国，社会团体代表其成员提起团体诉讼的资格还没有得到法律的确认，导致公益社团在维护公共利益中的手段缺失。这些情况都说明，我国社会团体体系的构建和完善还有一段很长的路要走。

---

[1] 董保华等：《社会保障的法学观》，北京大学出版社 2005 年版，第 123~124 页。
[2] 邓国胜："中国社会团体的贡献及国际比较"，载《中国行政管理》2006 年第 3 期。
[3] 邓国胜："中国社会团体的贡献及国际比较"，载《中国行政管理》2006 年第 3 期。

（二）制度设置和程序设计方面：倾斜保护原则与"接近正义"理论

在社会法领域，由于主体之间存在身份上的隶属关系，信息不对称，经济力量有差距以及生理方面的自然原因等，形式上平等的社会法主体之间具有实质不平等性。为了矫正这种实质不平等，对社会弱势群体进行倾斜保护就成为社会法的基本原则，其宗旨在于通过倾斜立法，使社会法主体之间在力量对比上达到一种衡平。立法上的倾斜一方面在于法律赋予弱势群体较多的实体权利，另一方面则在于赋予弱势群体有效的权利救济途径和手段，其中最重要的又在于要使弱势群体能有效地接近正义。

"社会每个角落是否都能得到适当的救济，正义的总量——也称整体正义，是否能达到令人满意的标准，这才是衡量一国司法水准高低的真正尺度。"[1] 一种真正现代的司法裁判制度的基本特征（也可能是唯一的基本特征）之一必须是，司法能有效地为所有人接近，而不仅仅是在理论上对于所有人可以接近，即实效性接近司法。[2] 那么司法救济如何才能为所有人所接近呢？长期以来，实效性接近司法救济的障碍主要有：较高的律师费使当事人望而生畏；法院成本和其他经济负担剥夺了贫穷者接近法院的权利；小额请求诉讼的必要费用与诉讼标的金额的比例失衡，将大量小额请求的原告阻挡在法院的大门之外；诉讼迟延使当事人不堪重负等。[3] 第二次世界大战结束后，在对极端自由主义进行反思的基础上，西方学者开始从人权保障和宪法原则的高度重新思索司法制度对社会秩序、公民权利的保障，掀起民事诉讼的宪法化、国际化和社会化思潮，从而推动多数西方国家对传统民事诉讼程序进行改革。上述思想与行动在 20 世纪 70 年代的国际民事诉讼佛罗伦萨大会上得到总结和升华，形成著名的"接近正义（access to justice）"理论，并为各国付诸实践。[4] "接近正义"的价值就在于重申法律至高无上的同时，倡导司法的世俗化，从而使我们的法律"温暖而富有人性"。在"接近正义"理论的倡导下，各国相继开展了司法改革运动，从而掀起了接近正义运动的三次浪潮，又被喻为"波"。接近正义运动的第一波旨在改革现行制度，为贫困者提供法律援助。主要措施包括对律师收费制度、法律援助制

---

〔1〕 ［日］小岛武司等：《司法制度的历史与未来》，汪祖兴译，法律出版社 2000 年版，第 35 页。

〔2〕 ［意］莫诺·卡佩莱蒂等：《当事人基本程序保障权与未来的民事诉讼》，徐昕译，法律出版社 2000 年版，第 40 页。

〔3〕 ［意］莫诺·卡佩莱蒂等：《当事人基本程序保障权与未来的民事诉讼》，徐昕译，法律出版社 2000 年版，第 42～47 页。

〔4〕 ［意］莫诺·卡佩莱蒂主编：《福利国家与接近正义》，刘俊祥等译，法律出版社 2000 年版，英文版序言、日文版序言、中文版序言。

度、社会保障制度等进行改革。接近正义运动的第二波旨在让消费者或者环境保护主义者有获得"扩散利益"的机会，在美国这是 1970 年由财团资助的"公益法律事务所"出现后兴起的，后在世界范围内发展为设置或改革以保护公共利益为主要目标的诉讼制度，如公共诉讼、集团诉讼、团体诉讼等。接近正义运动的第三波是 20 世纪 70 年代随着人们不仅主张法律权利，而且对处理纠纷的一系列制度都普遍关注而兴起的，各国开始积极探索以非正式的制度代替法院和司法程序，即发展非诉讼纠纷解决机制。

　　法谚云："无救济即无权利"。如果公民的合法权利受到侵犯时，国家不能提供适当的公力救济，则该项权利并不能称之为权利，至少是不完整的权利。所以，在接近正义运动开展的同时，卡佩莱蒂等法学家提出各国政府都有义务保护当事人的接受裁判权，为当事人从实质上实现接受裁判权提供应有的保障及扫清障碍。于是，公民诉权作为"接近正义"的首要条件被正式纳入公民的基本权利范畴。对公民的诉权，多国宪法和国际法律文件均自人权和公民基本权利的高度予以明确规定。正如卡佩莱蒂教授所言，一种全新的正义景象正在世界各国兴起，新型的正义以对有效性的探索为标志——有效的起诉权和应诉权（effective right of action and defense）、有效接近法院之权利（effective access to court），当事人双方实质性平等（effective equality of the parties），包括所有曾经忽视的法律援助问题、诉讼迟延的问题、诉讼成本和小额请求的问题等，正以一种扩大的尝试将这种新的正义引入所有人可及的范围。[1]

　　长期以来，世界范围内的普通民众在实效性接近司法救济方面面临的障碍，也正是社会弱势群体在寻求权利救济时所面临的困境：高额的律师费使当事人望而生畏；法院成本和其他经济负担剥夺了穷人接近法院的权利；小额请求诉讼的必要费用与诉讼标的金额的比例失衡，将大量小额请求的原告阻挡在法院的大门之外；诉讼迟延使当事人不堪重负；等等。为了向社会弱势群体提供有效接近正义的机会，各国都在积极探索有效的方式。这种探索主要包括两个方面：一方面创造条件以便于当事人有效地利用诉讼程序救济其受损的权利；另一方面则是推进 ADR（非诉讼纠纷解决方式）的普遍运用。

　　1. 创造条件方便当事人有效地利用诉讼程序。为便于弱势群体有效地利用诉讼程序救济其受损的权利，各国主要做了以下尝试：

　　（1）降低诉讼成本和为贫困者提供法律援助。经济上的困难是弱势群体无

---

〔1〕　［意］莫诺·卡佩莱蒂等：《当事人基本程序保障权与未来的民事诉讼》，徐昕译，法律出版社 2000 年版，第 64～65 页。

法实效性接近正义的主要原因之一，各国在程序设计上注重降低弱势群体寻求权利救济的成本支出。在现代社会司法改革和"接近正义"的浪潮中，各国降低弱势群体寻求权利救济的成本支出的措施和办法各不相同，但概括而言大致包括这样几个方面：降低司法救济的门槛和诉讼成本，允许弱势群体缓交、减交、免交诉讼费用；简化诉讼程序，减少简易或小额案件的审级，避免因程序繁琐和多审级所必需的费用支出；为弱势群体提供法律援助等。例如，在美国，联邦政府对诉讼提供巨额财政补贴，法院只收取很少的费用，审理案件的成本几乎全部由政府负担。此外，为体现司法低廉原则，联邦法院不是按照案件的争议金额或者诉讼标的征收案件受理费，而是按案件件数收取固定的费用。而且，绝大部分"贫困当事人"都是免交诉讼费的。由于美国的律师费一直居高不下，当事人参加诉讼的成本主要是律师费，因而美国的法律援助不是针对审理费用而是针对律师费的救助。美国民事法律援助的总体目标是通过运用和平的争议解决方法，使法律体系为穷人服务，其两大目标之一是使穷人能进入司法体系，另一目标是改变立法和司法以满足穷人的基本生存需要。民事法律援助由专职律师的一些项目构成，此外还有许多其他组成部分，主要包括专职律师的法律援助模式、法学院的"诊所项目"、免费公益服务、咨询及建议热线、国家的支持中心及专门的辩护机构——公益性法律事务所等。还有值得注意的是，在法律援助案件中，调解方法得到了充分的利用。据统计，在美国，大约90%～95%的法律援助民事案件是通过调解方法解决的，这样可以缓解援助机构经费、人员不足的问题，并且可以降低诉讼成本。此外，美国的胜诉酬金制对于保障贫困当事人积极行使诉权以保障自己的合法权益也是十分有意义的。同样地，小额诉讼程序和小额法院的设置，也是降低诉讼成本的一项有力举措。

在我国，降低弱势群体寻求权利救济的成本支出的举措主要有允许弱势群体减交、免交、缓交诉讼费用，为弱势群体提供法律援助等等。《民事诉讼法》第107条第2款规定："当事人交纳诉讼费用确有困难的，可以按照规定向人民法院申请缓交、减交或者免交。"2000年7月12日通过、2005年4月5日修订的《最高人民法院对经济确有困难的当事人予以司法救助的规定》明确指出，对于当事人为维护自己的合法权益，向人民法院提起民事、行政诉讼，但经济确有困难的，实行诉讼费用的缓交、减交、免交。该规定第3条对于可以向人民法院申请司法救助的情形作了详细列举，进一步明确了接受司法救助的人员的范围。自2003年9月1日起施行的国务院《法律援助条例》使得我国的法律援助制度法定化、规范化。

（2）设置专门法庭、专门法院受理特别案件。为了保护社会弱势群体的利益，方便对特定利益群体的案件实行专门化、专业化审理，各国法院体制发生了很大的变化，出现了老年法庭、未成年人法庭、小额法庭（法院）、社会保障法庭以及劳动法庭（法院）等。美国、英国、荷兰、加拿大、新西兰等国设立了小额法庭，有些国家还建立了专门的小额法院，如美国很多州都建立了小额法院。在比利时、芬兰、德国、冰岛等国都设有劳动法院，在英国等国家设有劳动法庭。[1]

（3）建立小额诉讼程序和群体诉讼、公益诉讼制度。消费时代意味着我们的一切生活都依赖于市场中的商品或服务的交换，某种意义上说这种依赖性越强，我们遭遇小额侵害的可能性越大，因同一行为使多数人受害的事件频繁发生，产生了群体纠纷。有些群体纠纷具有这样的特点：虽然受害人数很多，分布范围很广，违法行为人因违法行为所获利益的总数也很巨大，但单个受害人所遭受的损失则可能是小额的，如消费领域的很多纠纷都是"小额多数"纠纷。小额请求诉讼的必要费用与诉讼标的金额的比例失衡，将大量小额请求的原告阻挡在法院的大门之外，即当事人缺少接近司法资源的有效途径。如果容许这种情况普遍存在，那么其对社会的危害将是巨大的。一方面，大规模受损的权利人的小额债权或损害赔偿请求权成为"易腐权利"，通常得不到救济；另一方面，违法行为人的危害行为得不到及时的遏制，其违法行为将受到鼓励从而变本加厉。为了对"易腐"的小额债权或损害赔偿请求权提供接近司法的有效途径，各国都在积极探索有效的诉讼形式。

第一，设立小额诉讼程序。20世纪六七十年代，随着世界性消费者保护运动的高涨，许多国家针对日趋复杂的民事诉讼程序进行了旨在简化诉讼程序，方便普通民众诉讼的改革，小额诉讼程序应运而生。在90年代各国民事司法改革的热潮中，建立高效率、低耗费的诉讼机制仍是各国不谋而合的思路，小额程序的完善和改革再一次被作为重点。在世界范围内，美国、日本、英国、德国、我国台湾地区等都建立了小额诉讼程序。小额诉讼程序具有程序简便易行，快速、低廉、高效，当事人亲自出庭和法官的非职业化，一审终审，以及注重调解等特点。[2] 小额诉讼程序的独特功能在于：首先，更能让普通公民通过诉讼的方式实现自己的权利，它是比简易程序还要成本低廉的司法救济途径，公民更容易接受；其次，它是提高人们法律意识甚至整个国家的法治水平的重要途径；最后，

〔1〕　董保华等：《社会法原论》，中国政法大学出版社2001年版，第358页。
〔2〕　常怡主编：《民事诉讼法学》，中国政法大学出版社2005年版，第310～311页。

它的设立是为了对诉讼乃至整个法制体系进行纠偏补弊。[1]

第二,建构群体诉讼、公益诉讼制度。面对群体纠纷频发和公共利益遭受侵害缺乏救济途径的局面,世界各国已经或正在探索建立专门用于一次性解决群体纠纷和保护公共利益的群体诉讼和公益诉讼制度。群体诉讼是指除共同诉讼外,所有的具有一次性解决群体纠纷功能的诉讼方式。由于公共利益是多数人利益,公益诉讼背后也存在一个群体纠纷,所以公益诉讼也包含在群体诉讼的范畴之内。美国的集团诉讼、德国的团体诉讼、日本和我国台湾地区的选定当事人制度,以及我国的代表人诉讼制度是典型的群体诉讼制度。此外,英美的检举诉讼(relater action)、试验诉讼(test action),德美的公民诉讼等,也都属于群体诉讼或公益诉讼的范畴。对于现代社会大量存在的"小额多数"纠纷,通过群体诉讼,原告方可以一举实现众多的小额债权,从而达到节省费用开支的目的。即使是复杂诉讼,从整体过程来看,也能实现诉讼活动的经济合理性。借用日本学者小岛武司的精彩比喻,我们可以说,如果把小额审判比喻成"羊"的程序,那么群体诉讼就应该是庇护羊的"狮子"的程序。

(4)对部分案件实行举证责任倒置。证据是诉讼的核心。证据的有无以及证据证明力的强弱直接决定了案件的胜负得失。所以,在诉讼中能否获取有效的证据,对于当事人具有至关重要的意义。社会弱势群体在信息占有、经济实力等方面的劣势不但决定了弱势群体在社会交往中往往处于不利地位,而且还决定了一旦涉及诉讼,他们在获取证据方面也往往处于不利地位,从而决定了他们在完成特定事实的证明责任方面存在很大的困难。例如,在环境污染案件中,由于普通的受害者一般不具有专门知识和取证的便利途径,通常很难掌握排污企业的排污行为,也很难承担请求专门的机构或人员对污染物的成份进行科学鉴定、对污染物的排放与特定损害后果之间的因果关系进行分析的费用。在这种情况下,要让受害者对于特定的污染源是否会引起特定的损害后果这一事实承担证明责任,就存在负担过重的问题,而被诉的加害人通常比提起诉讼的受害人更容易证明这一事实。再如,在医疗纠纷中,由于患者缺乏专门知识,患者的住院治疗病历一般也是由医疗机构保管,在纠纷发生后,如果要让患者证明医院的医疗行为有过错及医疗行为与损害结果之间有因果关系,则患者明显存在难以取证和举证能力不足等问题。鉴于这些情况,法律设置了举证责任倒置制度。举证责任倒置,是指"应由此方当事人承担的证明责任被免除,由彼方当事人对本来的证明责任对

---

[1] 张武生:"民事简易程序研究",载《国家图书馆馆藏博士论文》,第97～98页。

象从相反的方向承担证明责任。"[1] 例如，在因环境污染引起的损害赔偿诉讼中，按照举证责任分配的一般原则，应由受害人就加害人的行为与损害结果之间存在因果关系承担举证责任。实行举证责任倒置后，就由加害人就其行为与损害结果之间不存在因果关系承担举证责任。在因医疗行为引起的侵权诉讼中，按照举证责任分配的一般原则，应由患者就医疗行为与损害结果之间存在因果关系及医疗机构存在医疗过错承担举证责任。实行举证责任倒置后，就由医疗机构就医疗行为与损害结果之间不存在因果关系及不存在医疗过错承担举证责任。

举证责任倒置在各个国家的立法和司法判决上所表现出来的数量和案件类型并不完全一致，但大致精神与原则是一致的。在我国，规定举证责任倒置的主要载体是民事实体法。学界几乎都认同，《民法通则》从第 122～133 条所规定的各种特殊的侵权案件，都在不同程度上与举证责任的倒置或其他的特殊分配有关。[2] 2001 年 12 月 9 日公布的《最高人民法院关于民事诉讼证据的若干规定》第 4、6 条等条款又对举证责任倒置问题作了细化、补充规定。

（5）对部分案件实行优先审理、部分判决和先予执行。诉讼迟延可谓是一种慢性疾病，几乎任何时代的裁判运作都会受其阴影的困扰。[3] 针对诉讼迟延问题，有些国家，如美国，对于满足"特别的情况"、"异常的困状"、"正义的要求"之类的案件实行优先审理。[4] 有时一个案件的诉讼请求比较多，各项诉讼请求的急缓程度、争议的激烈程度不同，为了缓解诉讼程序冗长与当事人急需救助之间的矛盾，可以实行部分判决制度，将一些与弱势群体切身利益关系较大的诉讼请求先行判决。这一制度在劳动法、社会保障法中使用较多。例如，《芬兰劳工法庭法》第 30 条规定："劳动法庭可就有关争议的部分给予单独判决（部分判决）。"[5] 在我国，《民事诉讼法》除了允许部分判决的适用外，还有另一项给予诉讼主体的急迫需求以满足的制度，即先予执行制度。先予执行，是指人民法院在审理民事案件过程中，因权利人的生活和生产的需要，根据当事人的申请，裁定一方当事人预先给付另一方当事人一定数额的财物，或者立即实施或停止某种行为的诉讼制度。根据《民事诉讼法》第 97 条和《最高人民法院关于适用〈中华人民共和国民事诉讼法〉若干问题的意见》第 107 条的规定，先予执

〔1〕　陈刚：《证明责任法研究》，中国人民大学出版社 2000 年版，第 247 页。
〔2〕　汤维建："论民事诉讼中的举证责任倒置"，载《法律适用》2002 年第 6 期。
〔3〕　[日] 小岛武司：《诉讼制度改革的法理与实证》，法律出版社 2001 年版，第 144 页。
〔4〕　关于美国对某些案件实行优先审理的情况，参见 [日] 小岛武司：《诉讼制度改革的法理与实证》，法律出版社 2001 年版，第四章 "迅速化救济的法理"。
〔5〕　董保华等：《社会法原论》，中国政法大学出版社 2001 年版，第 361 页。

行制度主要适用于下列案件：追索赡养费、扶养费、抚育费、抚恤金、医疗费用的；追索劳动报酬的；需要立即停止侵害、排除妨碍的；需要立即制止某项行为的；需要立即返还用于购置生产原料、生产工具货款的；追索恢复生产、经营急需的保险理赔费的。

2. 推进 ADR 的广泛运用。ADR（Alternative Dispute Resolution），即替代性纠纷解决方式或非诉讼纠纷解决方式，是 20 世纪逐步发展起来的各种诉讼外纠纷解决方式的总称。ADR 包括传统的非诉讼纠纷解决方式如和解、调解和仲裁，以及在传统的非诉讼纠纷解决方式基础上派生出来的 ADR，如司法 ADR、仲裁 – 调解等复合型 ADR。ADR 可以分为以纠纷当事人之间的合意形成为目的的调整型的 ADR（调停、斡旋）和第三人作判断解决争议的裁断型的 ADR（仲裁、裁定等）；从操作主体的角度来看，又可以分为司法系统的 ADR、行政系统的 ADR 和民间系统的 ADR。[1] 民间系统的 ADR，又称民间性 ADR，是指由民间性组织和个人介入纠纷解决过程的 ADR，包括民间调解、仲裁机构仲裁等。行政系统的 ADR，又称行政性 ADR，是指由国家行政机关或准行政机关所设或附设的专门机构处理纠纷而形成的 ADR，[2] 具体包括行政调解、行政斡旋、行政仲裁和行政裁定等。[3] 司法系统的 ADR，又称法院附设的 ADR，是指法院以非诉讼的方式解决纠纷所形成的 ADR。

ADR 的历史可以追溯至早期人类社会解决争议的实践，但其获得蓬勃发展却是始于 20 世纪 60 年代的美国。这种方式在美国勃兴后迅速风靡了许多国家，并由此导致了传统司法观念乃至整个纠纷解决机制的巨大转变。ADR 之所以能够在短期内取得如此快速的发展，其原因是多方面的。多元化的经济、文化和思想为多元化的纠纷解决方式奠定了基础，而导致 ADR 迅速发展的直接原因还在于传统纠纷解决方式尤其是诉讼在应对纠纷方面的局限性。[4] 诉讼是以国家公权力作为运作基础的，因此，其对纠纷解决具有一定的优越性。尽管如此，诉讼解决方式在各国也普遍存在诸多的问题与不足，主要表现如下：诉讼爆炸、诉讼迟延、费用较高、程序复杂、裁判僵硬、对抗鲜明，以及事后救济等。[5] 当然，"各国法律对调解等非诉讼方式的肯定，事实上不仅源于对法律诉讼过程中的种

---

〔1〕 ［日］中野贞一郎著："裁判的世界"，杨本娟译，载樊崇义主编：《诉讼法学研究》（第7卷），中国检察出版社 2004 年版，第 388 页。

〔2〕 齐树洁、林建文主编：《环境纠纷解决机制研究》，厦门大学出版社 2005 年版，第 438 页以下。

〔3〕 沈恒斌主编：《多元化纠纷解决机制原理与实务》，厦门大学出版社 2005 年版，第 219 页。

〔4〕 齐树洁、林建文主编：《环境纠纷解决机制研究》，厦门大学出版社 2005 年版，第 424 页以下。

〔5〕 沈恒斌主编：《多元化纠纷解决机制原理与实务》，厦门大学出版社 2005 年版，第 222~223 页。

种麻烦和困境的忧虑，而且源于一种追求至中、和谐的社会结构和社会关系的法律文化"。[1]

一方面，相对于诉讼而言，ADR 在解决纠纷方面具有自愿性、便捷性、灵活性、经济性、保密性、专业性等特点。另一方面，社会法领域的纠纷大多都是现代型纠纷，其主要特点是：①在当事人的特定方面，一方大多是因为另一方的活动而受到加害或加害危险的市民（消费者、居民），而且在多数情况下表现为人数众多，具有集团性和扩散性。与此相反，被告方主要为国家、公共团体或大企业等，双方实力对比悬殊。②在权利请求方面，原告对被告的实质性请求内容，有时不仅是损害赔偿，还包括预防性停止，这两项请求都涉及评价被告方活动之公共意义的问题。③在原告和被告相互间的关系上，原告若想获得请求认可的判决，将会在主张和立证方面遇到巨大的困难。[2] 以上特点决定了诉讼在解决现代型纠纷方面更加显现出不足，例如，诉讼迟延和事后救济的缺点将很难实现受害方预防性停止的主张；纠纷的集团性和利益的扩散性将产生"搭便车"的心理从而导致无人主张和维护权利；当事人之间的地位和力量悬殊、费用高昂、程序僵化、对抗鲜明、严格的举证责任制度等将使受害方很难获得胜诉，等等。以上这些因素都决定了，在社会法的权利救济领域，ADR 具有发挥作用的宽广舞台。

在社会法的权利救济领域，ADR 备受各国的青睐，协商、调解、仲裁等传统的非诉讼纠纷解决方式以及在此基础上派生出来的 ADR 等，都是各国常用的对社会法中的权利进行救济的方式。如在劳动争议处理中，我国劳动争议实行"一调一裁两审"的处理方式，即劳动争议发生后，当事人应当协商解决；不愿协商或协商不成的可以向本企业劳动争议调解委员会申请调解，调解不成的可以向劳动争议仲裁委员会申请仲裁；一方也可以不经调解而直接申请仲裁。对仲裁裁决不服的，可以向法院提起诉讼，诉讼中实行两审终审。从我国劳动争议处理的实践来看，最有影响力、覆盖范围最广的是劳动争议仲裁制度。[3] 在消费者纠纷中，基于消费者与商品的制造者和销售者之间在经济实力、拥有和获得知识信息方面差距悬殊，各国都倾向于通过诉讼外的方式特别是调解解决消费者纠纷。世界各国也正在尝试通过仲裁解决消费者纠纷，例如美国通过仲裁来解决消

---

〔1〕　程燎原、王人博：《权利及其救济》，山东人民出版社 1998 年版，第 432 页。

〔2〕　[日] 小岛武司：《诉讼制度改革的法理与实证》，法律出版社 2001 年版，第 169～170 页。

〔3〕　郑尚元：《劳动争议处理程序法的现代化——中国劳动争议处理制度的反思与前瞻》，中国方正出版社 2004 年版，第 20 页。

费者纠纷的尝试有三种：①法院进行的仲裁；②美国仲裁协会进行的仲裁；③被称为 BBB 的企业组织进行的仲裁[1]。除美国外，其他国家的消费者纠纷仲裁或类似于仲裁的纠纷处理制度还包括以下几种：在瑞士，为了解决消费者对洗衣行业提出的损害赔偿请求，设立了由行业团体代表和消费者团体代表组成的仲裁机构；在英国，最初进行的尝试是 1971 年由曼彻斯特法律协会在某个财团的援助下开始试验性地实施"曼彻斯特仲裁计划"；在德国，建立了不是仲裁制度但又发挥着类似仲裁制度的功能的汽车修理申诉制度，等等[2]。在环境纠纷解决方面，行政性 ADR 和民间性 ADR 发挥着重要作用。在纠纷解决过程中，行政性 ADR 注重国家行政主管部门的行政权力和专家的作用，主要用于特定类型纠纷如产业公害纠纷的解决，如日本和我国台湾地区的《公害纠纷处理法》规定的环境纠纷的行政性处理。民间性 ADR 注重纠纷双方的积极参与，促进其相互让步达成合意解决纠纷，如美国的环境纠纷替代性解决处理方法，包括对话、协商、调解和仲裁等方式。无论是行政性 ADR 还是民间性 ADR，在诉讼成本、迅速便捷和纠纷解决符合实际方面较诉讼都有着许多优势，可以在一定程度上弥补诉讼的不足，为当事人解决纠纷提供更多的选择。[3]

■ 第二节 诉讼

由于社会法中的权利主体享有的权利在本质上还是一种私权，这就决定了作为化解社会纠纷的最后一道防线，诉讼在社会法的权利救济体系中依然发挥着其独有的作用。在社会法的权利救济体系中，诉讼的本质并没有发生变化，依然是司法机关通过审判的形式对权利进行的事后救济。但随着社会法的发展，为适应社会法中的权利救济的需求，诉讼在形式上也发生了一些变化，这主要表现为小额诉讼、群体诉讼和公益诉讼这样一些新型诉讼形态的出现。此外，在社会法的权利救济中，除了民事诉讼外，还经常采用行政诉讼的形式。如在社会基准法被违反的情况下，弱势主体的利益受到侵害，这时国家机关是权力人，公权力可以通过行政程序直接介入。弱势主体作为利益人也可以通过举报，促使公权力介

---

[1] 关于美国通过仲裁解决消费者纠纷的具体情况，参见［日］谷口安平：《程序的公正与诉讼》，王亚新、刘荣军译，中国政法大学出版社 2002 年版。

[2] ［日］谷口安平：《程序的公正与诉讼》，王亚新、刘荣军译，中国政法大学出版社 2002 年版，第 368 页以下。

[3] 齐树洁、林建文主编：《环境纠纷解决机制研究》，厦门大学出版社 2005 年版，第 438 页以下。

入。由于这时国家机关也是义务人，对于国家机关的不作为，弱势主体也可以以受益主体的身份提起行政诉讼。[1] 在环境保护领域，负有环境保护职责的政府部门也可能被起诉到法院成为被告。由于群体诉讼和公益诉讼最能代表社会法领域诉讼方式的变化，故在此展开讨论。

一、群体诉讼

（一）群体诉讼

在社会法的权利救济中，虽然不乏权利受侵害的人与加害人对抗而形成的一对一诉讼或共同诉讼，但是，由于随着现代社会工商业发展，公害事故、商品瑕疵、证券市场欺诈、消费领域消费者受损等事件频发，群体纠纷的规模在迅速扩大，数量也在急剧增加。为了公平保护各个受害人的权利，又能在程序设计上达到简约、经济和可行的目的，各国立法、司法实务界和理论界都在不断研究、探索可行的诉讼机制，相继创设或引入了各种不同的群体诉讼。群体诉讼是指除共同诉讼外所有的具有一次性解决群体纠纷功能的诉讼方式，群体诉讼的外延除了包括集团诉讼、团体诉讼、选定当事人制度和代表人诉讼制度外，还包括各国历史上的或现存的各种其他的具有解决群体纠纷功能的诉讼方式，如英、美的检举诉讼（relater action）、试验诉讼（test action），德、美的公民诉讼等。"群体诉讼（group action）的本质在于对损害群体利益的违法行为请求救济，原告也就是诉讼代表人不仅是为自己寻求救济，而且（或仅仅）是为未出庭的其他群体成员寻求救济。"[2]

群体诉讼的运行机理是：突破了传统理论的束缚，采取了一定的法律技巧，将各个具有一定牵连（具有共同利益）的成员的诉讼请求集中起来，由代表人向法院提起诉讼，并由代表人代表群体成员行使诉讼权利，承担诉讼义务，法院判决的效力及于实体权利主体。即各国采用了以下两个手段来达到通过一个程序解决群体纠纷的目的：

1. 权利实现的间接性。群体纠纷具有当事人人数众多的特点，而所有的利害关系人全部到庭参诉十分困难，甚至无法实现，为了一次性地解决群体纠纷，达到诉讼经济的目的，群体诉讼制度采用了诉讼担当和诉讼信托等类似于诉讼代理的形式，众多纠纷主体不直接参加诉讼，而是将具有一定牵连的主体的诉讼请求集中起来，由诉讼代表人或者其他适格主体代为进行。在群体诉讼中，群体成

---

〔1〕 董保华等：《社会法原论》，中国政法大学出版社 2001 年版，第 327 页。

〔2〕 Lindblom & Watson，"Complex Litigation——A Comparative Perspective"，33 *Civil Justice Quarterly*，1993，p. 71.

员的权利是由部分成员（如集团诉讼、代表人诉讼和选定当事人制度中的诉讼代表人）或群体成员外的第三人（如团体诉讼中的公益团体、公益诉讼中的检察长、检举诉讼中的检举人等）代为实现的。这种间接性的处理方法具有"浓缩功能"，可无限扩大"诉讼对争议主体的空间容量"，解决当事人主体众多与诉讼空间有限的矛盾。

2. 判决效力的扩张性。既判力的相对性原则决定了法院的判决一般只能约束参加诉讼的当事人。但如果群体诉讼的判决只拘束那些亲自进行诉讼的当事人，那么群体诉讼通过一个程序解决多数人纠纷的目的就无法实现。为了达到一次性解决纠纷的目的，各国立法规定群体诉讼的判决具有扩张性，即群体诉讼判决不但对于参加诉讼的代表人有约束力，而且对于没有参加诉讼的其他人也有拘束力。不同的群体诉讼，其判决结果的扩张方式和扩张范围有所不同。美国的集团诉讼的判决结果直接扩张于未指名的集团成员，判决的效力拘束那些经法院确认属于集团成员的所有主体，而不论这些主体是否亲自参加诉讼，不论这些主体是否明确授权诉讼代表人代其进行诉讼，甚至也不论这些主体是否知晓诉讼的提起和开展。除非未指名的集团成员在之后提起的诉讼中有证据证明集团诉讼中诉讼代表人没有公正且充分地代表其利益，该成员可以不受集团诉讼判决的约束。团体诉讼判决的效力经由团体成员援引判决而扩张于当事人之外的第三人。选定当事人制度的判决拘束选定当事人和选定人，但不具有扩张于当事人之外的第三人的效力。

（二）群体诉讼的价值和功能

作为一种纠纷解决方式，其解决纠纷的特质决定了群体诉讼仍然具备诉讼最基本的目标或功能，如解决纠纷、对受害人进行补偿、预防纠纷等。但与传统的一对一诉讼模式和共同诉讼不同，基于诉讼效率理论、接近正义与公民诉权理论和公共利益理论，通过对群体纠纷进行一次性救济，群体诉讼还承载了以下的价值和功能——这些价值和功能不一定为群体诉讼所独有，但在群体诉讼中表现得尤为突出。

1. 扩大司法解决纠纷的功能。[1] 虽然各国的群体诉讼制度形态各异，具体程序规则也是千差万别，但其运行机制大致相同，那就是将有共同利益的多数人拟制为一个"群体"或"集团"，然后采用诉讼代表制，由特定的诉讼代表人（诉讼代表人可能基于"群体"或"集团"成员的选择也可能是基于法律的直接

[1] 群体诉讼的这一功能最初由我国学者肖建华提出，参见肖建华：《民事诉讼当事人研究》，中国政法大学出版社 2002 年版，第 386 页。

规定而产生）代表"群体"或"集团"进行诉讼活动，其他人则不亲自参与诉讼活动，但法院判决的效力拘束所有的"群体"或"集团"成员。通过权利的间接实现和判决效力的扩张等方式，群体诉讼方式扩大了同一诉讼空间的主体容量，通过同一个诉讼程序就能够解决有共同利益的众多主体与对方当事人之间的纠纷，成功地解决了主体众多与诉讼空间容量有限之间的矛盾，从而扩大了司法解决纠纷的功能。

2. 提高诉讼效率。对于小额的权利请求，如果当事人亲自进行诉讼，其预期的诉讼收益可能无法抵销诉讼成本，是不可个别求偿的请求，所以无论是单独诉讼还是共同诉讼，都是无效益的。"长期以来，存在着一种将若干小的权利请求聚合成一个足以使诉讼成本合理化的大的权利请求的方法——换句话说，即以实现诉讼的规模经济。"[1]　现代的群体诉讼使这一方法普遍化。由于群体诉讼避免了当事人亲自参加诉讼所必须支出的诉讼成本，所以能使诉讼成本最小化从而使成本收益合理化，进而使得小额的权利请求得以寻求司法救济。对于"小额多数"纠纷而言，群体诉讼的功能不仅在于提高了诉讼效率，更重要的是解决了一个诉讼可行性问题，因为若非通过群体诉讼，"小额多数"纠纷基于成本收益的核算就不可能进入诉讼程序。也正是在这个层面上，人们把群体诉讼尤其是美国的集团诉讼视为主要适用于"小额多数"纠纷的诉讼方式。

3. 平衡冲突双方的诉讼能力。群体诉讼的特点，一般都是一方当事人（通常是被告）为实力强大的企业、集团、社会组织甚至政府机构，另一方则是力量弱小的平民、消费者、受雇人、小股东等。由于争议双方在财力、智力、代理人等各方面的巨大差距，立法关于双方当事人诉讼权利平等的规定可能只是一纸空文。群体诉讼制度采取将多数当事人与对方当事人之间的共同争点一并审理的方式，希望会引起更多当事人的关心，并激发他们中的多数当事人团结起来，和强大的被告进行平等的、正面的交锋，亦即通过当事人之间的协力合作，构建平等的地位，从而使得纠正原告和被告间力量不均衡的状况成为可能。将零散的力量集中而形成的"武器对等化"，对发现事实真相以及实现社会正义都会产生积极的作用[2]　当然，群体诉讼并不只是对受害方有利，对加害方也是有好处的。群体诉讼对群体纠纷采取一次性审理的方式，可避免被告陷于应付受害者单个诉

---

[1]　[美] 理查德·A. 波斯纳：《法律的经济分析》，蒋兆康译，中国大百科全书出版社1997年版，第741页。

[2]　[日] 小岛武司：《诉讼制度改革的法理与实证》，陈刚、郭美松等译，法律出版社2001年版，第72～93页。

讼的漩涡而不堪重负，群体诉讼对被告来说也具有诉讼经济的价值。

4. 保护公共利益。群体纠纷与非群体纠纷的一大区别在于，群体纠纷容易涉及对公共利益的侵害或争议。在设计群体纠纷诉讼机制时，许多国家赋予群体诉讼机制保护公益的功能。如美国、加拿大、澳大利亚、瑞典等国的集团诉讼、巴西的集合诉讼、德法等国的团体诉讼、普遍存在于各国的检察机关公益诉讼、英美的检举诉讼等都具有保护公益的目的。在 20 世纪下半叶的司法改革运动中，各国也逐渐将公益保护纳入视野，设置专门的诉讼程序或通过已有的诉讼制度保护公益。作为群体诉讼的一个组成部分，公益诉讼的目的在于通过诉讼的方式将逐渐受到人们关注的公共利益的保护纳入法律的范畴。可以说，是否赋予群体诉讼以保护公益的功能，已成为判断一国群体诉讼制度是否走向现代化的一个标准。

二、公益诉讼[1]

（一）公益诉讼概述

早在古罗马时期，根据诉讼所保护的权利类型的不同，就将诉讼划分为"公诉"和"私诉"两种。当时规定："以保护个人所有权为目的，仅由特定人才能提起的诉讼为私益诉讼；以保护社会公益为目的，除法律有特别规定者外，凡市民均可提起的诉讼为公益诉讼。"[2] 私益诉讼的主要特征在于，原告必须是自身合法利益受到侵犯的公民、法人或其他社会组织，即直接利害关系人。诉讼目的是为维护个人和组织自身的合法权益。公益诉讼的主要特征则在于，在公共利益受到侵害时由公共利益的权利主体或法律授权的公共利益代表人提起诉讼，诉讼的直接目的在于维护公共利益，而不论此公共利益是否与起诉人有利害关系。随着公益诉讼的不断发展，根据诉讼针对的主体和适用的程序法不同，又将公益诉讼分为行政公益诉讼和民事公益诉讼。行政公益诉讼是指当行政主体的违法行为或不作为对公共利益造成侵害或有侵害之虞时，国家机构、社会组织或个人为维护公共利益而向法院提起行政诉讼的制度。民事公益诉讼是指由于公司、企业、其他组织及个人的违法行为或不作为，使社会公共利益遭受侵害或有侵害之虞时（如国有资产流失、环境公益侵害、公平竞争秩序遭破坏进而损害消费者公益等），国家机构、社会组织或个人为维护社会公益而向法院提起民事诉讼的制度。

为适应保护公共利益的需要，一些国家建立了公益诉讼制度，这主要集中在

---

[1] 公益诉讼实际上是群体诉讼的一个组成部分，但鉴于公益诉讼在社会法领域的权利救济体系中的重要地位，本书将其单列出来加以论述。

[2] 周枏等：《罗马法》，群众出版社 1983 年版，第 354 页。

公平竞争法、消费者权益保护法和环境保护法等领域。长期以来，英国的检察长（Attorney General）有权代表公众提起公益诉讼，个人也可以为保护公益提起"检举诉讼"（relater action）。[1] 特定的政府机关如公平交易局（Director - general of Fair Trading）、人种关系委员会（Race Relations Board）等有资格提出禁令命令。[2] 在美国，存在检察长诉讼、公民作为私人检察长（private attorney general）提起的检举诉讼（relater action）、分享诉讼（qui tam action）、公民个人为获得奖励而提起的奖赏诉讼（bounty hunter）等主要以保护公益为目的的解决群体纠纷的诉讼形式。在各州以及联邦多数制定法中明文规定可在广泛范围内采用公民诉讼（又称民众诉讼，citizen suit），允许个人即使在没有证据证明自己受到违法行为的直接侵害的情况下，也可以针对个人或政府机关的违法行为提起诉讼。[3] 此外，特定的政府机关如联邦交易委员会（Federal Trade Commission）有资格提出禁止命令，有时也可请求损害赔偿。[4] 此外，美国的集团诉讼也可以发挥保护公益的功能。德国在一些特别法中确立了团体诉讼，赋予几个特定的法律领域里的公益团体，得就私人和民间组织违反特定禁止性规定的行为或无效行为请求法院命令该他人终止或撤回其行为而提起诉讼的资格。德国也存在民众诉讼（Popularklagen）。法国最早规定检察机关代表公共利益参与民事诉讼制度，团体诉讼制度也比较发达，主要是由具备一定要件的团体如消费者团体、商业或手工业团体所提起的团体诉讼。[5] 日本和我国台湾地区也在消费者保护等领域确立了团体诉讼制度。[6]

（二）我国公益诉讼的现状

我国现存的群体纠纷诉讼方式只有一种，即代表人诉讼制度，没有其他国家所设置的专门用于保护公益的群体纠纷诉讼方式，如由检察长或其他组织或机关

---

[1] H. 盖茨："扩散利益的保护——接近正义运动的第二波"，载［意］莫诺·卡佩莱蒂编：《福利国家与接近正义》，刘俊祥等译，法律出版社 2000 年版，第 83 页。

[2] H. 盖茨："扩散利益的保护——接近正义运动的第二波"，载［意］莫诺·卡佩莱蒂编：《福利国家与接近正义》，刘俊祥等译，法律出版社 2000 年版，第 92～93 页。

[3] H. 盖茨："扩散利益的保护——接近正义运动的第二波"，载［意］莫诺·卡佩莱蒂编：《福利国家与接近正义》，刘俊祥等译，法律出版社 2000 年版，第 91～92 页。

[4] H. 盖茨："扩散利益的保护——接近正义运动的第二波"，载［意］莫诺·卡佩莱蒂编：《福利国家与接近正义》，刘俊祥等译，法律出版社 2000 年版，第 92～93 页。

[5] 梁慧星："开放纳税人诉讼，以私权制衡公权"，载《人民法院报》2001 年 4 月 13 日。

[6] 关于台湾的消费者保护领域内消费者保护团体提起团体诉讼的详情，请参见杨建华："消费团体为消费者提起损害赔偿诉讼在诉讼实务上运作之研究"，载杨建华主编：《民事诉讼法之研讨》（五），台湾三民书局 1996 年版。

（如英国的专利局长、公共卫生监察员、公平交易总局局长等）代表公众提起的公益诉讼、检察长因私人的请求允许检举人提起的检举诉讼和公益团体提起的团体诉讼等。且仅就代表人诉讼而言，法律对救济类型没有明确的规定，在我国的司法实践中，各级人民法院审理的代表人诉讼案件大部分是一些经济类案件，诉讼所保护的对象主要侧重于财产利益，而对于为避免将来损害发生而提起的作为和不作为之诉却极少涉及。代表人诉讼制度尚停留于单纯保护个人利益的阶段而缺乏保护公益的功能。

虽然我国法律中没有确立公益诉讼制度，代表人诉讼制度也不具备保护公益的功能，但这并不能阻止公益诉讼在实践中进行探索的脚步。目前，我国司法实践中最为常见的公益诉讼的探索是检察机关因国有资产流失而提起的民事诉讼。1997 年，河南省方城县人民检察院就一起国有资产流失案件向本县人民法院提起了民事诉讼，请求人民法院判决一项房屋买卖契约无效，追回流失的国有资产，在我国首开检察机关提起此类诉讼的先河。1997 年 12 月 3 日，人民法院判决支持人民检察院的诉讼请求，判决后两被告均未提出上诉。[1] 基于此案确立的成功范例，之后检察机关就国有资产流失提起诉讼在全国范围内逐步开展。据不完全统计，自 1997 年河南省方城县人民检察院就国有资产流失提起民事诉讼以来，全国各地检察机关至 2004 年提起此类涉及国有资产流失的民事诉讼已有近 200 起。[2] 伴随着在保护国有资产领域的成功，检察机关直接提起民事诉讼的案件开始向其他领域扩展和渗透。其中 2003 年 5 月山东省乐陵市人民检察院诉本市公民范金河环境污染案，是人民检察院拓展其诉讼范围的标志性案件。[3] 其后，四川阆中县人民检察院针对该市群发骨粉厂污染周围环境提起的民事诉讼[4]再次强化了人民检察院在环境保护领域内的作用。在人民检察院提起民事诉讼捍卫公共利益的潮流中，偶尔也有少数公民尝试通过民事诉讼方式保护公共利益，虽然大多都以人民法院不予受理、驳回起诉或驳回诉讼请求告终，但也有一些案件取得了积极的社会效应。如 2003 年 1 月，上海乘客杨艳辉订购了一张南方航空公司上海至厦门的机票，因其未注意机票上英文代码载明的机场，而跑错机场误了飞机。杨遂以侵犯消费者知情权为由，状告南航及机票代理公司，请求人民法院判令被告退还机票款 770 元，赔偿经济损失 700 元，同时建议在今后

〔1〕 载 http：//www. hanjilawyer. com. cn/luntang/luno37. htm.

〔2〕 别涛：“论环境公益与环境公诉”，载《科技与法律》2004 年第 3 期。

〔3〕 载《大众日报》2003 年 6 月 12 日。

〔4〕 肖玮、赖长浩：“环境公益诉讼的实践和探索”，载 http：//www. law - lib. com/lw/lw_ view. asp？ no = 3819.

出售的机票上都要用中文标明机场名称。人民法院判决被告南航公司退还原告杨艳辉机票款 770 元，赔偿经济损失 80 元，但没有支持杨艳辉要求航空公司在机票上用中文标明登机地点的诉讼请求。人民法院随后向国家民航总局发出了修改机票文字的司法建议，国家民航总局采纳了人民法院的建议并发文通知修改机票售票网络系统和打印系统，要求在机票的始发地点和到达地点栏内使用我国通用文字。[1]

　　虽然民事公益诉讼在司法实践中已经起步，一些案例也取得了积极的社会效应。但是，不可否认的是，这些诉讼由于得不到制度的保护和支持，在付出较高代价后却达不到应有的效果。由于法律没有对检察机关提起公益诉讼作出明确规定，检察机关提起的许多公益诉讼都被人民法院以不具备原告资格为由驳回了，一些即使胜诉了，也是在与法院反复沟通，"统一认识"后取得的。更多的民间公益诉讼不是因为原告与案件"没有直接利害关系"，就是因为提起的公益诉讼请求"没有法律依据"而被驳回或被判决败诉。即使是偶有胜诉，也只是原告个人的利益获得了保护，而公共利益并没有得到保护。如河南淮阳县青年农民葛锐以郑州市火车站厕所收费违法为由起诉郑州铁路分局。该案经过近 3 年的审理，人民法院最终判决葛锐胜诉，郑州铁路分局返还葛锐 0.3 元厕所收费，并承担一审、二审诉讼费用各 50 元。然而根据媒体的报道，郑州火车站在败诉后，仍然继续收取入厕费用。[2] 长此以往，必将始终置公共利益于缺乏司法救济途径的不利境地。正如因替沉迷"网瘾症"的青少年维权而获得 2005 年度"十大法治人物"称号的张春良回忆起两年来为维护"网瘾"青少年的利益而提起的公益诉讼时所说的那样："现在我搞公益诉讼，最担心的就是法院会不会立案，如果法院不予立案，公益维权就没有了司法渠道，这种公共利益的保护也就会继续被社会所忽视。"因此，伴随着公益诉讼在实践中的发展，理论界一直在为公益诉讼制度的建立鼓与呼。

　　（三）在我国建立公益诉讼制度的迫切性

　　在现代社会中，人与人的超级复杂性、多样性和不同利益的冲突，使得我们面临这样的问题：既要确保公民的自由和权利，又要避免公共利益被抛弃；既要维持多元化，又要避免不同利益集团冲突的不良后果，尤其是强势利益集团损害公民权利和公共利益；既要确保政府有足够的权威，又不致权力过大危害到公民的

---

〔1〕 曾献文、高传伟："公益诉讼：胜诉艰难路在何方"，载《检察日报》2006 年 2 月 15 日。
〔2〕 周泽："'公益诉讼'且慢喝彩"，载《法制日报》2001 年 6 月 2 日。

自由。[1] 在此背景下，传统上以个人自由为中心的观念和做法已不能适应社会的需要，必须发生转变，而要求公民发挥自身的积极性和能动性，通过共同行为既要对抗国家的集中及其可能的专断，也要对抗庞大的利益集团施加的压力和不利影响。

现代社会中，公民通过共同行为维护和捍卫公共利益的形式多种多样，不仅包括公民自觉组织团体，借团体力量发挥作用，也表现为公民个人积极性的发挥。其活动"关注的是通过各种指定的法律制定机构影响规则的形成，这包括游说议会和其他立法机关，将'试验案件'移送法院，以获得有利于帮助公益律师和其他人获得处理团体权利的原则。"[2] 诉诸司法保护公共利益的公益诉讼的兴起和发展，正是现代社会中公民共同行为中的一环和有机组成部分。它"代表的是国家的政治意愿，即民权和公共体成员的主张和保护应当通过司法机制或正当组成或认可的裁判所得以救济和实施。基于此，通过提供政府第三职能，即在权力和重要程度上与立法、行政两项职能地位相同的司法机关对公益作为回应的政府机制"。[3] 就民事公益诉讼而言，其本质是公民和社会通过司法途径直接要求个人和公司（主要是大公司或集团）承担公共责任，对抗其业务活动影响到公众的个人和公司的侵权行为。起诉人常常追求的不是赔偿个人的损失，而是要求改变公司或利益集团的活动方式，甚至最终改变国家控制或规制这些侵权行为的方法和标准，以便改善使侵权行为可能发生的制度。[4] 这些都是公共利益的道德或意识形态目标，他们可能与因侵犯私权而要求获得物质补偿的个人请求同步发生，也可能单独发生。

虽然我国有大量的实体法对公共利益进行了确认，但与之相对应的程序法规定却是空白。我国《宪法》明确规定对国家、集体财产和自然资源进行保护，其中第 12 条规定："社会主义的公共财产神圣不可侵犯。国家保护社会主义的公共财产。禁止任何组织或者个人用任何手段侵占或者破坏国家的和集体的财产。"第 9 条第 2 款规定："国家保障自然资源的合理利用，保护珍贵的动物和植物。禁止任何组织或者个人用任何手段侵占或者破坏自然资源。"《反不正当竞争法》

---

〔1〕 刘军宁："共和·民主·宪政"，载 http：//www. mlcool. com/html/ns001591. htm.

〔2〕 Rajeev Dhavan, *Whose Law？ Whose Interest？ Public Interest Law*，New York：Basil Blackwell Inc.，1986，p. 35. 转引自张艳蕊博士论文："民事公益诉讼制度研究"，第 36 页。

〔3〕 Sir Jack Jacob, "Safeguarding the Public Interest：New Institution and Procedures", in *Public Interest Law*, New York：Basil Blackwell Inc.，1986, p. 51. 转引自张艳蕊博士论文："民事公益诉讼制度研究"，第 36 页。

〔4〕 张艳蕊博士论文："民事公益诉讼制度研究"，第 36 ~ 37 页。

第 4 条第 1 款规定："国家鼓励、支持和保护一切组织和个人对不正当竞争行为进行社会监督。"《消费者权益保护法》同样规定了国家鼓励、支持一切组织和个人对损害广大消费者权益的行为进行社会监督。由此可见，无论是宪法还是各实体法都有维护社会公益的条款，只是缺乏具体的程序法规范，对于侵害公共利益的行为没有司法救济途径，从而使得公共利益的保护缺乏现实实在性。

国家和政府历来被视为国家利益和社会公共利益的代表者和维护者，目前，我国侵害公益的违法行为主要是由行政机关进行查处的。但由于政府更关心行政目标和工作效率，在它面临的各种矛盾面前，其态度更倾向于完成工作目标而非及时解决纠纷。而某些地方政府不仅有其自身的利益，还很可能其本身就是某些经济违法行为的直接或间接的既得利益者，这就使得行政机关在处理违法行为时缺乏应有的中立性。例如，为了增加地方财政收入、显示政绩，政府部门对大规模环境污染漠然视之，对违法企业之间的限制竞争行为视而不见，甚至亲自出马，大搞行政垄断，实行地方保护主义。正如梁慧星教授指出的那样，虽然行政权不断膨胀、不断扩张、益发强大，但其形式并未受到适当的制衡、控制，不仅无法发挥保护公共利益的作用，而且使国家和社会公共利益遭受重大损害的行政违法行为时有发生，且很难得到纠正。[1] 如现在频发的征地、房屋拆迁中行政机关通过行政命令强制拆迁造成对公众权益的侵害事件等。再加上行政机关还有一系列其他职能，用于保护公益的精力毕竟有限，所以，单靠行政执法，对于公共利益的保护显然远远不够。在这种背景下，近年来在司法实践中出现了检察机关代表国家提起有关国有资产流失和环境保护的公益诉讼，还出现了一些个人为了维护社会公益而发起诉讼的情况，如引起大家关注的"王海打假"现象，河南农民葛锐诉郑州铁路分局厕所使用收费案，南京东南大学两教师诉南京市规划局要求制止中山陵管理局在紫金山顶建立观景台案，郝劲松因在火车上用餐被拒开发票、铁路收取退票费不开发票提起的诉讼案，等等。但如上文所述，由于法律没有对检察机关提起公益诉讼作出明确规定，检察机关提起的许多公益诉讼都被人民法院以不具备原告资格为由驳回了，一些即使胜诉了，也是在与人民法院反复沟通，"统一认识"后取得的。更多的民间公益诉讼不是因为原告与案件"没有直接利害关系"，就是因为提起的公益诉讼请求"没有法律依据"而被驳回或被判决败诉。即使是偶有胜诉，也只是原告个人的利益获得了保护，而广大消费者的整体利益并没有得到保护。检察机关和"王海"们在当今的经济浪潮中，用各自不同的方式通过法律渠道，努力维护着消费者的合法权利，维护着公

_____

[1]　梁慧星："开放纳税人诉讼，以私权制衡公权"，载《人民法院报》2001 年 4 月 13 日。

共利益的普遍获得，但是其道路却非常艰难。还有一些公共利益也在不断地受到影响和侵害，制假贩假、垄断经营、不正当竞争、坑骗消费者等一些损害社会公共利益的事件大量出现，国有资产严重流失、知识产权大量受侵、生态环境和自然资源遭到严重破坏，以及社会公共道德、善良风俗面临着危机，等等。基于严峻的现实，建立公益诉讼制度，为公共利益提供司法救济途径的紧迫性已是不证自明。

三、非诉讼纠纷解决方式

（一）私力救济

社会弱势群体占有较少的社会资源，这决定了他们的权利被侵害的可能性就较大，又由于在经济实力、文化水平、信息占有量以及生理条件等方面的劣势，他们维权的能力相对较弱。国家和法律一直在试图帮助弱势群体，对弱势群体进行倾斜保护，但现实中弱势群体仍然面临维权艰难的问题，这是因为维权的过程不是一个简单的依据法律文本逻辑演进的过程，而是要受到很多现实条件的制约。而且无论怎样立法倾斜保护或者设立简易程序以鼓励弱者通过已有的公力救济手段维权，法律都不能违背它程序理性的前提，否则法律将不再是法律。而私力救济方式灵活多变的特点，始终契合了人类最本能、最原始和最直觉的对争议的反应。[1]

在社会法的权利救济体系中，私立救济方式始终占据重要的地位。社会团体通过发动社会运动的方式维护特定群体的利益，就是社会法领域私力救济的典型形式。例如，在劳资纠纷中，工会组织工人举行的罢工、游行、示威等活动，就是为工人争取权利并促使劳资纠纷得到合理解决的有效途径。通过这些运动可以对强势主体施加一定的压力，增加弱势群体与强势主体协商的筹码，从而为弱势群体赢得有利的结果。当然，在现代社会，协商与和解已成为私力救济的主要形式。

（二）调解

"一个社会的权利救济并非仅仅着眼于救济那些受到侵犯的权利，或确定处于争议中的权利的归属，而且要考虑预防和减少权利争端和侵权现象，这就要求权利救济体系为权利体系的实现创造一个良好的社会法治环境，而调解对和谐人际关系的'情有独钟'正是迎合了这一需求。"[2] 具体而言，调解具有自愿性、低成本性、保密性、程序的简易性和处理的高效性、调解结果的灵活性和调解协

---

〔1〕 邵华："论弱者权利的私力救济"，载《求索》2006 年第 4 期。
〔2〕 程燎原、王人博：《权利及其救济》，山东人民出版社 1998 年版，第 434 页。

议的易履行性等优点,[1] 这就使得调解成为弱势群体极易接受的纠纷解决方式。社会法的发展不仅使有法律强制执行效力的调解有所增加,更使没有法律强制执行效力的调解大量增加,各国以立法的方式对这种调解进行规定,使其成为一种较为普遍的形式。[2] 美国在 20 世纪 30 年代建立了劳动争议调解制度,目的是通过能够影响双方的局外的中立者,劝说劳资双方为了维护更重要的社会利益而作出妥协。此后,美国开始在婚姻家庭领域推行调解。1939 年加利福尼亚州设立了调解法院(Conciliation Court),对离婚案件当事人采用了代替审判程序的方式进行审理。20 世纪 60 年代,联邦政府资助设立了全国性的"近邻司法中心"(Neighborhood Justice Center),同时,在州政府、教会、慈善机构和其他地域组织的资助下纷纷设立了社区调解中心。[3] 在美国,早在 20 世纪 70 年代,民间调解即被运用于产业公害纠纷解决。到 80 年代末,美国已经发展并形成了一支强大的专业调解队伍,并有众多独立的专门从事调解业务的事务所,调解已经开始制度化地正式运用于处理产业公害纠纷。[4] 1994 年英国民事司法改革启动后,ADR 受到官方和民间广泛关注。1994 年至 1995 年,ADR 集团不仅受理案件的数量大幅度上升,而且至少 60% 的案件进入调解阶段,其中 90% 最终达成了调解协议。在澳大利亚的众多调解方式中,有产生于国家为管理特定行业制定的法律规则中的行业调解,如银行业和电讯业的监控员被赋予了一种调解性质的职能,有权处理消费者和个别银行或电信运营商之间的争议。[5] 在德国,依法设立了"师徒纠纷和解所"、"竞争纠纷和解所",20 世纪七八十年代到还出现了处理消费者权利、医生医疗事故的裁判外解决纠纷的制度。[6] 在日本,有专门的《民事调停法》规范民事调停制度。协调型 ADR 的运用非常广泛,调停不仅在很大程度上运用于持续性的法律关系,如房东和房客间的案件、婚姻案件等,而且还在属于现代型纠纷的交通事故案件、环境污染及产品责任案件的赔偿要求上取得显著成果。随着严格责任的引进,产品责任领域内建立了许多纠纷处理中心,并已开始工作。[7]

---

[1] 沈恒斌主编:《多元化纠纷解决机制原理与实务》,厦门大学出版社 2005 年版,第 114 页以下。

[2] 董保华等:《社会法原论》,中国政法大学出版社 2001 年版,第 350 ~ 351 页。

[3] 沈恒斌主编:《多元化纠纷解决机制原理与实务》,厦门大学出版社 2005 年版,第 117 ~ 118 页。

[4] 齐树洁、林建文主编:《环境纠纷解决机制研究》,厦门大学出版社 2005 年版,第 470 ~ 471 页。

[5] 沈恒斌主编:《多元化纠纷解决机制原理与实务》,厦门大学出版社 2005 年版,第 120 页。

[6] 程燎原、王人博:《权利及其救济》,山东人民出版社 1998 年版,第 439 页。

[7] [日] 小岛武司:《诉讼制度改革的法理与实证》,陈刚、郭美松等译,法律出版社 2001 年版,第 180 页。

中国是调解文化传统最为悠久的国家，也是调解制度和调解组织最为发达的国家。中国的调解，作为"东方的经验"，不仅从古至今渗透到中国社会结构、法律及冲突解决机制和文化观念之中，而且对日本等东亚国家的文化与文明产生了深刻影响。[1] 在近些年来，我国的调解制度和调解文化也成为其他国家尤其是美国借鉴和仿效的对象。调解作为我国传统的纠纷解决方式，在我国纠纷解决领域内发挥着重要作用。在社会法领域，调解无疑也是纠纷解决的一种重要方式，我国的《劳动法》第 77 条、《产品质量法》第 35 条、《消费者权益保护法》第 34 条等都将调解作为一种重要的纠纷解决方式加以规定。虽然随着法制现代化的推进，审判被认为是解决纠纷的最正当方式，调解这一传统的纠纷解决方式开始受到质疑，调解的地位有所下降。但是，随着法院受案量的逐年急剧增加和诉讼在解决纠纷方面的不足逐渐显露，非诉讼纠纷解决方式已开始受到普遍关注，如何充分发挥调解、仲裁等在解决纠纷方面的作用，已成为我国司法改革的一大方向，纠纷解决方式的多元化势在必行。

（三）仲裁

"仲裁是解决争议的一种方式，即由双方当事人将他们之间的争议交付第三者居中评断是非，并作出裁决，该裁决对双方当事人均具有约束力。"[2] 仲裁制度主要由三个基本要素构成：①当事人之间事先达成以仲裁来解决纠纷的协议（仲裁协议）；②仲裁人的最终判断（仲裁裁决）；③法律对仲裁的判断基准及审理程序所授予的自由。此外，仲裁还具有程序的灵活性、迅速性、专业性以及费用低廉等特征，但这些都是基于以上基本要素产生的结果而已。[3] 就其性质和特征而言，仲裁在诉讼和其他非诉讼纠纷解决机制中处于中间地位。它既不像诉讼那样以公权力为依托，依靠法庭这个公权力的代表通过严格的诉讼程序，作出直接具有法律强制执行力的裁决；也不像调解、和解等其他诉讼外纠纷解决机制那样极端的民间化和随意性。仲裁总体上是属于民间性纠纷解决方式，但是在机构设置、裁决效力等方面又具有准司法的性质。具体而言，仲裁作为一种解决财产权益纠纷的民间性裁判制度，具有公正性、独立性、自愿性、灵活性、高效性、经济性、专业性、保密性以及和谐性等特点。[4]

仲裁制度起源于古罗马，并在近代得到迅速发展。1889 年英国公布了第一

---

〔1〕 程燎原、王人博：《权利及其救济》，山东人民出版社 1998 年版，第 442 页。

〔2〕 韩德培主编：《国际私法新论》，武汉大学出版社 2000 年版，第 696 页。

〔3〕 ［日］谷口安平：《程序的公正与诉讼》，王亚新、刘荣军译，中国政法大学出版社 2002 年版，第 353～354 页。

〔4〕 齐树洁、林建文主编：《环境纠纷解决机制研究》，厦门大学出版社 2005 年版，第 283 页以下。

部仲裁法。之后，常设性仲裁机构纷纷建立并呈现出从一国国内走向国际的趋势。[1] 在近代社会，仲裁作为解决财产权益纠纷尤其是商事纠纷的有效方式，一直受到各国的青睐，相继有各国制定的仲裁法和有关仲裁的国际条约等对仲裁进行规范。但在社会法领域，相对于其他非诉讼纠纷解决方式而言，仲裁的使用范围并不是很广泛。其中的主要原因是，一方面，在争议的双方之间很少能达成通过仲裁解决纠纷的合意。例如在消费者权益纠纷中，"除一些特殊的例子外（比如说住宅的买卖契约、建筑承揽契约等），在企业与消费者之间，根本就不制作什么契约书，所以也不可能把仲裁条款写进契约中。再者，对一般消费者来说，发生纠纷之后与企业签订仲裁协议也不很现实。即使假定企业方面采取主动让消费者与自己订立仲裁协议，这样的协议又有对消费者不利的可能。"[2] 这种情况在劳动纠纷、环境公害纠纷中也是普遍存在的。另一方面，仲裁的价值有所削弱。相对于诉讼注重公正而言，仲裁更注重效益。为了达到效益这一目标，仲裁设计了一系列规则，如当事人具有较大的自治性，可以选择仲裁机构、仲裁员、仲裁程序等；实行一裁终局制度；等等。这些规则促进了效率的提高，同时也在一定程度上兼顾了公正，是仲裁的优势之所在。然而，令人失望的是，仲裁发展到今天，这一优势价值正在逐渐衰落。原本简单的仲裁程序已经变得越来越像诉讼了，程序不可避免地变得正规化。这种成本的增加已经使得仲裁在与法院诉讼相比的时候优势越来越少。[3] 费用问题对于弱势群体具有很大意义，正如日本学者谷口安平先生所言："如果达不到使消费者几乎没有金钱负担的程度，就不能说消费者仲裁制度是成功的。"[4]

当然，仲裁在社会法中的权利救济中也有发挥作用的舞台，比如日本学者谷口安平先生就曾详细地分析过仲裁在化解消费者纠纷中发挥作用的可行性。[5] 美国、瑞士、德国等其他国家也正在开展实施消费者仲裁制度的尝试。[6] 基于上述原因，要使仲裁在社会法领域的权利救济中发挥作用，就有必要在制度运行

---

[1]　范愉主编：《ADR 原理与实务》，厦门大学出版社 2002 年版，第 366 页。

[2]　[日] 谷口安平：《程序的公正与诉讼》，王亚新、刘荣军译，中国政法大学出版社 2002 年版，第358 页。

[3]　沈恒斌主编：《多元化纠纷解决机制原理与实务》，厦门大学出版社 2005 年版，第 175 页。

[4]　[日] 谷口安平：《程序的公正与诉讼》，王亚新、刘荣军译，中国政法大学出版社 2002 年版，第361 页。

[5]　[日] 谷口安平：《程序的公正与诉讼》，王亚新、刘荣军译，中国政法大学出版社 2002 年版，第342 页以下。

[6]　[日] 谷口安平：《程序的公正与诉讼》，王亚新、刘荣军译，中国政法大学出版社 2002 年版，第362 页以下。

中进行创新，就像谷口安平先生建议的那样，在设立常设仲裁机构时把仲裁机构作为法院的组成部分来设置，或者设置于正在蓬勃发展的地方自治体消费者中心使之与消费者咨询直接结合，以及建立介于调解与仲裁之间的制度等。[1] 而关于将仲裁与调解相结合的问题，已有学者进行了详细的论述。[2]

（四）行政处理

行政处理包括广义和狭义两种，广义上的行政处理是指有纠纷处理权的行政机关对行政纠纷和民事纠纷进行处理的行为；狭义上的行政处理是有纠纷处理权的行政机关对特定民事纠纷进行处理的行为。[3] 而作为权利救济方式的行政处理，通常是指狭义上的行政处理。行政处理既有以合意形成为目标的调解型的行政调解和行政斡旋，也有以第三人作判断解决争议的裁断型的行政仲裁和行政裁决。[4] 行政调解是由国家行政机关出面主持的，以国家法律和政策为依据，以自愿为原则，通过说服教育等方法，促使双方当事人平等协商、互让互谅、达成协议、消除纠纷的诉讼外活动。[5] 行政仲裁是具有行政机关性质的仲裁机构对特定纠纷进行裁决从而对受侵害的权利进行救济的方式，如我国的劳动争议仲裁和人事争议仲裁就具有行政仲裁的性质。行政裁决是指行政机关居间对平等主体之间发生的、与行政管理活动密切相关的、特定的民事纠纷进行审理并作出裁决。[6] 行政裁决又包括两种情况，一种是行政机关的处理是最终处理。如根据我国《商标法》的规定，商标注册人对他人已注册的商标提出异议，其他人对注册商标人已注册的商标提出异议（这两类争议都是民事性质的争议），由工商行政机关内部设立的商标评审委员会处理，该委员会作出的裁决是最终裁决，当事人不得再向法院提起诉讼。此外，《专利法》也有类似的规定。另一种是行政机关的处理并非最终处理，当事人不服可以提起诉讼，但作为行政案件管辖。这主要是指自然资源权属的民事争议。如根据《草原法》的规定，单位之间、个人之间、单位与个人之间发生的草原所有权或使用权的争议，由乡级、县级或县级以上人民政府处理，当事人对有关人民政府处理不服的，可以在接到通知之日

---

〔1〕 ［日］谷口安平：《程序的公正与诉讼》，王亚新、刘荣军译，中国政法大学出版社 2002 年版，第 372～373 页。

〔2〕 沈恒斌主编：《多元化纠纷解决机制原理与实务》，厦门大学出版社 2005 年版，第 164 页以下。

〔3〕 沈恒斌主编：《多元化纠纷解决机制原理与实务》，厦门大学出版社 2005 年版，第 218 页。

〔4〕 沈恒斌主编：《多元化纠纷解决机制原理与实务》，厦门大学出版社 2005 年版，第 219 页。

〔5〕 沈恒斌主编：《多元化纠纷解决机制原理与实务》，厦门大学出版社 2005 年版，第 260 页。

〔6〕 沈恒斌主编：《多元化纠纷解决机制原理与实务》，厦门大学出版社 2005 年版，第 252 页。

起 1 个月内向法院起诉。《森林法》、《土地管理法》等资源法也作了类似的规定。[1]

在纠纷解决方面，除了具有 ADR 共有的程序简易、费用低廉、方式灵活、快速便捷等优点外，行政处理还具有自己的独特优势，具体表现有二：①成本优势。与审判相比，行政处理的成本较低。其一，虽然行政处理也需要有相应行政人员和设施设备的经费开支，但行政处理机构不像法院的设置那样庞大，其经费开支相对较小；其二，行政处理程序具有非正式性和简易性，无需聘请律师，而且，行政处理往往不对当事人收取费用，作为国家行政服务社会的一部分，甚至相关调查费用也由行政机关承担，故当事人的支出相对较少；其三，行政处理的裁断一般不是采取"非输即赢"的模式，而且是在行政权威的潜在影响下作出的，对于最终处理结果当事人往往愿意履行，这样，裁决的执行成本相对较低。②合理与有效的解决优势，具体表现在以下两个方面：其一，行政机关一般有自己的调查机构，处理纠纷的也是与日常行政管理相关的一些纠纷，他们对纠纷所涉及的技术性和专业性知识较为熟悉，对相关的法律法规也非常了解，所以，在纠纷处理中，对信息的收集和判断，以及对相关法律、法规的运用和理解要比一般机构甚至法官都具有优势，这无疑为纠纷的合理和有效解决创造了条件。其二，在行政机关所处理的民事纠纷中，其中一方当事人往往是行政机关日常行政管理和监督的对象，行政机关的监督权和行政管理权对这些当事人有潜在的影响，这会促使明智的当事人不得不认真考虑甚至接受行政机关在纠纷解决过程中的各种建议、指示和决定。这不仅有利于行政机关的合意诱导，促使纠纷的合理解决，而且还有利于纠纷解决方案在当事人中间得到自觉地履行。[2]

行政处理的上述优势决定了其在各国的纠纷解决体系中都占据了一席之地，如 1970 年 6 月日本国会制定了《公害纠纷处理法》（1996 年曾修订），详细规定了环境公害纠纷行政处理的途径。在我国，由于长期存在的官本位思想，民众对政府和行政机关有着天然的依赖，加上普通民众所掌握的社会资源十分有限，通过诉讼等公力救济方式寻求权利救济存在很大的障碍和困难，以及我国法院的诉讼机能还十分有限，有很多纠纷法院无权或无力处理，这就造成了行政处理在纠纷化解和权利救济中长期发挥着至关重要的作用。民众发生纠纷首先想到的往往不是法院而是政府。"我国行政机关历来担负着处理公民的纠纷和各种申诉的职

---

〔1〕　江伟主编：《民事诉讼法学原理》，中国人民大学出版社 1999 年版，第 341 页。

〔2〕　沈恒斌主编：《多元化纠纷解决机制原理与实务》，厦门大学出版社 2005 年版，第 226～227 页。

能。"[1] 在我国，目前仅法律、行政法规规定政府对于行政管理相关的民事纠纷的裁决就有近 20 项，职能部门对于行政管理相关的民事纠纷的裁决有 30 多项，几乎涵盖了行政管理的绝大部分领域。[2] 行政机关处理的民事纠纷包括民事侵权争议、土地、矿产等自然资源和房产等非自然资源的权属争议、房屋租赁、商标、专利等知识产权争议、环境污染争议、劳动争议、人事争议、消费者权益争议、工伤事故或医疗事故赔偿争议、拆迁补偿争议、交通运输争议、产品质量争议等。

在社会法的各个领域，行政处理都发挥着化解纠纷、救济权利的作用。如我国《消费者权益保护法》规定，消费者发生纠纷后，可以通过以下途径解决：与经营者协商、请求消费者协会调解，向有关部门申诉，根据与经营者达成的仲裁协议提请仲裁机构仲裁，向人民法院提起诉讼。其中行政处理的途径主要有行政调解和行政裁决，可以受理申诉的机关包括卫生部门、物价部门、质量监督部门、技术监督部门等。如各地工商管理机关的"12315"投诉中心就在化解消费者纠纷方面发挥着重要作用。我国《劳动法》规定劳动争议仲裁是解决劳动争议的必经途径。据统计，全国现有劳动仲裁机构 3 191 个，配备有 2 万名专、兼职仲裁员，5 年来审理劳动争议案件 26.7 万件，其中集体劳动争议 1.8 万件，然而从 1995 年 1 月到 1997 年 8 月的两年多时间里，法院仅受理劳动争议案件 92 139 件。[3] 这说明劳动争议仲裁能够起到相当大的化解劳动争议的作用。《环境保护法》第 41 条第 2 款规定："赔偿责任和赔偿金额的纠纷，可以根据当事人的请求，由环境保护行政主管部门或者其他按照法律规定行使环境监督管理权的部门处理；当事人对处理决定不服的，可以向人民法院起诉。当事人也可以直接向人民法院起诉。"我国的环境纠纷投诉平均每年都在 10 万件以上，2000 年甚至超过了 30 万件。据个别省、市的调查统计，在环保部门受理的环境纠纷案件中，有 80% 以上可以通过行政处理解决。对环境纠纷进行调解、裁决的部门主要有环境保护行政主管部门，也有排污单位的主管部门，还有其他有关行政主管部门。[4] 此外，在化解征地拆迁纠纷、产品质量纠纷、拖欠农民工工资纠纷、医疗事故纠纷、养老金和保险金纠纷等领域，行政处理都发挥着重要作用。

---

[1]　范愉：《非诉讼纠纷解决机制研究》，中国人民大学出版社 2000 年版，第 541 页。

[2]　沈恒斌主编：《多元化纠纷解决机制原理与实务》，厦门大学出版社 2005 年版，第 249 页。

[3]　何兵："论行政解决民事纠纷"，载罗豪才主编：《行政法论丛》（第 5 卷），法律出版社 2005 年版，第 484 页。

[4]　齐树洁、林建文主编：《环境纠纷解决机制研究》，厦门大学出版社 2005 年版，第 85~86 页。

下编　社会法分论

第八章　社会法中社会保障权益的法律规制

■　第一节　社会保障法的基本理论

一、社会保障法的概念

社会保障法是指调整国家、社团和社会成员之间，在保障社会成员基本生活及发展的权利的活动中，所产生的社会保障关系的法律规范的总称。其内容体现在以下两方面：

（一）以社会为中介

社会保障不同于个人保障、家庭保障、团体保障，突出强调社会性保障，表现在保障的对象是全社会成员，继而应有能够代表社会的机构、组织去筹集社会保障基金并发放给有关社会成员。社会保障是社会大业，只能由社会办。不过，需要指出的是，社会保障社会办，并不是说在社会保障中社会以及作为社会代表的机构、组织处于主导地位、充当主体。因为在社会保障关系中，根本目的在于筹集和发放社会保障基金以保障有困难的社会成员的生存和发展，真正的主体只能是缴纳社会保障金和受领社会保障金的具体个人和单位，即使是国家财政补贴也最终来源于具体的个人和单位，社会保障可谓是"取之于民，用之于民"，"民"是社会保障的出发点，也是社会保障的落脚点，是名副其实的主体。只不过，无论是"取之于民"还是"用之于民"都不是很方便，不是"民"自己所能为之，因而需要通过社会机构、社会组织去实现，如果"民"自己所能为之，就无需借助社会机构、社会组织了。因此，不难看出，这里的社会机构、社会组织是社会保障的辅助因素，是中介机构，并不是真正的主体，不能喧宾夺主，否则，就会本末倒置，背离社会保障的宗旨。

（二）保障有困难的社会成员的生存和发展

这是社会保障法的根本宗旨。社会保障从理论上讲是保障全社会成员，但由于各社会成员情况不尽相同，有的或者应该说是大部分社会成员是能够自保的，如果绝大部分社会成员不能自保，那么这个社会行将崩溃，所以社会保障真正保障的只能是有困难的社会成员。所谓有困难的社会成员，一般是指由于年老、伤残、疾病、失业、生育、天灾、人祸等原因而导致生活困难的社会成员。他（她）们是社会的弱势群体，难以自保，但他（她）们作为社会的成员应与其他社会成员一样有权生存和发展，按照有关法律规定，他（她）们有权获得社会保障。不过，需要指出的是，这种社会保障所保障的只是他（她）们的生存和发展，并不是一切权利，应有尽有。社会保障法构筑的是社会保障的底线，使有困难的社会成员摆脱困境不至于沦落为非人，保障做人权利，而不是安乐窝，不是保障不劳而获，不是养懒人。社会保障不是无原则的施舍，只能保障人们成为人，但不能保障人们成为人上人，一个受社会保障的人与一个自保的人应该是有差别的，社会保障如果超出生存和发展的权利范围，就会搞平均主义、劫富济贫，就会养成一种懒惰风气，泯灭人们的进取精神，整个社会亦难以保障。

总之，社会保障法就是规定通过何种社会机构运用何种方法筹集发放社会保障基金，规定何种困难的社会成员获得何种社会保障待遇的法律[1]。

二、社会保障法律关系

（一）社会保障关系的特点

上述社会保障法的概念揭示了社会保障法的社会保障关系。与其他社会关系相比，社会保障关系具有如下特点：

（1）社会保障关系只能形成于社会保障活动过程中，社会保障是这种社会关系的基础，没有社会保障活动就没有社会保障关系。

（2）社会保障关系的核心有三个方面：①筹集社会保障基金，这是社会保障的物质前提；②何种困难的社会成员才能享受何种社会保障，这是社会保障的目的；③发放社会保障基金，这是社会保障的实现。社会保障关系就是围绕上述三个核心而形成和展开的。

（3）在社会保障关系中，必须有社会保障职能机构介入，它能够代表社会履行政府的社会保障职能，如制订社会保障发展规划，制定社会保障各项管理制度，监督社会保障各项制度的落实，处理社会保障工作中出现的各种问题，筹集、管理和发放社会保障基金，等等。没有社会保障职能机构的介入，或者说社会保障职能机构不履行其职能，社会保障关系难以真正形成。

（4）社会保障关系是一种社会连带关系。真正的保障不是个人自保，因为个人的力量是有限的甚至是微不足道的，而只能是社会保障，因为社会聚集众人

---

[1] 郭成伟、王广彬：《公平良善之法律规制》，中国法制出版社 2003 年版。

的人力、物力、财力，力量巨大，社会保障把每一个社会成员纳入进来，使他（她）们休戚相关、唇齿相依、互利互助，一人有难众人帮助，社会保障把社会成员紧密地联结在一起，形成一种社会连带关系。

（5）社会保障关系是一种以人身关系为基础的财产关系。从各国实行社会保障的原则来看，可以分为特殊性原则和普遍性原则两大类。按特殊性原则建立的社会保障制度，保障对象主要是劳动者，劳动者向用人单位提供劳动力，而用人单位根据劳动者就业年限长短、交纳保险费多少以及雇佣关系为劳动者提供保障，在这种原则下，社会保障关系建立在劳动关系的基础上，只有具有劳动者这种身份才能获得社会保障的物质救助。按普遍性原则建立的社会保障制度，保障对象是全社会成员，在这种原则下，具有本国公民身份才能获得社会保障的物质救助。

（二）社会保障关系的内容

如果把上述各种社会保障关系的共同点加以概括，社会保障关系应包括以下内容：

1. 社会保障管理关系。社会保障涵盖社会各界，必须有所组织；关切国计民生，必须有所规划；影响国泰民安，必须有所调控；涉及利益分配，必须有所监管。实践证明，有效的管理是社会保障贯彻实现的重要保障。在社会保障管理的过程中必然会发生各种关系。如国家授权于社会保障管理机构后，其在行使职权过程中，必然与用人单位和公民等形成一种管理与被管理的关系，与其他行政机关形成一种协调关系；社会保障组织体系的确立，必然形成高层、中层和基层管理机构之间的关系；社会保障管理机构内部的职责分工，形成了具有决策权和立法权的主管机构与具体经办机构的关系。并且在社会保障关系中社会保障管理机构始终是主体的一方。

2. 社会保障基金筹集关系。社会保障是一种物质保障，必须具有相当的物质基础。社会保障的物质基础来源于社会保障基金的筹集。"巧妇难为无米之炊"，社会保障基金的筹集是社会保障的关键。"众人拾柴火焰高"，社会保障基金的筹集涉及全社会，在社会保障基金筹集过程中形成各种关系。如国家、用人单位、个人共同负担社会保险费用的关系；社会保障管理机构与用人单位在缴纳保险费用过程中发生的关系等。

3. 社会保障基金管理和运作关系。社会保障基金是社会保障的物质基础，是受保障者的"饭碗"，是他们的活命钱，生计问题，关系重大，社会保障基金必须妥善严格尽职尽责地被加以管理运作。这样，在社会保障基金管理和运作过程中会发生各种关系。

4. 社会保障给付关系。社会保障总是要分解落到实处，把社会保障基金直接给付到受保障者，因此社会保障给付是目的，其他都是手段，没有社会保障给付就没有社会保障。在社会保障给付中发生的各种社会关系，这是社会保障关系中最基本的一种关系。社会保障的终极目标，只有通过社会保障给付才能实现；社会保障任何项目的实施，都包含给付内容；社会保障管理机构与公民的关系，主要是给付与领受关系。可以说，社会保障给付关系构成社会保障关系的核心。

5. 社会保障监督关系。社会保障要运用权力去组织管理，涉及利益分配要账目清楚，哪里有权力哪里就要监督，哪里有利益分配哪里就有监督，在监督社会保障实施过程中会形成各种关系。如社会保障管理机构内部的监督关系；银行、审计等职能部门，与社会保障管理机构形成的外部监督关系；广大公民和用人单位，与社会保障管理机构形成的社会监督关系。

6. 社会保障争议调解、仲裁和诉讼关系。社会保障从根本上说是一种物质利益关系，是一种物质财富的分配和转移，关系到人们的切身利益，难免发生各种争议，为了保证社会保障的顺利进行，必须对之加以调解、仲裁和诉讼，因而，在社会保障争议的调解、仲裁和诉讼过程中形成各种关系。

三、社会保障法是社会法中核心的法律部门

社会保障法所调整的社会关系具有独特的性质。如前所述，社会保障法所调整的社会关系为社会保障关系，社会保障关系只能形成于社会保障活动中，不能形成于行政活动中和市场交易中；社会保障活动的核心是筹集和发放社会保障资金，目的是救助有困难的社会成员，这既不同于行政的目的，也有别于民事的目的。社会保障关系有政府及其职能机构的介入，有时政府及其职能机构还处于重要地位，这就使得社会保障关系区别于民事关系；社会保障关系是一种以身份为基础的财产关系，基于特定身份获得相应财产，这又使得社会保障关系区别于行政关系。

社会保障关系还具有一个突出的特点，那就是它的社会性。这种社会性指社会保障关系覆盖全社会，涉及所有的社会成员，聚集全社会力量，保障全社会成员，具有长治久安的社会意义。这样范围广阔、关系复杂、意义重大的社会关系，可能同时为几个法律所调整。社会保障法既采用平等自愿的民事方法，如企业补充养老保险、个人储蓄性养老保险、农村互助互济性养老保险等一般都采用平等自愿的方法；也采用强制命令的行政方法，如城镇职工社会保险制度的建立就具有强制性；还采用经济的方法，如社会保障资金的运营管理必须遵循市场规律采用经济方法进行。此外，在社会保障法中对违法行为的制裁则是民事制裁、行政制裁和刑事制裁三种方法并用。社会保险法综合运用不同的调整方法，这并

不能否定其作为一个特殊法律部门的地位，相反，这恰恰表明它作为法学交叉和边缘学科所具有的独特之处。正是社会保障法所调整的社会关系以及其调整的方法均具有独特的性质，导致在法律体系中，它是独立的法律部门且社会保障法是社会法中的核心法。

社会保障法具有社会法的最一般特点：生活各个侧面的社会保障，都是国家通过立法强制实施的，体现了国家干预社会生活的政策意图；社会保障法保护的对象是社会生活中的弱者，他们或者因生老病死或天灾人祸而陷入生活困境，或者是市场竞争中的失败者、或者因先天或后天的原因弱于正常人；社会保障法形式上表现为国家通过权力强制性实施社会保障，具有垂直关系的特征，实质上调整国家与公民的给付关系、平等社会成员间的收入分配关系，具有横向关系的特征；社会保障法改变了传统私法将生活贫富看做公民个人责任的观点，确立了国家和政府保障公民基本生活权利的责任；社会保障法的基础是社会集资，对象是社会成员，机制是责任和义务的社会化，其功能是社会公益性。可见，无论是按广义的社会法，即国家为解决各种社会问题而制定的各种社会法规的总称；还是按狭义的社会法，乃指由俾斯麦以来创建的社会保障立法，社会保障法都是社会中的核心法已成定论。

四、社会保障法的两个重要价值理念

社会保障法的价值理念是社会保障法产生的重要根据，也是社会保障法的精神实质。社会保障法作为现代社会法律制度的核心内容，从它的产生开始，就始终体现着如下几个重要的基本价值观：人权保障和社会本位思想，以及社会平等和社会慈善思想。即清楚地阐明了个人与社会的关系或是个人在社会生活中的权利、地位，以及政府、社会在同一领域中的职责，社会保障法正是沿着这个主题渐进式地发展。

（一）人权保障理念

人生是充满风险的，难免生老病死，当它们向人们袭来时，常常给人们以致命的打击，使人们对生活充满恐惧和不安，甚至无法生活下去。

自从进入市场经济以后，市场竞争已成为社会运行的主导机制，但由于大千社会、人各有别，任其市场竞争，结果必然优胜劣汰，适者生存。

但人必须生活、生存下去，人有生活、生存下去的权利，这种权利主要是人权，人权是人的不可剥夺的神圣权利，只要是人，就应享有人权。人权内容之一就是每个人都有自谋生活、自我生存的权利，并且当仅靠自己无法生活、生存的时候，可向社会主张生活、生存的权利，社会必须履行保障社会成员生活、生存的义务。

生存权即为维持人的生存所必不可少的权利，包括生命权、健康权、物质享受权等内容。生存权基于人类的生存本能而产生，是一种自然权利，或者说是一种法前权利，即伴随人的出生而自然产生，直至人的死亡而自然消灭的一种权利。这种自然权利和法律规定的法定权利不同，它是天赋的、不可转让的。

生存权既然是每个社会成员的一种不可剥夺的天赋权利，对国家和社会来说，保障其生存权就是一种义务。遗憾的是，长期以来，人类社会对生存权的认知，一直处于朦胧或者说无视的状态。1789 年，为了反对封建制度，确立君主立宪政权体制，英国议会颁布了《权利法案》，提出了自然权利的主张，其中包括一些保护生存权的内容。如人民有向国王请愿的权利；废除残酷刑罚和重金刑罚；定罪前不得科以罚金或没收财产等。此后，在资产阶级革命的高潮中，法国于 1789 年颁布了《人权和公民权利宣言》，其核心内容是天赋人权；人人生而自由，权利平等；产权不可侵犯等规定。1889 年，因广大民众和民生派的强烈不满，美国国会通过了修正 1787 年宪法的《人权法案》，规定人民有保障生命、自由和财产不受侵犯的权利；有宗教信仰、言论、结社、出版、和平集会和向政府请愿的自由。可以说，生存权虽然自人类诞生就已经存在，但直至资产阶级革命，才随着其他自然权利的确立而得到确认，生存权是资产阶级革命所提出确立的一种权利。

但是，资产阶级革命所提出确立的生存权，是不充分、不确定的，而且是极其抽象的。"与资产阶级宪法所极力保护的自由权、平等权和财产权相比，国家的救助仅限于不能劳动或无法从家属获得帮助者。"这一点，在 1848 年的《法兰西第二共和国宪法》中表现得最为典型。该宪法第 8 条规定："共和国根据友爱和互助的精神将使贫困公民获得劳动，使不能劳动或无法从家属获得帮助者得到救助，以确保他们的生存。"其第 13 条规定："社会对弃儿、病弱者和没有资产的老人给予救济。"

于是，随着资本主义从自由经济发展到垄断经济，社会上出现了悬殊的贫富差距。贫穷成为威胁社会成员生存的最大社会问题，而确立生存权作为法定权利，也成为资本主义国家立法的重要课题。

最初把生存权作为"法的权利"来进行表述的，是奥地利法学家门格尔·安东，他在《新国家论》一书中认为：在现有社会资源的条件下，给予一部分社会成员以维持生存所必需的物质和劳动手段，比让另一部分人过上充足的生活更有必要。如果这一点在法律上能够得到确认，生存权才能得以保障。

而最初在宪法中明确规定生存权的，是德国 1919 年的《魏玛宪法》。该宪法第 151 条 1 款规定："经济生活的秩序，必须适合社会正义的原则，而所谓的社会正义，则在于保障所有社会成员能够过上体现人的价值、体现人的尊严的生活。"作为生存权保障的具体措施，该宪法在第161条和第163条中，还特别制定了有关社会保险和社会救助的规定："为了维持健康和劳动能力；保护母性；防备老年、衰弱和生活的突变，国家在被保险者的协力下，设置包括各种领域的社会保险制度；国家给予全体劳动者以通过经济性劳动获得生活来源的机会，如果一时没有这种机会，应考虑给予必要的生活保障，具体实施方法，由国家另外通过立法规定。"《魏玛宪法》的重要作用在于确立了现代意义上的生存权，并赋予生存权以具体的内涵，即生存权不仅仅是活下去的权利。《魏玛宪法》关于生存权上的规定，对西方各国的立法产生了深远的影响。

尊重人、关心人、保障人已成为社会发展的趋势和内容，也已经成为了人类社会的共识。联合国大会1948年12月10日通过的《世界人权宣言》第22条规定："每个人，作为社会的一员，有权享受社会保障。"第23条规定："人人有权享受为维持他本人和家属的健康和福利所需的生活水准，包括食物衣着、住房、医疗和必要的社会服务；在遭到失业、疾病、残疾、守寡、衰老或在其他不能控制的情况下丧失谋生能力时，有权享受保障。"联合国大会1966年12月16日通过的《经济、社会和文化权利国际公约》第8条规定："本公约缔约国确认人人有权为促进及保障其经济及社会利益而组织工会及加入其自身选择之工会。"第9条规定："本公约缔约国确认人人有权享受社会保障，包括社会保险。"第10条规定："母亲于分娩前后相当期间内应受特别保护，所有儿童及少年应有特种措施予以保护与协助。"第11条规定："本公约缔约国确认人人有权享受其本人及家属所需之适当生活程度，包括适当之衣食住行及不断改善之生活环境，本公约缔约国既确认人人有免受饥饿之基本权利，应个别及经由国际合作，采取为下列目的所需之措施。"第12条规定："本公约缔约国确认人人有权可能达到之最高标准之身体与精神健康。"第13条规定："本公约缔约国确认人人有权享受教育之权。"第14条规定："本公约缔约国确认人人有权享受科学进步及其应用之惠。"

《经济、社会和文化权利国际公约》自1976年1月3日起生效，已有140多个国家批准或签署了该盟约。从这里，不难看出它们的原则性意义和普遍性效力。

中国作为社会主义国家，历来重视人权、保障人权，《宪法》第45条规定："中华人民共和国公民在年老、疾病或者丧失劳动能力的情况下，有从国家和社会获得物质帮助的权利。国家发展为公民享受这些权利所需要的社会保险、社会救济和医疗卫生事业。国家和社会保障残废军人的生活，抚恤烈士家属，优待军人家属。国家和社会帮助安排盲、聋、哑和其他有残疾的公民的劳动、生活和教育。"这是我国社会保障权的宪法规定。此外，1997 年 10 月 27 日我国签署了《经济、社会和文化权利国际公约》，这既是中国在保障人权方面与世界的接轨，也是对世界的庄严承诺。

社会保障法作为上述国际盟约和宪法规定的具体化，不言而喻，其基本理念就是保障人权。

（二）社会平等理念

平等，是人的本质要求。人是一种"类存在物"，具有"类本质"，所谓"类本质"是指"一切人，作为人来说，都有某些共同点"。这些"共同点"决定了人具有共同的本质，"彼人也，吾亦人也，彼能是，吾乃不能是?"人所具有的共同的本质决定并制约着人在现实中的平等，只要是人，就应平等相待。人在量方面可能存在一定的差别，但这种差别只能是人与人之间的差别，而不能是人与非人之间的差别，人在质方面是平等的。平等是人类的崇高理想，也是人类的追求目标。

人类在不断寻求实现平等的途径。但从法律来说，起初是宪法，宪法规定了人人平等，这奠定了平等的宪法基础，并贯彻在其他的法律之中，如私法规定的民事主体一律平等。但由于私法信奉形式平等，意思自治，对不同的人们适用同一规则，任由不同的人们在同一规则下自由竞争，优胜劣汰，结果并不能真正实现平等。要实现平等必须对不同的人们实现不同的规则，针对不同的人们，区别对待，国家不能放任竞争，国家必须进行干预，对那些处于支配地位的社会强者加以节制，有所兼济，对那些不能自力更生的社会弱者要进行救助，予以保障。可以说，社会保障是实现平等的根本而可靠的途径，社会保障法是平等保障法，平等是社会保障法的基本理念。

如前所述，社会保障的根本途径，是对国家收入进行分配和再分配从而使一部分收入，从高收入者流向低收入者、从健康者流向疾病者和残疾者、从家庭负担轻者流向家庭负担重者、从生活平稳者流向遭遇生活风险者……其中贯彻的基本理念之一，就是社会平等。

社会平等思想，在以消灭阶级对立、实现社会平等为目标的社会主义国家，当然是占主导地位的思想，因此，社会主义国家总是主动实施社会保障，并把社会平等思想作为主要的立法理念之一。资本主义国家存在着严重的阶级对立，社会保障的实施是在劳动者强大压力下被动进行的，社会平等思想不可能成为立法的主要理念。应该说，在一定程度上实现社会平等，只是改良社会、调和阶级矛盾的一种手段。

　　虽然如此，我们不能忽视西方学者在社会平等方面的研究。事实上，他们在这方面也是智者见智，仁者见仁的。有的学者认为，消除经济上的不平等，是社会保障的目的；也有人认为，社会保障法是达成经济平等的手段。但是，更多的学者认为，社会保障法的直接目的是社会成员的基本生活保障，达成经济平等最多只是间接目的。其理由在于：人权宣言和宪法保障的平等，只是机会上的平等，而不是经济平等或实质上的平等；政府调节国民收入的主要手段是收入政策和税收政策，社会保障在这方面的作用有限，它并不能降低高收入层的收入，只是人人按一定比例缴纳一部分费用而已。如此，社会平等思想则并不能作为社会保障立法的主要理念之一，而只能作为实现社会保障的原则之一，即对所有保障对象一视同仁，给予平等的待遇和服务。

■　第二节　社会保障行政法律规制

一、社会保障行政组织法

　　社会保障法是由国家通过立法强制施行的一项法律制度，为了保证其实施，国家必须建立相应的社会保障管理机构作为社会保障事业的组织者、实施者和管理者。社会保障行政组织法就是调整国家行政机关在行使社会保障管理职能过程中，与行政管理相对人关系的法律规范。其中社会保障行政管理关系，是指社会保障行政管理机关在进行社会保障行政管理过程中与管理对象所形成的社会关系。社会保障作为政府推行的一项社会经济措施，要使之顺利推行且富有成效，除要进行必要的立法外，还必须建立起一套行之有效的行政管理系统。社会保障行政管理机关在行政管理过程中与非行政管理相对人所形成的社会关系，如与社会保险经办机构、用人单位形成的社会关系等，这些关系虽不属于社会保障关系的范畴，但由社会保障法调整为宜。社会保障管理体制和管理机构的层次、结构、管辖范围和权限，行政工作人员的招聘、培养、考核机制等，都应当通过社会保障行政组织法的形式予以确定。

　　社会保障管理包括宏观管理和微观管理两个层次：①宏观管理，即政府及其有关部门对社会保障事业的管理，其中最重要的是社会保障行政部门的管理；②微观管理，即社会保障经办机构、社会保障服务机构、社会保障基金经营机构的内部管理。社会保障组织体系，是指分别承担一定社会保障职能的各种主体在社会保障系统中彼此分工和联系所构成的有机整体。社会保障管理层次的主体主要是政府及其领导下的社会保障委员会，以及社会保障主管机构、社会保障监督机构和社会保障争议处理机构；社会保障供给层次的主体主要是社会保障经办机构、经济保障基金经营机构、社会保障服务机构和企业等缴费单位。社会保障组织管理机构作为社会保障行政法的主体是国家向保障对象提供给付的直接履行者，社会保障组织管理机构充分履行职能关系到社会保障法律关系的实现。社会保障行政组织法除了对社会保障的上述核心作用外，还有一些基本作用，例如通过行政组织法确定社会保障管理体制；确立管理机构的层次、结构、管理范围和权限；确立社会保障行政工作人员的招聘、培养、考核机制；审核给付对象的资格和条件；监督社会保障的运行等。这些都影响着社会保障基本给付关系的实现，影响着公民享有的社会保障权利的真正落实。高效的社会管理和服务是完善的社会保障体系的主要特征之一，建立社会保障组织法，依法建立统一的社会保障管理机构，逐步实现社会保障的社会化管理，即由社会保险经办机构和社会服务机构对参加社会保险的单位和个人，提供从社会保险登记、申报、缴费到个人账户的管理、查询、结算，保险待遇发放和对人员的管理等一系列管理和服务工作。

二、社会保障基金管理法

社会保障基金是指根据法律规定建立的用于特定社会保障项目的专项资金，社会保障基金的管理是社会保障制度中至关重要的问题，社会保障基金作为社会保障事业的物质基础，是社会保障法律关系的基本客体。有关社会保障基金的筹集、计账规则、统计方法、会计制度、财务管理、发放办法等方面的法律规范构成社会保障基金管理法。

1. 社会保障基金的构成。我国的社会保障基金主要包括三个部分：社会保险基金、全国社会保障基金和补充保障基金。由企业和个人缴费形成的社会保险基金是社保基金中最重要的一部分，主要包括基本养老、失业、医疗、工伤和生育保险基金。全国社会保障基金，是社会保障基金的重要组成部分，是指由中央财政拨入资金、国有股减持和股权划拨资产、经国务院批准以及其他方式筹集的资金及投资收益所形成的基金，该基金由中央政府集中管理，统一使用。补充保障基金是由企业和个人缴费形成的企业年金、企业补充医疗保险等。

2. 社会保障基金的筹集和管理。社会保障基金的筹集是按照三方共同负担的原则，国家、企业（劳动者所在经济单位）及劳动者个人都要按照一定的方式和比例承担社会保险基金的筹集。社会保障基金除国家建立基本养老基金外，企业可以根据本单位的实际情况为职工建立补充保险，同时要提倡个人进行储蓄性保险。加强社会保险费征缴管理，缴费单位和缴费个人要以货币形式全额缴纳社会保险费，严禁以物抵费。要规定社会保险基金的财务会计管理制度，加强会计核算，凡社会保险费必须及时入账，禁止基金账外循环。加强银行账户管理，坚持基金预决算审批制度和银行开户认定制度。社会保险经办机构要按照规定编制社保基金年度预算和决算，经劳动保障部门审核汇总后，报同级财政审核，由同级人民政府批准。社会保险经办机构和财政部门按照规定在同级财政和劳动保障部门共同认定的国有商业银行开设基金收入户、支出户和财政专户。财政专户、收入户和支出户在同一国有商业银行只能各开设一个账户。未经财政和劳动保障部门共同认定，并取得由人民银行颁发的开户核准通知书而开立的银行账户，要予以清理和规范。严格控制社会保险基金的使用，坚持专款专用，严防社会保障基金被挤占或挪作他用。基本养老保险基金、失业保险基金、基本医疗保险基金、工伤保险基金和生育保险基金，必须全部纳入财政专户，实行收支两条线管理。

3. 社会保障基金的监管。我国相继出台了基金监督和管理的政策法规，实现了基金收支两条线管理和社会化发放，加强了对违规行为的查处力度，保证了基金的安全和完整。从中央到地方都建立了基金行政监督机构，设立了由政府部门、企业职工和离退休人员代表组成的社会保障监督委员会，逐步形成了行政监督为主、有关部门协同监管的机制。对于由财政拨款、国有股减持等方式形成的全国社会保障基金，劳动和社会保障部与财政部作为监管部门，于 2001 年底共同颁布了基金投资管理的暂行办法，制定了比较完善的投资政策。全国社会保障基金理事会负责基金的管理运营。

三、社会保障监督法

社会保障的监督法是调整享有法律监督权的国家权力机关、行政机关以及其他社会主体在监督社会保障管理、经办过程中所发生的社会关系的法律规范。社会保障监督主要由权力机关监督、行政监督、司法监督和社会监督构成，既包括对社会保障具体事务的监督，也包括对社会保障管理工作的监督。权力机关的监督主体是国家权力机关，即全国人民代表大会及其常委会和地方各级人民代表大会及其常委会。行政监督，是以社会保障行政部门为主，以相关行政部门为辅，协同实施的对社会保障全过程的外部监督，广义上也包括社会保障系统内部的自律监督。行政监督主要是财政部门监督和审计监督。财政部门的监督是指国家财政部门对社会保障基金的筹集、运营和支付进行监督。审计监督是以国家审计机关为主，对社会保障基金的财务收支，以及社会保障基金使用和运营的效益所实施的合法性进行监督。司法监督的主体是公安机关、检察机关及审判机关。社会监督，是以社会保障的利害关系各方为主，并由相关社会力量协同，对社会保障系统所实施的社会保障监督关系。上述各类监督中，以社会保障活动是否合法为主要内容的社会保障行政监督最为重要。社会保障行政监督法的范围，从内容上看，可以分为行政监督、基金管理监督和基金投资监督。而行政监督的主要目的是：保证国家有关社会保障的法律能够严格地执行和实施，防止监督管理机构在实施社会保障过程中有违反法律和政策的行为。基金管理监督的主要内容是：对基金的筹集、管理和发放过程实施同步监督。基金投资事关重大，应当实施专项监督与内容监督，即在社会保障机构内部建立监督机制，同步实施。

■ 第三节　社会保障给付法律规制

一、社会保险法律制度

（一）社会保险法律制度的含义及其发展

社会保险法律制度规定，劳动者在年老、失业、患病、工伤、生育等情况下有权获得帮助和补偿，即建立基本养老保险、基本医疗保险、失业保险、工伤保险、生育保险制度。在社会保障体系中，社会保障给付法内容庞杂但实为体系之灵魂。而社会保险法律又是社会保障给付法的核心，是整个体系的支柱。我国社会保险的适用范围是城镇企业劳动者，将这部分作为重点的主要原因是，我国实现工业化、现代化首先重点在城市，城市经济发展状况，也直接影响到农村经济。社会保险资金的筹集和支付是刚性的，需要严格依法执行。而社会保障中的有些项目带有一定的弹性，如救灾、慈善事业中款物的使用等。社会保险资金是特殊的专款专用资金，在整个社会保障资金中占有的比例最大。

经全国人大建议，国务院及有关部门在总结我国社会保险体制改革和试点经验的基础上，终于在 2007 年 11 月 28 日的国务院常务会议上原则上通过了《中华人民共和国社会保险法（草案）》（以下简称《社会保险法（草案）》）。2008年 12 月 22 日全国人大常委会二审的《社会保险法（草案）》，强调解决个人跨地区就业时的社会保险关系问题，规定在这种情况下，保险关系随本人转移。社会保险涉及人民群众切身利益，加快社会保险立法十分必要。《社会保险法（草案）》从我国的基本国情出发，坚持广覆盖、保基本、多层次、可持续的方针，明确了我国社会保险制度的基本法律框架，对社会保险的覆盖范围、社会保险费的征收、社会保险基金的管理和运营、社会保险经办机构的职责和社会保险监督等作出了规定。

（二）社会保险法律制度的内容

社会保险法是社会保障法的核心内容，社会保险包括养老保险、工伤保险、医疗保险、生育保险、失业保险等。

1. 养老保险。所谓养老保险（或养老保险制度）是国家和社会根据一定的法律和法规，为解决劳动者在达到法定退休年龄或因年老、疾病、工伤等原因丧失劳动能力时，按国家规定退出工作岗位并依法获得经济收入、物质帮助和生活服务的一种社会保险制度。

1997年的中国已步入老年型国家，改革城镇企业职工基本养老保险制度，加快建立和完善我国养老保险法律制度刻不容缓。基本养老保险，亦称国家基本养老保险，它是按国家统一政策规定强制实施的为保障广大离退休人员基本生活需要的一种养老保险制度。在我国，90年代之前，企业职工实行的是单一的养老保险制度。1991年，《国务院关于企业职工养老保险制度改革的决定》中明确提出："随着经济的发展，逐步建立起基本养老保险与企业补充养老保险和职工个人储蓄性养老保险相结合的制度。"从此，我国逐步建立起多层次的养老保险体系。在这种多层次养老保险体系中，基本养老保险可称为第一层次，也是最高层次。1997年，中国政府统一了全国城镇企业职工基本养老保险制度，实行社会统筹与个人账户相结合。社会统筹与个人账户相结合的基本养老保险制度是我国在世界上首创的一种新型的基本养老保险制度。这个制度在基本养老保险基金的筹集上采用社会保险型的基本养老保险费用的筹集模式，同时还借鉴了新加坡的储蓄保险模式，即由国家、单位和个人共同负担；基本养老保险基金实行社会互济；在基本养老金的计发上采用结构式的计发办法；强调个人账户养老金的激励因素和劳动贡献差别。企业职工达到法定退休年龄，即男性职工60周岁，女性干部55周岁，女性工人50周岁，且个人缴费满15年的，退休后可以按月领取基本养老金。基本养老金主要由基础养老金和个人账户养老金构成，中国的基本养老保险最初只覆盖国有企业和城镇集体企业及其职工。1999年，中国把基本养老保险的覆盖范围扩大到外商投资企业、城镇私营企业和其他城镇企业及其职工。社会统筹与个人账户相结合制度既吸收了社会保险型的养老保险制度的优点，又借鉴了储蓄保险型的个人账户模式的长处；既体现了社会保险的社会互济、分散风险、保障性强的特点，又强调了职工的自我保障意识和激励机制。随着该制度在中国实践中的不断完善，必将对世界养老保险发展史产生积极的影响。基本养老保险是以社会保险为手段来达到保障的目的。

养老保险是世界各国较普遍实行的一种社会保障制度。一般具有以下几个特点：①由国家立法，强制实行，企业单位和个人都必须参加，符合养老条件的人，可向社会保险部门领取养老金；②养老保险费用来源，一般由国家、单位和个人三方或单位和个人双方共同负担，并实现广泛的社会互济；③养老保险具有社会性，影响很大，享受人多且时间较长，费用支出庞大，因此，必须设置专门机构，实行现代化、专业化、社会化的统一规划和管理。

二审的《社会保险法（草案）》，其内容反映出立法界已经正视城乡养老保险存在的差异，授权国务院具体规定城镇和农村两套不同内容的养老保险法律制度；同时，对保险基金通过安全投资运营实现保值增值以及对保险基金的监督都作了原则性规范。但是，目前我国的养老保险制度仍存在诸多不完善和需要改进之处。例如，城镇基本养老保险应采用部分积累的筹资方式；建立包括基本养老保险、企业补充养老保险和公民个人储蓄养老保险的多层次养老保险体系；通过立法原则加列举的方式规范养老保险基金的投资方向和投资规则；建立健全养老保险监督体系；针对农村社会保障亟待解决的现状，由国务院制定《农村社会养老保险条例》等法规。农村养老保险应重点解决的两大问题是：①基金的来源，应由农村居民个人缴费、国家拨款和集体资助三部分构成；②根据我国农村实际情况，建立以家庭为依托、基本养老保险与个人商业养老保险相结合的、社区承办的农村养老保险模式。[1]

2. 失业保险。失业保险是指国家通过立法强制实行的，由社会集中建立基金，对因失业而暂时中断生活来源的劳动者提供物质帮助的制度。政府建立失业保险基金，并以税收优惠的形式负担部分费用，职工和用人单位按工资收入的不同比例，按月向社会保险经办机构缴费，职工失业后，可持有关证明，向当地劳动就业机构申请领取政府的失业救助金。它是社会保险的主要项目之一。

失业保险具有如下几个特点：①失业保险范围的广泛性。它主要是为了保障有工资收入的劳动者失业后的基本生活而建立的，其覆盖范围包括劳动力队伍中的大部分成员。因此，在确定失业保险的适用范围时，应不分用人单位的性质，不分劳动者的身份及用工形式。在解除或终止劳动关系后，只要劳动者符合条件，都有享受失业保险待遇的权利。从我国失业保险适用范围的变化情况，即从国营企业的四种人到国有企业的七类九种人和企业化管理的事业单位职工，再到《失业保险条例》规定的城镇所有企业事业单位及其职工，充分体现了失业保险范围的广泛性。②强制个人缴费。按照规定，在失业保险制度覆盖范围内的职工必须参加失业保险并履行缴费义务。失业前必须有就业或缴费的记录，不履行缴费义务的个人从权利和义务一致上看，一般不具有享受失业保险的资格。③社会

〔1〕　樊阿："我国养老保险立法模式初探"，载《河北法学》2001 年第 1 期。

互济。失业保险基金主要来源于社会筹集，由单位和个人双方共同负担，缴费比例、缴费方式相对稳定，筹集的失业保险费，不分来源渠道，不分缴费单位的性质，全部并入失业保险基金，在统筹地区内统一调度使用以发挥互济功能。

我国现行的 1999 年 1 月 22 日国务院颁布的《失业保险条例》是失业保险的重要法律依据之一；《社会保险法（草案）》也专设了"失业保险"一章，将基金统筹层次定在省级。但其内容还需要进一步完善，适用范围应进一步扩大，将城镇所有具有失业风险的劳动者都纳入适用范围；从公平角度出发，按不同职业实行差别费率；提升基金调剂能力和抵御风险的能力；基金支出项目应当拓展；享受失业保险待遇的期限应当适当缩短等。

3. 医疗保险。社会医疗保险是国家和社会根据一定的法律法规，为向保障范围内的劳动者提供患病时基本医疗需求保障而建立的社会保险制度，也就是国家通过立法，强制性地由国家、单位和个人缴纳医疗保险费，建立医疗保险基金，当个人因疾病需要获得医疗服务时，由社会医疗保险机构按规定提供一定费用补偿的一种社会保险制度。我国的社会医疗保险由基本医疗保险、企业补充医疗保险和个人补充医疗保险三个层次构成。社会医疗保险是指劳动者患病时，社会保险机构对其所需要的医疗费用给予适当补贴或报销，使劳动者恢复健康和劳动能力，尽快投入社会再生产过程的一种保险制度。社会医疗保险属于社会保险的重要组成部分，一般由政府承办，政府会借助经济手段、行政手段、法律手段强制实行以及进行组织管理。

医疗保险具有风险共担和补偿损失两大主要功能，即将集中在个体身上的由疾病风险所致的经济损失分摊给所有参加保险的社会成员，并将集中起来的医疗保险资金用于补偿由疾病风险所带来的经济损失。

1993 年十四届三中全会明确提出了"城镇职工医疗和养老保险金由单位和个人共同负担，实行个人账户和社会统筹相结合"的要求。1998 年底出台了《国务院关于建立城镇职工基本医疗费用制度的决定》。改革的基本思路是低水平，广覆盖，双方负担，统账结合。双方负担，即基本保险由单位和职工双方共同负担；统账结合，即保险基金实行社会统筹和个人账户相结合。到 2000 年底，我国已基本建立起城镇职工基本医疗保险制度，覆盖人口 5 000 万。改革后的医疗保险制度与原公费、劳保医疗制度的区别主要体现在四个转变上[1]：①保障方式从单位保障向社会保险转变；②保障范围从国有单位逐步向城镇劳动者转

---

〔1〕　范春燕："浅析我国社会医疗保险制度改革"，载 http://www.123bx.com/insurance/154/baox-ian32180_ 1.html.

变；③费用负担从单位负担向单位和个人双方负担转变；④保障责任从无限责任向基本保障转变。这种保险制度是符合我国社会主义初级阶段基本国情的，它建立了合理的医疗保险基金筹措机制，实行社会统筹和个人账户相结合的制度；初步建立了医疗费用控制机制，在一定程度上抑制了医疗费用的过度增长，减轻国家财政负担；同时，对医疗体制改革也起到了一定的促进作用。二审的《社会保险法（草案）》，将新型农村合作医疗纳入基本医疗保险的范畴；将基金统筹层次定在省级；将城镇居民基本医疗保险和新型农村合作医疗区别对待，并赋予了省级政府在适当条件下统一标准、合并实施的权力。

4. 生育保险。生育保险是通过国家立法，在劳动者因生育子女而暂时中断劳动时，由国家和社会及时给予物质帮助的一项社会保险制度。各国的生育保险待遇标准和保障水平有所不同。发达国家保护范围较宽，待遇标准较高。经济尚不发达的国家，待遇水平相对较低。一般而言，生育保险待遇包括以下 3 个部分：①产假。产假是指职业女性在分娩前后的一定时间内所享受的有薪假期，其宗旨在于维持、恢复和增进受保产妇的身体健康、工作能力及料理个人生活的能力，并使婴儿得到母亲的精心照顾和哺育。按照 1919 年《保护生育公约》（第 3 号）的要求，产假至少为 12 周。2000 年《保护生育公约》（第 183 号）又提出，妇女有权享受时间不少于 14 周的产假。②生育津贴。生育津贴是指在职业妇女因生育而离开工作岗位、不再从事有报酬的工作以致收入中断时，及时给予定期的现金补助，以维护和保障妇女及婴儿的正常生活。1919 年《保护生育公约》（第 3 号）第一次对生育津贴作出了通用性的国际规范，1952 年在对该公约的修订中，明确这是一项属于与收入相关的社会保险制度，津贴不应低于原收入的 2/3。2000 年《保护生育建议书》（第 191 号）又提出，生育津贴应提高至妇女原先收入的全额。生育津贴按原收入的一定百分比支付。各国在制定生育津贴标准时，一般都采取较优惠的政策。不少国家规定生育津贴相当于女性劳动者生育前原工资的 100%，有些国家或地区规定不低于原工资的 2/3。③医疗服务。医疗服务是指由医院、开业医生或助产士为职业妇女提供的妊娠、分娩和产后的医疗照顾，以及必需的住院治疗。定期对孕妇进行体检，并提供从怀孕到分娩的一系列医疗服务，以了解孕妇身体健康状况和胎儿成长情况。[1]

1994 年，为配合《劳动法》的贯彻实施，维护企业女职工的合法权益，保障她们在生育期间得到必要的经济补偿和医疗保健，劳动部颁布了《企业职工生育保险试行办法》（以下简称《办法》），对生育保险制度改革的内容、标准、形

---

〔1〕 劳动和社会保障部编：《领导干部社会保障知识读本》，中国劳动社会保障出版社 2002 年版。

式等予以规范，进一步推动了各地生育保险制度改革。生育保险的实施范围：城镇企业及其职工，即国有企业、股份制企业、城镇集体企业、私营企业、外商投资企业及其职工。统筹层次是考虑到各地生育保险制度改革的进展情况，在生育保险制度改革的初期阶段，实行市（地）或县级范围统筹。生育保险按照属地原则进行管理。基金筹集原则及提取比例方面：生育保险基金根据"以支定收，收支基本平衡"的原则进行筹集，主要考虑生育保险享受人数和计划生育政策相联系，预计性强，风险不大，不必留有结余。参加统筹的企业，按照规定的比例缴纳生育保险费，职工个人不缴费。由于全国地区间经济情况差异很大，生育费用的支付不平衡等因素，具体基金提取比例由当地人民政府确定，但是最高不得超过企业职工工资总额的1%。生育保险费列支渠道：在过去的体制下，企业职工生育费用多渠道列支，如产假工资从原工资渠道开支，生育医疗费从福利费开支。改革后，企业缴纳的生育保险费列入管理费用。待遇项目及支付标准：参保职工依法享受生育津贴和生育医疗服务。生育津贴支付标准：生育津贴按照本企业上年度职工月平均工资计发。生育津贴支付期限：在测算生育津贴标准时，主要以《女职工劳动保护规定》中规定的3个月产假期限为依据。如果支付期限过长，会造成生育保险缴费率的提高，加重企业负担。目前，各省、自治区、直辖市颁布的《计划生育条例》中，对晚婚、晚育职工普遍给予了一定的奖励假期，少则15天，多则1年，但多数在3个月左右。一些地区根据当地实际，将奖励假期生育津贴也纳入了生育保险范围。

生育医疗待遇涵盖妊娠、分娩全过程。女职工生育期间的检查费、接生费、手术费、住院费和药费由生育保险基金支付，女职工流产按照规定享受有关生育保险待遇。女职工生育出院后，因生育引起疾病的医疗费也由生育保险基金支付。《社会保险法（草案）》在生育保险方面的规定与《办法》是一脉相承的，对生育医疗费用所涵盖的内容，以及职工享受生育津贴的情况作了进一步的规定。

5. 工伤保险。工伤保险制度是指由国家依法向社会筹集资金，为职工因工作遭受事故伤害或患职业病时提供医疗救治和经济补偿，帮助其恢复劳动能力，保证其日常生活并分散用人单位工伤风险的社会保险制度。其主要内容包括：工伤保险的适用范围，工伤保险基金的筹集，职业病的诊断，工伤认定，劳动能力鉴定，工伤保险待遇，以及工伤保险管理服务与监督等。按照现行规定，中华人民共和国境内的各类企业，包括国有企业、集体企业、外商投资企业、民营企业、私营企业、乡镇企业等，以及有雇工的个体工商户，都应参加工伤保险社会统筹，其职工和雇工都应享受工伤保险待遇。所说的职工和雇工是指与用人单位或个体工商户建立劳动关系（包括事实劳动关系）的各种用工形式、用工期限的所有劳动者。工伤保险制度是指劳动者在生产过程中发生意外事故，造成负伤、致残、致死，使劳动者本人及其家庭生活发生困难，社会给予物质保障的一种社会保障制度。这种制度现被世界许多国家所普遍采用。职工因工负伤，造成生理器官和功能的损伤，以致死亡，为国家和企业付出很大的代价，给本人和家庭生活带来极大的困难，国家给予物质帮助和精神上照顾是完全必要的。工伤社会保险制度的特点：①国家通过立法，强制实行；②一般以"无责任赔偿"为原则；③工伤保险的经费由企业负担，劳动者个人不缴纳保险费；④工伤保险的项目较完备，享受条件较宽，保险待遇比其他项目高。《社会保险法（草案）》的相关内容体现了上述原则和精神，同时，通过立法规范国家根据不同行业的工伤风险程度确定行业的差别费率，并根据工伤保险费使用、工伤发生率等情况在每个行业内确定若干费率档次。

二、社会救助法律制度

（一）社会救助法律制度的含义和特点及其发展

社会救助法律制度规定，公民在遭受自然灾害或者生活发生严重困难的情况下有权获得经济帮助，即建立灾民救助、城市居民最低生活救助、城乡特殊贫困人员救助等制度。社会救助法律制度是通过立法形式确立的由国家和社会对因遭受自然灾害或因贫困、残疾、丧失劳动能力等无依无靠、生活陷于困境，自身无法维持基本生活的社会成员给予必要的物资帮助，确保其维持最低水平的生活需求，以提高和增强他们社会生存力和适应力的各种社会救助制度。社会救助法律制度是国家保障人民群众生活，解除社会成员疾苦和忧虑的各项措施的法定化，是社会主义制度优越性的体现，对维护社会稳定具有重要意义。社会救助制度的特征是：其对象有选择性和动态性；其权利义务具有单向性；其保障标准具有低层次性和地域差别性。

2007年8月22日，国务院新闻办公室称《社会救助法》在八届全国人大和十届全国人大都先后列入了五年的立法规划，国务院也列入了立法的计划，民政部在近年来进行了大量的调查研究，现在在民政部的层面已经基本成熟。在起草这部法律时，把现有的城乡低保制度、灾民救助制度、农村五保制度，包括医疗救助，还有城市流浪乞讨人员救助，以及教育、司法、住房等方面的专项救助，进行了进一步的梳理，力求构建一部城乡统一、标准有别、适应国情的社会救助法。

（二）社会救助法律制度的内容

社会救助的具体法律制度首先是灾害救助，简称救灾制度。这是指国家和社会对因自然灾害造成生存危机的公民进行抢救和援助，以维持其最低生活水平并使其脱离灾难和危险的社会救助制度，救灾资金主要从财政拨款、国际援助和社会捐赠三方面筹集。其二是贫困地区扶助，简称扶贫，又称反贫困。这是指国家有计划地帮助贫困地区脱贫致富的社会救助制度，扶贫的原则是坚持开发式扶贫与救济式扶贫相结合，以开发扶贫为主，以及政府扶贫与社会扶贫相结合，以政府扶贫为主。社会救助供给主体，仅指直接向存在困难的公民提供社会救助待遇的主体，广义社会救助主体中，还包括社会救助财源主体，即为社会救助事业供给资金的主体。社会救助主体的主要职责包括筹集和安排使用社会救助基金；确认社会救助对象；向社会救助对象提供社会救助待遇。社会救助享受主体，又称社会救助对象，是指按照统一的标准确定的实际生活长期或暂时处在法定最低生活水平线或其以下状态的公民。社会救助标准，即国家制定的界定社会救助对象并确定社会救助待遇水平的标准。社会救助的目标是对生存发生困难的贫穷人群给予最低生活保障。社会救助基金的来源主要有财政拨款、社会筹集、信贷扶贫、国际援助等。社会救助基金使用必须坚持的原则主要有：专款专用和重点使用相结合的原则；无偿使用与有偿使用相结合的原则；分散使用与集中使用相结合的原则。社会救助待遇享受资格管理，是指社会救助管理部门和有关机构依法对公民是否具备享受社会救助待遇的条件，予以认定。社会救助申请制，是指需要救助的公民个人或家庭应当向有关机构递交申请书，表明请求救助的原因、理由和相应事实。社会救助调查制，是指有关机构对申请救助者，应当派出专业人员向申请救助者所在社区和单位进行详细的调查，并将调查结果作为是否批准救助的根据。

三、社会福利法律制度

（一）社会福利制度的含义与特征

社会福利法律制度是以立法形式确立的为了保障全体社会成员的基本生活，改善和提高人们物质生活和文化生活水平，由国家、社会和团体共同举办的，向全体社会成员提供各种福利性物质帮助、福利设施以及社会服务的法律制度。广义社会福利，泛指国家和社会对全体公民在生命全过程中所需要的生活、卫生、环境、住房、教育、就业等方面提供的各种公共服务。狭义社会福利，即与社会保险、社会救助等并列的一种社会保障形式，是指国家和社会为维持和提高公民的一定生活质量而提供的一定物质帮助，以满足公民的共同和特殊生活需要的社会保障制度。该制度具体规定对不同的社会成员在分享社会发展成果方面获得相应的经济帮助，即建立老年福利、托幼福利、残疾人福利、社区服务、城镇居民福利津贴等项制度和设立文化、教育、卫生、保健等社会公益设施。社会福利制度的特征包括以下几点：社会福利的保障水平处于较高层次；社会福利是国家和社会单向提供的物质帮助；社会福利是普惠性的物质帮助；社会福利待遇的分配实行一致标准。

（二）社会福利制度的内容

社会福利体系一般有宏观和微观两个层次：①宏观层次的社会福利，是以政府为直接责任主体，且面向全社会的福利，福利基金主要来源于财政支出并由政府组织，福利待遇的提供具有社会化，即由政府或社会团体设立公共机构直接提供福利待遇，其享受者不受公民所属单位不同的影响；②微观层次的社会福利，以企业等微观单位为直接责任主体，仅向本单位劳动者及其家庭提供的福利，福利基金主要从本单位的收入或经费中提取，福利待遇的提供具有封闭性，即由本单位的福利机构直接向本单位劳动者及其家庭提供。社会福利制度的种类主要包括：①公共福利，是指国家和社会为维持和提高全社会的物质和精神生活质量，而由政府和非政府公共机构向全社会的公民提供公益设施和公共服务的福利。②卫生福利，是指国家和社会以保障公民健康为目的所提供的以医疗和保健为内容的公共福利。③医疗福利，是在为公民提供医疗方面的社会救助和社会保险的同时，为病患者恢复健康提供必要的医疗场所、医疗设施和医疗照顾，是国家卫生系统和社会福利机构向全社会提供增进性、预防性、治疗性和综合性的促进人人健康的服务，其中包括增进必要的营养和供应充足的安全饮用水，提供清洁的卫生环境，开展妇婴保健和计划生育，主要传染病的预防接种，地方病的防治，普及健康教育，提供基本药物等内容。④教育福利，是指国家和社会以提高国民素质为目的所提供的以兴办和扶持教育、实现全体公民的受教育权利为内容的公共福利。⑤文化康乐福利，是指国家和社会为满足公民文化康乐的精神健康生活需要而提供的，以非商业性经营文化康乐设施和服务为内容的公共福利。[1]

四、社会优抚法律制度

（一）社会优抚法律制度的含义和特征

社会优抚法律制度，是指国家和社会对有特殊贡献者及其家属提供褒扬和优惠性质的物质帮助，以保障其生活不低于当地一般生活水平的制度，该制度具体规定由国家和社会对军人和其家属提供社会优待和经济帮助，即建立优待军人和军人家属、军人转业和退伍安置、军人伤残抚恤和死亡抚恤等项制度。社会优抚法律制度的主要特征表现在以下几个方面：①保障对象的特殊性，优抚对象不同于其他社会保障制度，并不惠及每一位劳动者。按照《中华人民共和国兵役法》

---

〔1〕 参见"经济法讲义"，载 http：//lawphoenix. blog. hexun. com/5630528_ d. html.

的规定，现役军人、革命伤残军人、复员退伍军人、革命烈士家属、因公牺牲军人家属、病故军人家属、现役军人家属，享受国家抚恤和人民群众的优待。②保障手段的综合性，优抚保障是借助社会保险、社会福利、社会救助等手段来实现其保障功能，是一种综合性的保障，根据不同的保障需要，可分别采用社会保险、社会福利、社会救助等手段，我国优抚保障主要采取了社会救助和社会福利等综合性手段。③保障标准的优待性，优抚对象在我国长期的革命和建设中，都直接或间接地为国家和社会做出了贡献，为此付出了巨大代价，从权利与义务相统一的角度看，国家和社会有责任周到全面地安排好他们的生活，按政策和法规的规定，应确保优抚对象的生活水平略高于当地群众的平均水平，对于为革命牺牲或致残的优抚对象，国家还规定发给他们或他们的家属带有社会补偿性质的抚恤金。④精神保障与物质保障并重，优抚保障既强调物质保障，又重视精神保障，物质上保障了优抚对象的基本生活，又大力褒扬革命烈士与革命军人为国献身的英雄业绩与崇高精神，开展各项拥军优属的社会活动。

（二）社会优抚法律制度的内容

社会优抚安置是社会保障的特殊构成部分，属于特殊阶层的社会保障，是实现社会保障的特殊纲领。社会优抚安置目的是优待和抚恤；社会优抚的对象是军人及其家属；社会优抚的基本特征是对军人及其家属的优待；社会优抚的基金来源是国家财政拨款。社会优待是指国家和社会按照法律规定和社会习俗，对现役军人及其亲属提供保证一定生活水平和生活质量的资金和服务的优抚保障项目。退役安置是指国家和社会依法向退出现役的军人提供资金和服务保障，使之重返社会并适应社会的一种优抚保障制度。离退休安置是向直接从军队现役中离退休的军人提供的养老保障。优抚保障中物质保障的基本内容，主要向优抚对象提供保障基本生活的资金和服务设施，如为死亡军人家属和伤残军人提供的抚恤金，对退役军人提供的安置，另外还有税收优待、交通费优待、免费医疗等减免费优待等，都属于资金保障。除提供以上资金优待外，还提供如荣誉军人康复医院、复员军人慢性病医院、复退军人精神病院、军队离退休干部休养所等服务设施。精神保障也是优抚保障的重要内容，包括褒扬革命烈士和拥军优属以及大力褒扬革命烈士与革命军人为国献身的英雄业绩与崇高精神，开展各项拥军优属的社会活动。

■ 第四节　社会保障争议法律规制

一、社会保障争议法律规制概述

社会保障争议法是社会保障法的有机组成部分，是调整社会保障争议关系的法律规范的统称。社会保障争议法是社会保障法所规定的保障措施得以实现的程序性规则，是权利主体主张权利、义务主体履行义务的法定途径。

社会保障给付法律关系及社会保障行政法律关系的内容广泛，涉及社会生活方方面面，但却都是以权利与义务为主要内容的，从而也就不可避免因权利的主张或义务的履行而发生需要由社会保障争议法加以规制的社会保障争议关系。与传统私权纠纷通常发生在作为私个体的甲和乙之间（甲和乙可能是公民、法人和其他组织）不同，由于社会保障法律关系通常涉及社会保障主管部门、社会保障经办机构、用人单位、受保障人以及其他有关单位等多方主体，故社会保障纠纷的主体也呈现多元化的特征。社会保障争议既可能发生在受保障人和用人单位之间，也可能发生在受保障人与社会保障经办机构之间，还可能发生在用人单位和社会保障经办机构之间。

在社会保障争议的多个主体之间，他们的地位也不是平等的。例如，在社会保险领域，劳动者在劳动关系中的弱势地位，决定了他们在保险等社会保障争议中的弱势地位。鉴于劳动者或其他社会保障收益主体与用人单位之间的"信息不对称"、"力量不均衡"的状况，他们要想了解社会保障方面的法律法规和操作程序并打赢官司，通常需要花费较大的成本，包括时间、金钱、精力和职业的稳定性等。而在劳动者、用人单位与社会保障行政部门及经办机构之间，则是管理与被管理的行政法律关系。

社会保障争议的内容，涉及社会保障权利和社会保障义务，而社会保障权利和义务通常都与社会成员的基本生存条件息息相关。"社会保障所涉及的内容通常与公民的基本生存权相关，如养老金、生活困难补助费等。在社会保障关系中享有社会保障权利的，多是社会弱势群体，当公民行使社会保障权利发生争议时，涉及的养老金、生活困难补助费等都是其生活必需，被称为'活命钱'。"[1]

---

〔1〕　董保华等:《社会保障的法学观》，北京大学出版社 2005 年版，第 289 页。

由此可知，社会保障争议能否得到及时解决，直接决定着弱势群体的生活能否得到基本保障。所以，当社会保障实体法所规定的权利受到侵害或者权利的主张遇到障碍时，社会保障争议法通过程序性规则保障争议的顺利解决，从而保障了权利主体的合法权益，有助于发挥社会保障法的社会功能，实现社会保障立法的目的。

二、社会保障争议法律解决的原则

（一）界定关系倾斜保护的原则

社会保障争议发生在社会保障法律关系主体之间，即社会保障管理机构、社会保障服务机构、用人单位及受保障主体之间以权利和义务相维系，他们之间的法律地位既不同于传统的行政法律关系，也不同于典型的民事法律关系，这种法律主体间特殊的法律地位在确立社会保障争议解决途径的问题上表现得尤为明显。社会保障法律关系既不同于当事人之间地位平等，充分体现意思自治的民事法律关系，又不同于体现国家行政权力的行政法律关系，是一种体现社会连带责任的法律关系，通过社会保障权利与社会保障义务将国家、法人团体、社会成员联系在一起。实际上，社会保障法律关系既在形式上表现为国家通过权力强制性施行社会保障的垂直关系的特征，又在实质方面调整国家与公民之间的给付关系、平等社会成员之间的收入分配关系，从而具有横向关系的特征。其基础是社会集资，对象是社会成员，机制是责任和义务的社会化，争议主体之间是基于社会法基础的特殊的法律关系。在解决社会保障争议时，必须界定这种法律关系的特殊性，体现倾斜保护的原则。

（二）维护被保障对象法定保障权利的原则

社会保障的实施，归根结底是要保障社会弱势群体的利益，社会保障法的制定和施行从根本上讲是为了赋予并确保受保障主体的受社会保障的权益，受保障权利的维护是社会保障法的基础和追求，同时也是解决社会保障争议时应当首先予以考虑的原则。受保障主体所享有的权利主要包含三个方面的内容：①依照法律规定享有受领某种社会保障给付的权利；②有权在法律规定的范围内，要求社会保障实施机构为一定行为，或不为一定行为，以实现自己的某种利益。如要求用人单位履行社会保险义务或是要求社会保障基金管理机构公开基金使用用途或财务信息等；③在自己的社会保障权利遭受侵害，或义务主体不履行义务时，有通过调解、仲裁、诉讼等程序，请求保护的权利。维护这三方面的权利正是社会保障争议解决的目的所在。对于第一项社会保障给付受领权，只要权利主体符合有关法定条件就应当确保受领权的实现，而不能因社会保障实施机构的职权或程序因素而妨碍受领权的实现，毕竟前者是手段和过程，后者才是立法的目的所在。后两项权利的实现有赖于权利主体主张权利的程序性制度安排，因此在赋予权利主体监督权或救济申请权的同时，要使权利主体能够通过合法、合理的途径主张权利和反映情况。如果缺乏这样的制度性安排，权利将难以得到实现。

（三）公平与效率兼顾的原则

社会保障争议的解决在于对权利与义务关系的判明，孰是孰非，合理合法，都是争议解决的关键所在，这需要对争议所涉及的事实关系与法律关系加以审慎分析。因此，程序的正义要求争议解决的法律途径应当充分体现争议的事实与理由以及当事人的主张与答辩，做到对有可能影响争议解决结果的诸多因素疏而不漏，反复斟酌。同时，社会保障争议的解决涉及争议当事人的具体利益，影响当事人的正常生活和工作，对于社会弱势群体尤为重要。设想因失业保险金的给付受领权而发生的争议，纵使通过公平缜密的法律途径确认了受保障人的失业保险金的受领权，可争议的解决耗时良久，花费弥多，对于本就处于困窘境地的受保障人来说，无异于雪上加霜，而争议解决期间的生活来源更是无从依靠，虽然强调了公平，但从适时提供失业保障的角度讲却缺乏效率，不利于实现权利主体受保障的权益。正基于此，社会保障争议的解决既要有利于公平的实现又要着眼于提高社会保障措施的效率，兼顾两者，不能偏废。

（四）协调采用不同争议处理方式的原则

如上所述，社会保障争议分为多种类型，发生范围亦不相同，各有各的具体特点，在选择和确立社会保障争议解决途径时必须针对不同的社会保障争议，适用不同的法律途径。就社会保障的第一种类型而言，社会保障管理机构与受保障主体之间就有关保障资格、保障待遇等问题发生争议时，与社会保障实施主体的国家及其代表保障管理机构相比，作为权利主体的受保障一方恰恰处于弱势地位，虽然二者之间的法律地位不是行政法律关系中管理与被管理的不平等关系，但在权利的主张方面，权利主体的能力是有限和弱小的。因此，这类社会保障争议的解决途径应以有权威第三方作判断的诉讼或仲裁方式。与此相对照，受保障权利主体之间的有关保障待遇的享有或分配方面的争议，因为争议当事人的经济社会地位比较相近，权利的主张能力差距不大，可以通过调解的方式予以解决。

三、社会保障争议解决的方式

（一）社会保障争议的诉讼解决

社会保障争议的解决关系重大，通过诉讼的方式对于争议当事方的权利义务之争加以裁判是最为权威的方式。争议当事方不仅可以就有关社会保障争议直接向法院起诉，而且当事人如果不愿进行调解或仲裁，或对仲裁裁决不服，可自收到仲裁裁决书之日起 15 日内向社会保障法院提起诉讼。其中，对经过仲裁裁决，当事人向法院起诉的，法院必须受理。由此可以看出，立法对于诉讼的程序规定可在最大程度上保障当事方权利的主张，对于社会保障争议作出最终的司法判断，并由执行机构强制保障裁决的执行，在最大限度上保障受保障主体的合法权益。

（二）社会保障争议的仲裁解决

仲裁是解决社会保障争议的重要程序，相对于其他解决方式，仲裁具有花费少、时间短的优点。但我国目前还设有专门的社会保障争议仲裁委员会，诚然，建立独立的社会保障争议仲裁规则也是完善社会保障争议仲裁制度的重要举措。依据我国的实际情况和现有的仲裁体系，社会保障争议仲裁委员会的设立应当通过国家授权在地方城市设立，而不必在县、市、市辖区处处设立社会保障争议仲裁委员会。仲裁委员会的管辖范围也不应当以行政区划为界线"分疆而治"，社会保障争议当事方可以依据协定选择国内任何一个社会保障争议仲裁委员会。仲裁委员会之间的地位平等，对于已受理的案件也不进行移转。各社会保障争议仲裁委员会依法独立地对社会保障争议案件进行仲裁，不受任何行政机关和个人的制约影响。

（三）社会保障争议的调解解决

相对于保障争议的诉讼解决，调解具有自身的优点，如程序简便、便于执行等。除了社会保障争议仲裁委员会的调解外，我国目前有关社会保障争议的调解解决，规定在劳动法的框架之内，以《中华人民共和国劳动争议处理条例》为主要的法律依据，2008 年 5 月 1 日起实施的《调解仲裁法》对社会保障争议的调解也作了规定，增加了基层组织调解争议的途径和能力。随着经济社会的发展，社会保障的完善要求制定专门的社会保障争议处理条例、社会保障争议调解委员会组织条例等法规，以充分发挥调解制度的优越性，形成社会保障争议解决途径的体系化。目前最为紧迫的是对社会保障争议调解机构的调整和设置。

（1）可以将原有的企业劳动争议调解委员会改组为劳动和社会保障争议调解委员会，将劳动争议和社会保障归为企业一级争议调解机构的主要职能范围，充分发挥现有的机构资源。

（2）可以在县一级政府内设立社会保障争议行政调解委员会，负责同级的保障管理机构、服务机构、用人单位及本辖区内受保障主体间的保障争议的调解工作。

第九章　劳动者权益保护

■　第一节　劳动者权益保护的社会法意义

　　社会法产生的目的是基于对社会中弱者的基本生活和基本权利的保障。它以社会利益为本位，追求实质公平而非民法上的形式平等。在劳动法律体系中，就业促进法、集体合同规定、劳动合同法、工会法、工资规定等内容都比较突出地反映了其社会法属性的一面。社会法所关注的劳动关系是指受劳动法所调整的、狭义的劳动关系，即指劳动者与劳动力使用者（即雇主或用人单位）之间的关系。这种劳动关系的突出特点是双方主体间既有平等性关系又有隶属性关系，既有人身性关系又有财产性关系。正是劳动关系拥有的这一种特质使得在经济上处于弱势地位、在管理上要接受用人单位管理的劳动者的利益往往容易受到侵害，而这一群体数量非常巨大，波及面又非常广，因此劳动者权益保护问题就成为被关注的社会问题之一。

　　从历史上看，在人类社会发展的不同历史时期，人们在劳动过程中都会形成劳动关系。然而只有在资本主义社会以后形成的劳动关系才具有社会法意义，专门被劳动法所调整。资本主义原始积累时期，农民被驱出土地后而成为除了自身拥有的劳动力外一无所有的自由人，即大量的无产者。生产资料被集中在少数资本家手中。于是无产者为了生存，只得把自己的劳动力出卖给资本家，使自身所有劳动力和资本家拥有的生产资料相结合，以实现劳动过程，由此而带来了劳动关系的普遍化和大众化。在这种情况下，产生了对劳动关系进行法律规范的需求。在资本主义早期，劳动力是商品，劳动关系是一种劳动力买卖关系，是劳动雇佣的契约关系。因此，很多资本主义国家都把调整劳动关系的法律列入民法债篇中，如资产阶级最典型的民法——《法国民法典》，就是将劳动关系作为民法的调整对象而纳入其中。在此情况下，对雇佣关系的调整贯彻意思自治原则，这无疑是一大进步，使民众从封建的身份社会、等级社会中解放出来，形成新的自由竞争。自由意味着平等，在资本主义制度下，劳动者具有独立的人格，工人与资本家表面上有了平等的关系。事实上人与人的差别和不平等是客观存在的，人们总是处在一定的社会经济条件下，具有不同的社会经济地位，资本家与工人之间的经济地位是明显存在差别的，契约自由从某种意义上看实际上成为经济上的强者凌驾于经济上弱者的法律工具。同时，劳动关系不仅仅是双方当事人经济地位的不对等关系，其间还含有一般的契约关系所没有的特殊身份因素在内。"盖以受雇人劳务之提供绝非如物之出卖人仅将其分离于人格者之外的具有经济价值的身外物交付而已，而是将存在于内部毕竟不能与人格分离的人格价值一部分的劳力之提供，受雇人对雇主既有从属关系，其劳动力之提供，事实上即成为人格本身的从属。此种在债权要素外，尚包括身份要素的不对等人格之间'人的关系'即所谓劳动契约关系，与一般雇佣关系迥然相异。"[1] 因此，契约自由原则的确立、自由经济的发展在推动社会前进的同时也带来了严重的社会不公平问题，劳工运动此起彼伏使得社会矛盾在积累和深化。

从 19 世纪后半叶开始，为了消除劳动就业中因双方经济地位悬殊而发生的不平等现象，保护经济上的弱者，避免雇主滥用意思自治损害劳动者利益，国家干预政策纷纷出台，对劳动关系进行干预。这种干预是国家基于社会公共管理者的身份而实施的，以追求社会总体利益的最大化，实现社会整体发展的均衡为目的，重在维护社会经济总体结构和运行的秩序、效率、公平、正义，侧重于从社会整体角度来协调和处理个体与社会的关系，并超越统治阶级的"国家利益"，而关注真正的社会利益，其基本的价值取向是社会本位。正如有些学者认为："公法与私法的相互渗透，不仅造成了公法与私法的复合领域，而且开拓了既非公有制又非私有制的新领域。……法的这种变化是与市场经济的发展趋势相适应的。因为无论是传统的公法或是传统的私法都已经无法达到调整社会关系的目的。私法的作用已经无法满足控制垄断和不正当竞争的要求，而公法的过多运用会影响市场竞争主体的自由和平等，只有将两者的特殊作用结合在一起产生一种新的法律部门，才能适应市场经济和现代社会日益发展的需要。"[2] 而国家对劳动关系干预活动的结果，正是反映了公法与私法在对劳动关系调整的这种相互作用的结合，因而对劳动者权益的保护也就具有了社会法的意义。

---

[1] 黄越钦：《劳动法新论》，中国政法大学出版社 2003 年版，第 6 页。
[2] 许光耀、王巍："论经济法是社会本位之法"，载《宁夏大学报》（人文社会科学版）2003 年第 5期。

■ 第二节 促进就业与劳动者权益保护

一、促进就业概述

促进就业，是指国家为实现充分就业的目标，保障公民实现劳动权，所采取的创造就业条件、扩大就业机会的各种措施。主要包括制定劳动就业方针，确定劳动就业原则，开辟就业途径，提供就业服务、职业指导、职业培训，实施失业保障等措施。促进就业是国家的基本职责，也是国家赋予公民劳动权的必然要求。劳动是公民生存的基础和条件，保障劳动者的就业权，不仅关系到劳动者个人的生存状态，而且直接关系到社会的稳定与安全。因此，各国宪法都将劳动权作为公民的重要权利。《世界人权宣言》规定："人人有权工作，自由选择职业，享受公正和合适的工作条件并享受免于失业的保障。"为了保障劳动者劳动权的实现，1964 年国际劳工组织通过的《就业政策公约》规定，各会员国应宣布并实行积极政策促进充分的、自由选择的生产性就业。我国已批准了该公约，因此有义务按照该公约的规定，充分保障公民实现劳动就业权。我国政府对劳动者的劳动就业权历来都是高度重视的。比如，《宪法》第 42 条就明确规定："中华人民共和国公民有劳动的权利和义务。"这就以根本法的形式确认了公民的劳动就业权。《劳动法》则具体规定了劳动者享有包括平等就业权和选择职业权在内的多项权利，其中劳动者的就业权居于核心地位。同时在劳动法中还专门对促进就业进行了规定。但由于宪法的纲领性和劳动法的原则性，不便于操作，为切实落实劳动者的劳动就业权，我国又在 2007 年 8 月 30 日通过了《中华人民共和国就业促进法》（以下简称《就业促进法》），该法自 2008 年 1 月 1 日起施行。这部法律的实施会极大地加强了对劳动者权益的保护。

与劳动就业相对的就是失业，"失业首先威胁着作为社会细胞的家庭的稳定，进而影响到社会秩序的稳定。这种影响不仅是经济方面的，也有社会的和心理上的影响。失业者可能失去原有的勇气、自信和自尊，引发各种反社会的行为。这些不满情绪和愤怒都可能导致社会的摩擦和冲突，甚至导致不同程度的骚乱，造成社会秩序的紊乱。相反当人们安居乐业时，对整个社会秩序的稳定有着积极的促进作用，也就是古人所提倡的'仓廪实而知礼节'"[1]。"但在今日的情形之

---

[1] [美] 约翰·罗尔斯:《正义论》，何怀宏等译，中国社会科学出版社 1988 年版，第 302 页。

下，把获得劳动机会仅仅归属于个人的自主性努力，已经是有悖于情理的。一般而论，现代资本主义体制必然会导致动态性失业，而将此仅仅归结为个人责任，这就缺乏典型意义了。为此之故，对于失业问题，今日已重视其社会的国家责任；为了防止和解决失业，现在已要求国家予以积极的关注，采取积极的措施。"[1]

二、促进就业与劳动者权益保护

（一）政府在促进就业中的责任

1. 国家通过促进经济和社会发展，创造就业条件，扩大就业机会。只有经济的快速发展，才能创造更多的就业机会。因此，政府要把扩大就业作为促进经济社会发展和调整经济结构的重要目标，实现经济发展和扩大就业的良性互动。在保持国民经济持续快速健康发展的基础上，为扩大就业提供强大的动力。在制定实施经济社会发展规划时，必须统筹考虑就业问题，实行有利于扩大就业的经济发展战略，在注重发展现代制造业和高新技术产业的同时，大力发展就业容量大的劳动密集型产业、服务业、非公有制经济、中小企业，多渠道、多方式增加就业岗位，扩大就业机会。满足劳动者的就业愿望，实现顺利就业。《就业促进法》首次通过立法明确规定促进就业是政府义不容辞的责任。该法第 2 条规定："国家把扩大就业放在经济社会发展的突出位置，实施积极的就业政策，坚持劳动者自主择业、市场调节就业、政府促进就业的方针，多渠道扩大就业。"把失业率的高低和失业率的控制作为经济社会发展的一个重要指标。

2. 建立促进就业的政策支持体系。为了落实促进就业的目标，扩大就业，政府就要建立起一系列的相关政策予以支持。这些促进就业的政策包括产业政策、所有制结构政策、国内外贸易和国际合作政策、投资政策、财政政策、税收政策、金融政策、失业保险政策、城乡区域和群体统筹的就业政策及灵活就业政策等。

3. 建立健全人力资源市场体系，不断完善公共就业服务体系。在市场经济条件下，劳动者主要通过市场的双向选择实现就业。为此，政府要为劳动者提供一个管理规范、服务高效的就业市场，充分发挥市场在劳动力资源配置中的基础性作用。建立城乡统一的劳动力市场，消除对进城务工人员的一切歧视，为其提供公平公正的就业服务（这些服务包括收集、分析和发布劳动力市场信息、职业介绍、就业咨询等）。对此，《就业促进法》明确规定，县级以上人民政府培育和完善统一开放、竞争有序的人力资源市场，为劳动者就业提供服务；加强人力

〔1〕　［日］大须贺明：《生存权论》，林浩译，法律出版社 2001 年版，第 56 页。

资源市场信息网络及相关设施建设，建立健全人力资源市场信息服务体系，完善市场信息发布制度。目前，我国职业介绍机构包括劳动部门开办的职业介绍机构、非劳动部门开办的职业介绍机构和公民个人开办的职业介绍机构三类。对此，2000 年 12 月 8 日劳动和社会保障部发布的《劳动力市场管理规定》中的第 15 条作了明确规定。在职业介绍机构的管理方面，《劳动力市场管理规定》还明确了对职业介绍实行行政许可制度，开办职业介绍机构和从事职业介绍活动须经劳动保障部门批准。同时，详细规定了开办营利性或非营利性职业介绍机构的条件、程序以及职业介绍机构的业务范围。

在建立健全人力资源市场体系的同时，不断完善公共就业服务体系。公共就业服务是劳动保障部门提供的公益性就业服务。《就业促进法》第 35 条规定，县级以上人民政府应当建立健全公共就业服务体系，设立公共就业服务机构，为劳动者免费提供各种服务。同时，还规定禁止公共就业服务机构进入市场从事经营性活动以避免影响政府履行培育和监管市场职能的发挥，干扰市场的运行和政府部门利用职权在市场中谋取不当利益的现象发生。

4. 国家健全职业技能培训制度，加强创业培训和再就业培训。为了适应日新月异的科学技术发展和新的经济形势，国家要大力发展职业教育和职业培训，以提高劳动者的就业能力，从而成为劳动者实现就业权的有力保障。通过职业培训，可以帮助劳动者获得必要的职业能力，为其进入劳动力市场准备条件；同时，职业培训可以帮助失业劳动者尽快掌握新知识、新技术，实现再就业，以保障劳动者的劳动权的持续实现。而且职业培训也可以满足科学技术发展、社会进步对劳动者的素质和职业技能提出的新要求。目前，我国的职业培训有两种，即就业前职业培训和就业后职业培训。培训的形式有学徒培训、学校培训、就业训练中心培训、民办学校培训、劳动预备制度和职工培训。

另外，在健全职业技能培训制度的同时，针对我国劳动就业的现状，还应加强城乡新成长劳动力培训工作，增强其就业竞争能力。与之对应的是，对转移农村劳动力的培训力度要进一步加大，增强其专项技能和城市生存发展能力，对已经进城务工人员要强化岗位培训。通过这些措施来促进劳动者顺利就业。

5. 强化政府促进就业职能，提高对就业困难人员的扶持能力。针对我国目前的就业现状，政府要进一步扩大再就业政策扶持范围，提高对就业困难人员的扶持能力。《就业促进法》第 52 条对就业困难人员明确了界定标准，即是指因身体状况、技能水平、家庭因素、失去土地等原因难以实现就业，以及连续失业一定时间仍未能实现就业的人员。因为在市场就业过程中如果一个人连续失业，比如连续失业一年以上，却一直没有找到工作，就说明这个人比其他人在就业过程中遇到了更多的困难，就需要给予更多帮助。在很多市场经济国家都是把失业时间周期的长短作为就业困难的一个重要标志。不管是因为什么原因导致失业，只要失业时间长就说明其处境很困难，这就需要政府的帮助。

（二）建立劳动者公平就业制度，反对就业歧视

为了充分保障劳动者平等就业，国家通过立法方式在《劳动法》中明确规定了劳动者就业，不因民族、种族、性别、宗教信仰不同而受歧视。可是实践中劳动就业歧视的情况还是经常发生，且歧视种类繁多，除了有性别歧视外，还有相貌歧视、身高歧视、年龄歧视、地域歧视、健康歧视、学历歧视等。歧视行为有发生在企业招工中的，也有发生在政府录用人员时的。这些现象，已严重影响了劳动者的平等就业权。目前我国现行的相关法律中虽然有就业歧视禁止性的规定，如宪法、劳动法、行政法规（如《女职工劳动保护规定》）、部门规章中都有规定，但这些规定较为分散，没有专门的反就业歧视法，同时现行立法对于就业歧视主要是原则性规定，缺少具体的法律界定和实施规程，法律责任的规定也不够明确，而且因就业歧视所产生的争议，按照现行劳动法律几乎不能依照劳动争议处理的法律程序予以纠正。由此导致了就业中的歧视行为较难得到法律制裁的现象。针对这一现实状况，《就业促进法》进行了专门规定。同时明确了违反《就业促进法》的规定，实施就业歧视的，劳动者可以向人民法院提起诉讼。这一规定是我国立法体系中首次对就业平等权的保护赋予诉权，意义重大。能够切实有效地遏制就业歧视行为的发生，确保劳动者平等就业权的实现。

■ 第三节 集体协议与劳动者权益保护

一、集体协议概述

集体协议，又称团体协议或集体合同。我国《集体合同规定》第3条把集体合同界定为"用人单位与本单位职工根据法律、法规、规章的规定，就劳动报酬、工作时间、休息休假、劳动安全卫生、职业培训、保险福利等事项，通过集体协商签订的书面协议；所称专项集体合同，是指用人单位与本单位职工根据法律、法规、规章的规定，就集体协商的某项内容签订的专项书面协议。"

集体合同的特点主要有以下四点：①集体合同的主体具有特定性。即集体合同的主体一方是企业（用人单位），另一方是本单位的全体职工（劳动者）。②集体合同订立的目的是规范劳动关系，在集体合同范围内为劳动关系确立一个

标准。③集体合同的内容较为广泛，侧重于维护职工（劳动者）权益。④集体合同的订立有严格的程序和形式要求。其程序要求有四：①由企业职工（用人单位的劳动者）和企业（用人单位）双方依法产生的代表进行协商，草拟集体合同草案；②由工会主持召开职工大会或职工代表大会讨论通过；③由双方首席代表签字盖章；④报送劳动行政部门审查、备案。其形式要求是集体合同应当采用书面形式。

集体合同起源于18世纪末的英美国家。工业革命后，生产力快速发展，加剧了劳动力市场的竞争，同时由于机器的广泛使用，使得生产中的不安全因素增加，而雇主为了追求更大的利润，不断加大工人的劳动强度，导致工人们的处境异常艰难。在这种情况下，工人们意识到面对强大的雇主，只有团结起来，采取集体行动，才可能与雇主相抗衡。因此，工人们通过集体的力量与雇主进行交涉，要求改善劳动条件，加强劳动保护，提高工资收入等，然后将交涉的结果用合同的形式固定下来，对雇主产生一定的约束力，这就是早期的集体合同。后来，随着社会经济的发展，集体合同制度逐渐成为劳资双方合作对话的有效机制，集体合同制度本身也日渐成熟，成为主要市场经济国家普遍推行的有效的劳动法律制度。该制度不仅可以弥补劳动立法的不足，也可以弥补劳动合同的不足，能更加有效地保护劳动者的利益。同时对协调和稳定劳动关系，保障社会安定有着积极作用。

在我国社会主义市场经济发展的进程中，尤其是在加入了WTO后，资本的稀缺与劳动力的富裕已构成目前我国的基本国情的重要内容之一，由此也决定了劳资双方地位的严重不平等。强资本弱劳动的格局已经形成。资本主义市场经济国家的发展和我国实施《劳动法》的实践证明，由于劳动者个人与企业之间力量的不平衡，单一地以个人劳动合同来协调劳动关系，难以切实保护劳动者的合法权益。通过立法，建立平等协商，签订集体合同制度，才能更好地保护劳动者的合法权益，促进劳动关系的和谐发展，维护社会安定。为此我国劳动部在2004年1月颁布了新的《集体合同规定》，在2007年6月通过了《中华人民共和国劳动合同法》（以下简称《劳动合同法》），从而进一步加强了集体合同在保护劳动者权益方面的作用。

二、我国《集体合同规定》对劳动者权益的保护

（一）我国《集体合同规定》对劳动者权益保护的制度内容

我国现行的《集体合同规定》主要从以下几个方面加强了对劳动者的保护：

1. 详细规定了集体合同的内容，明确劳动者的具体权益。《集体合同规定》在《劳动法》列举的五项内容的基础上，将集体合同协商和集体合同的内容进一步扩展，把女职工和未成年工保护、职业技能培训、劳动合同管理、奖惩和裁员这些与劳动者权益密切相关的事项纳入到集体协商和集体合同中，使得对劳动者利益的保护更加具体而全面。

2. 规定了协商代表应履行的职责和对协商代表的保护措施。《集体合同规定》明确规定了协商代表应履行的参加协商、接受质询、提供情况、参加协商争议处理、监督履行、维护秩序、保守秘密等多项职责。同时对职工协商代表给予了特殊保护。作出这样明确的规定目的就是为了确保集体合同的订立能够有效进行，进而实现订立集体合同的目的。

3. 细化了集体协商程序和集体合同签订程序。《集体合同规定》根据我国近年来的集体合同实践，将集体协商的程序分为要约、回应、准备、协商、中止、再协商等，并对集体合同的签订、变更和解除作了具体规定，使集体协商程序趋于完善，有利于达成协商，产生集体合同。

4. 明确了集体合同审查的内容和程序。《集体合同规定》明确了集体合同报送后由劳动行政部门审查，并具体规定了报送的主体、报送的时间，审查的内容和审查的程序等，加强了政府对集体合同的规范管理。

5. 具体规定了集体协商争议的处理程序。《集体合同规定》对争议的处理程序作了相应的细化，具体规定了协商争议的处理人员、处理程序，包括受理申请、调查情况、制订方案、协调处理、制作协调处理协议书，为集体合同争议处理制度的进一步完善奠定了基础。

（二）《劳动合同法》中有关集体合同制度的规定

《劳动合同法》扩大了集体合同的实施范围，明确了违反集体合同的责任，有针对性地作出了相关规定，从集体合同角度加强对劳动者的保护。

1. 对专项集体合同作出明确规定。专项集体合同，是指集体合同约定就劳动报酬、劳动安全卫生、女职工和未成年工特殊保护等劳动关系的某项内容的标准。《劳动合同法》第 52 条明确规定了劳动安全卫生集体合同、女职工权益保护集体合同、工资调整机制集体合同三种专项集体合同，但并不限于这三种。

2. 对订立行业性、区域性集体合同的规定。实践证明，在非公有制小企业或同行业企业比较集中的地区开展签订行业性、区域性集体合同，对维护职工和企业双方的合法权益，促进区域和行业经济的协调发展，具有重要作用。《劳动合同法》第 53 条规定："在县级以下区域内，建筑业、采矿业、餐饮服务业等行业可以由工会与企业方面代表订立行业性集体合同，或者订立区域性集体合同。"

3. 对集体合同中劳动报酬和劳动条件等最低标准和效力的规定。《劳动合同法》第 55 条规定："集体合同中劳动报酬和劳动条件等标准不得低于当地人民政府规定的最低标准；用人单位与劳动者订立的劳动合同中劳动报酬和劳动条件等标准不得低于集体合同规定的标准。"

4. 对工会监督集体合同的履行，维护职工合法权益的规定。维护职工合法权益是工会的基本职责。《劳动合同法》第 56 条规定："用人单位违反集体合同，侵犯职工劳动权益的，工会可以依法要求用人单位承担责任；因履行集体合同发生争议，经协商解决不成的，工会可以依法申请仲裁、提起诉讼。"

■ 第四节　劳动合同与劳动者权益保护

劳动合同是世界各国普遍采用的建立劳动关系的方式。它是确立劳动者和用人单位之间劳动关系的一种法律形式，是组织社会劳动，合理配置劳动力资源，稳定劳动关系，促进生产力发展的重要手段，是维护劳动合同双方当事人合法权益的保障之一。鉴于劳动合同的重要性，我国在 2007 年 6 月 29 日通过了《中华人民共和国劳动合同法》（以下简称《劳动合同法》），该法自 2008 年 1 月 1 日起开始施行。另外，为更好地发挥《劳动合同法》的作用，我国又在 2008 年 9 月 18 日发布了《中华人民共和国劳动合同法实施条例》（以下简称《劳动合同法实施条例》）。这些法律法规的实施将会对我国劳动者权益保护提供强有力的保障作用。

一、劳动合同法及实施条例与劳动者权益的保护

《劳动合同法》第 1 条明确规定了劳动合同立法的目的，即"为了完善劳动合同制度，明确劳动合同双方当事人的权利和义务，保护劳动者的合法权益，构建和发展和谐稳定的劳动关系，制定本法"。由此可知，劳动合同法的立法目的体现在三个方面：

1. 完善劳动合同制度。我国的劳动合同制度是 1994 年 7 月全国人大常委会通过的《劳动法》确立的一项重要法律制度。这种劳动用工制度适应了社会主义市场经济体制的要求，发挥了保护劳动者和用人单位合法权益的积极作用。但由于《劳动法》只是将劳动合同作为其中的一部分内容加以规定，不够全面和具体，经过十几年的实践及中国劳动力长期供大于求的局面，出现了一系列问题，如一些用人单位不与劳动者签订劳动合同、随意解除劳动关系、滥用试用期、为逃避法定义务签订短期劳动合同、限制劳动者自由择业和合理流动、集体合同签订率不高甚至流于形式等。针对上述情况，有必要制定一部专门规范市场经济条件下劳动合同的法律，对劳动合同的订立、履行、变更、解除、终止、法

律责任以及各类特殊劳动合同作出全面规定。因此，劳动合同立法首先要解决规范劳动合同的各种行为，明确劳动合同双方当事人的权利和义务。

2. 保护劳动者的合法权益。在劳动关系中，绝大多数劳动者相对于用人单位来说处于弱势地位，其合法权益容易被侵害，《劳动合同法》在明确劳动合同双方当事人的权利义务的前提下，重点保护处于弱势地位的劳动者权益，符合以人为本，构建和谐社会的要求。

3. 构建和发展和谐稳定的劳动关系。这是制定劳动法的最终目标。劳动合同法的核心问题是如何处理劳资双方的关系，把劳资之间的对抗尽可能通过法律规范使其走向妥协与合作，最后获得双赢，为构建和发展和谐稳定的劳动关系提供保障。

从劳动合同的立法目的的规定我们知道，保护劳动者的合法权益是其立法目的的一个重要方面，那么在《劳动合同法》中这一目的是如何体现的呢？纵观整个《劳动合同法》可以发现，主要体现在以下几个方面：

1. 在劳动用工的形式方面对劳动者的保护，增加规定了非全日制用工和劳务派遣用工制度。

（1）非全日制用工。非全日制用工与全日制用工形式的最大区别，就是非全日制劳动者可以同时与多个单位确定劳动关系，为多个用人单位工作，领取多份劳动报酬。我国在1994年制定的《劳动法》是以全日制劳动关系为模式进行设计和规范的，对非全日制劳动关系没有涉及。近年来，以小时工为主要形式的非全日制用工发展很快，它突破了传统的全日制用工模式，适应了用人单位灵活用工和劳动者自主择业的需要，成为促进就业的重要途径。然而，由于没有明确的法律规定加以规范，导致在非全日制用工领域里的非全日制劳动者的利益得不到应有的保障，其合法权益容易遭受侵害。因此，通过立法形式对非全日制用工进行规范就显得尤为必要。所以，此次《劳动合同法》第一次以法律的形式对非全日制用工作出了规定，明确了非全日制劳动者的应有权利，为更好地促进非全日制用工的发展，保护非全日制用工劳动者的合法权益奠定了法律基础。

（2）劳务派遣。也叫劳动力派遣、劳动者派遣、人才租赁、劳动派遣等，是指劳务派遣单位与劳动者签订劳动合同，与用工单位签订劳务派遣协议，将劳动者派遣至用工单位从事约定的生产劳动。劳务派遣的最大特点是劳动力的雇佣和使用相分离；涉及三方主体，分别是派遣单位、被派遣劳动者、用工单位；形成三重关系，分别是劳动者与派遣单位的关系、劳动者与用工单位的关系、派遣单位与用工单位的关系。近年来，劳务派遣在我国迅速发展。一方面促进了就业，另一方面在一定程度上出现了部分用工单位降低用工成本、侵犯劳动者权益的问题。因此,《劳动合同法》把劳务派遣纳入其调整范围,进行了较为全面的规定。

2. 劳动合同的订立方面对劳动者的保护。劳动合同的订立是实施劳动合同制度的前提和基础,也是劳动者获取相关劳动权益的前提条件。这一环节劳动者利益受到侵害的情况时有发生,《劳动合同法》对此作了如下具体规定。

(1) 对劳动关系建立的确认规定。针对实践中,一些用人单位为了规避法律,逃避责任,在用工时不与劳动者签订书面劳动合同,导致大量劳动纠纷,损害劳动者的合法权益的情况。《劳动合同法》第7条规定:"用人单位自用工之日起即与劳动者建立劳动关系。用人单位应当建立职工名册备查。"

(2) 用人单位告知义务的规定。劳动者在招工时,知悉、了解日后自己从事工作的内容、地点、职业危害,特别是劳动报酬和安全生产条件等自身利益的有关情况,是决定是否接受用人单位招用的必要前提。《劳动合同法》第8条规定:"用人单位招用劳动者时,应当如实告知劳动者工作内容、工作条件、工作地点、职业危害、安全生产状况、劳动报酬,以及劳动者要求了解的其他情况。"

(3) 禁止用人单位要求劳动者提供担保。用人单位招用劳动者应在平等、自愿的前提下协商确立劳动关系。劳动者的财产权、人身自由权以及人格权不受侵犯。用人单位不得利用招工优势,要求劳动者提供担保或以其他任何名义收取费用。《劳动合同法》第9条规定:"用人单位招用劳动者,不得扣押劳动者的居民身份证和其他证件,不得要求劳动者提供担保或者以其他名义向劳动者收取财物。"

(4) 劳动合同的订立形式。实践中用人单位为了规避法律,逃避法律义务,不与劳动者签订书面劳动合同的现象非常普遍,从而导致大量劳动纠纷的发生,直接侵害到劳动者的合法权益。鉴于此,为切实维护劳动者的根本利益,《劳动合同法》第10条规定:"建立劳动关系,应当订立书面劳动合同。已建立劳动关系,未同时订立书面劳动合同的,应当自用工之日起1个月内订立书面劳动合同。用人单位与劳动者在用工前订立劳动合同的,劳动关系自用工之日起建立。"同时根据《劳动合同法实施条例》第6条的规定,用人单位自用工之日起超过1个月不满1年未与劳动者订立书面劳动合同的,应当依照《劳动合同法》第82条的规定,向劳动者每月支付2倍的工资,并与劳动者补订书面劳动合同;劳动者不与用人单位订立书面劳动合同的,用人单位应当书面通知劳动者终止劳动关系,并依照《劳动合同法》第47条的规定支付经济补偿金。用人单位向劳动者每月支付2倍工资的起算时间为用工之日起满1个月的次日,截止时间为补订书面劳动合同的前一日。《劳动合同法实施条例》第7条还规定,用人单位自用工之日起满 1 年未与劳动者订立书面劳动合同的，自用工之日起满 1 个月的次日至满 1 年的前一日应当依照《劳动合同法》第 82 条的规定向劳动者每月支付 2 倍工资，并视为自用工之日起满 1 年的当日已经与劳动者订立无固定期限劳动合同，应当立即与劳动者补订书面劳动合同。

（5）未订劳动合同导致对劳动报酬约定不明时的规定。劳动报酬是劳动合同的基本内容之一，也劳动者基本利益所在。由于实践当中书面劳动合同的签订率低，因劳动报酬问题引发的纠纷在劳动争议案件中的比重比较高。为了维护劳动者的报酬权，《劳动合同法》第 11 条规定："用人单位未在用工的同时订立书面劳动合同，与劳动者约定的劳动报酬不明确的，新招用的劳动者的劳动报酬按照集体合同规定的标准执行；没有集体合同或者集体合同未规定的，实行同工同酬。"

（6）无固定期限劳动合同的规定。目前在我国较为普遍地存在着劳动合同短期化现象。短期劳动合同在一定程度上便于人才流动，比较灵活，但劳动合同的短期化，特别是一年一签的用工形式，不利于促进社会就业，也不利于企业的长期发展和提高效益，更不利于促进社会关系和谐、稳定。在劳动合同短期化的情况下，劳动者的利益更容易受到损害。为此，《劳动合同法》对无固定期限的劳动合同作了明确规定。

（7）劳动合同对劳动报酬和劳动条件等事项约定不明时的规定。《劳动合同法》第 18 条规定："劳动合同对劳动报酬和劳动条件等标准约定不明确，引发争议的，用人单位与劳动者可以重新协商；协商不成的，适用集体合同规定；没有集体合同或者集体合同未规定劳动报酬的，实行同工同酬；没有集体合同或者集体合同未规定劳动条件等标准的，适用国家有关规定。"

（8）限制约定由劳动者承担违约金的规定。违约金是合同当事人通过约定而预先确定的，在一方违约后给付另一方当事人一定数额的货币。违约金是当事人预先约定的赔偿金。在劳动合同的订立过程中，劳动者由于身处弱势地位，迫于经济压力往往不得不接受被用人单位加进合同中的不合理违约金条款。这种情况往往导致劳动者的择业自主权受到侵害，同时也使劳动者在经济上遭受损失。为此，《劳动合同法》第 25 条规定："除本法第 22 条和第 23 条规定的情形外，用人单位不得与劳动者约定由劳动者承担违约金。"

（9）劳动合同被确认无效的，用人单位应向劳动者支付报酬的规定。由于劳动力的提供，无法恢复原状，根据等价有偿原则，只能通过由用人单位向劳动者支付报酬来作出补偿，不管劳动者一方对于劳动合同被确认无效是否存在过错。《劳动合同法》第 28 条规定："劳动合同被确认无效，劳动者已付出劳动的，用人单位应当向劳动者支付劳动报酬。劳动报酬的数额，参照本单位相同或者相近岗位劳动者的劳动报酬确定。"

3. 劳动合同的履行和变更方面对劳动者的保护。劳动合同依法订立以后，用人单位和劳动者就应当按照劳动合同的约定，全面履行各自的义务并享受相应的权利，任何一方都不得擅自变更或者解除劳动合同。然而，全面履行并不是说劳动合同绝对不能变更，在法定条件下也可以将其变更。由于劳动合同的履行和变更对劳动者利益影响很大，因此《劳动合同法》对此作了具体规定。

（1）用人单位应当履行支付劳动报酬的义务及劳动者报酬权受侵害时的救济权规定。《劳动合同法》第30条规定："用人单位应当按照劳动合同约定和国家规定，向劳动者及时足额支付劳动报酬。用人单位拖欠或者未足额支付劳动报酬的，劳动者可以依法向当地人民法院申请支付令，人民法院应当依法发出支付令。"

（2）用人单位应当严格执行劳动定额标准和依法支付加班费的规定。《劳动合同法》第31条规定："用人单位应当严格执行劳动定额标准，不得强迫或者变相强迫劳动者加班。用人单位安排加班的，应当按照国家有关规定向劳动者支付加班费。"

（3）存在危害安全生产情形时劳动者的权利规定。《劳动合同法》第32条规定："劳动者拒绝用人单位管理人员违章指挥、强令冒险作业的，不视为违反劳动合同。劳动者对危害生命安全和身体健康的劳动条件，有权对用人单位提出批评、检举和控告。"

（4）劳动合同的履行不受用人单位有关事项变更影响的规定。《劳动合同法》第33条规定："用人单位变更名称、法定代表人、主要负责人或者投资人等事项，不影响劳动合同的履行。"第34条规定："用人单位发生合并或者分立等情况，原劳动合同继续有效，劳动合同由承继其权利和义务的用人单位继续履行。"

4. 劳动合同的解除和终止方面对劳动者的保护。

（1）劳动者的提前解除权的规定。《劳动合同法》对劳动者这一权利的规定，是为了保护劳动者的择业自主权，保障劳动者的自由流动，进而实现劳动力资源的合理配置，促进经济发展。同时也是为了矫正劳动关系的不平衡，弥补劳动者在劳动关系中的不平等地位。

（2）劳动者可以单方解除劳动合同的规定。《劳动合同法》作这样规定不仅有利于保护劳动者，更有利于遏制用人单位的违法行为。该法第38条规定，用人单位有下列情形之一的，劳动者可以解除劳动合同：①未按照劳动合同约定提供劳动保护或者劳动条件的；②未及时足额支付劳动报酬的；③未依法为劳动者缴纳社会保险费的；④用人单位的规章制度违反法律、法规的规定，损害劳动者权益的。用人单位以暴力、威胁或者非法限制人身自由的手段强迫劳动者劳动的，或者用人单位违章指挥、强令冒险作业危及劳动者人身安全的，劳动者可以立即解除劳动合同，不需事先告知用人单位。

（3）用人单位经济裁员时对某些劳动者的保护性规定。经济性裁员是指用人单位由于生产经营状况发生变化，为了克服经营困难而不得不辞退部分劳动者的行为。但为保护特殊情况下劳动者的合法权益，对用人单位这一权利的行使进行了限制。

（4）限制用人单位解除劳动合同的规定。《劳动合同法》第42条规定："劳动者有下列情形之一的，用人单位不得依照本法第40条、第41条的规定解除劳动合同：①从事接触职业病危害作业的劳动者未进行离岗前职业健康检查，或者疑似职业病病人在诊断或者医学观察期间的；②在本单位患职业病或者因工负伤并被确认丧失或者部分丧失劳动能力的；③患病或者非因工负伤，在规定的医疗期内的；④女职工在孕期、产期、哺乳期的；⑤在本单位连续工作满15年，且距法定退休年龄不足5年的；⑥法律、行政法规规定的其他情形。"

（5）用人单位解除劳动合同时要向劳动者支付经济补偿金。解除劳动合同的经济补偿，是指在劳动合同解除或终止后，用人单位依法一次性支付给劳动者的经济上的补助。但并不是所有解除或终止劳动合同的情形都要由用人单位支付给劳动者经济补偿，只有在《劳动合同法》规定的情况下，用人单位才有支付经济补偿的义务。法律规定解除劳动合同经济补偿制度的目的有二：①从经济方面制约用人单位解除劳动合同，促进和保持劳动关系的和谐稳定；②维护劳动者利益，尽量避免可能出现的失业期间劳动者及其家属生活的严重困难。

另外，关于经济补偿金不只是在解除劳动合同时才支付，当劳动合同到期自然终止时也要支付。这里需注意的是，并非所有情况下劳动合同终止用人单位都需支付经济补偿金，只有那些由于用人单位导致而不是劳动者自身原因导致的劳动合同终止，用人单位才需依法支付经济补偿金。如由于用人单位被吊销营业执照或者责令关闭、撤销或用人单位决定解散，导致劳动合同终止；由于用人单位被依法宣告破产导致劳动合同终止等。之所以作如此规定，是为了避免劳动合同短期化现象的发生。因为如果仅仅规定解除劳动合同时才需支付经济补偿金，那么用人单位就会为了尽可能地降低解雇成本，将劳动合同期限缩短，使合同到期后自然终止，从而避免解除劳动合同时向劳动者支付经济补偿金。这对劳动者利益的保护极为不利。鉴于此，《劳动合同法》进行了完善，即明确规定劳动合同到期终止也要支付经济补偿金。

（6）用人单位在劳动合同解除或终止后应尽义务的规定。劳动合同解除或终止后，劳动者失去了工作和生活来源。用人单位应帮助劳动者尽快进入社会保险的保障范围，因此，《劳动合同法》第 50 条第 1 款规定："用人单位应当在解除或者终止劳动合同时出具解除或者终止劳动合同的证明，并在 15 日内为劳动者办理档案和社会保险关系转移手续。"《劳动合同法实施条例》第 24 条进一步明确规定，用人单位出具的解除或者终止劳动合同的证明，应当写明劳动合同期限、解除或者终止劳动合同的日期、工作岗位、在本单位的工作年限。

综上所述，《劳动合同法》的这些保护劳动者制度的规定，将会大大加强劳动者权益的保护力度，进而积极推动我国劳动关系的和谐稳定发展，有利地促进社会经济发展水平的快速提高。

■ 第五节　工会与劳动者权益保护

一、工会概述

工会是工人的结社组织。我国 2001 年 10 月 27 日颁布的修改后的《工会法》第 2 条规定："工会是职工自愿结合的工人阶级的群众组织。中华全国总工会及其各工会组织代表职工的利益，依法维护职工的合法权益。"工会作为一种组织形式的出现与发展是与工业革命所带来的后果分不开的，是基于保护劳动者的直接需求而产生发展的。工业革命后产生了工人阶级，工人阶级为了提高工资和改善劳动条件，由自发的斗争逐步发展到有组织的斗争，以团体的力量与资方抗衡，工会组织由此产生。世界上最早的工会组织出现于 19 世纪初西欧产业相对先进的资本主义国家。从其发展历程来看，经历了禁止、限制、认同三个时期。工会组织在西方国家普遍取得合法地位是在第二次世界大战以后。1966 年联合国大会通过的《经济、社会和文化权利国际公约》中规定，各缔约国要承担以下保证：人人有权组织工会和参加他所选择的工会，以促进和保护他的经济和社会利益；这个权利只受有关工会的规章限制。

工会法的社会法属性主要体现在以下两个方面：①增进劳动群体利益，维护社会安全。劳动力市场一对一的交易模式，必然使力量薄弱的劳动者处于被侵害的地位，因此需要有团结的力量来保障和维护其应有的利益。以避免发生阶级冲突导致社会动荡。工会组织就担负起了这一使命。②增强劳资双方的合作协调能力，促进社会均衡发展。集体协商是市场经济发达国家协调劳资矛盾、建立合作型劳资关系的主要方式，它以工会组织为代表方与企业方的集体协商方式代替劳动者个人与企业方协商，能更好地解决劳资双方的利益冲突，平衡双方利益。1950年我国颁布了第一部《工会法》。随着社会的发展，在1992年颁布了新的《工会法》，并且在2001年通过了《关于修改〈中华人民共和国工会法〉的决定》（以下内容均以此次修改后的《工会法》为准），进一步强化了工会组织在维护劳动者权益方面的积极作用。

二、我国的工会组织

我国的工会各级组织是按照民主集中制的原则建立的，各级工会委员会是由会员大会或者会员代表大会民主选举产生的，向会员大会或者会员代表大会负责并报告工作，接受其监督。根据现行法律规定，我国的工会组织包括基层工会、工会联合会、各级地方总工会、全国产业工会、各级地方产业工会、中华全国总工会。上级工会组织领导下级工会组织。企业、事业单位、机关有会员25人的，可以建立基层工会委员会；不足25人的，可以单独建立工会委员会，也可以由两个以上单位的会员联合建立基层工会委员会；企业职工较多的乡镇、城市街道，可以建立基层工会联合会。

对于产业工会，我国实行上级产业工会和地方同级总工会双重领导的体制。中华全国总工会、地方总工会、产业工会从成立之日起，就当然取得社会团体法人资格，无需申请，不需要批准；基层工会组织依照《民法通则》规定具备法人设立条件的，依法取得社会团体法人资格，不具备法人设立条件的，则不能取得社会团体法人资格。

三、工会组织对劳动者权益的保护

2001年的新《工会法》把维护职工合法权益确立为工会的首要的和基本的职能。新《工会法》第6条规定："维护职工合法权益是工会的基本职责。工会在维护全国人民总体利益的同时，代表和维护职工的合法权益。工会通过平等协商和集体合同制度，协调劳动关系，维护企业职工劳动权益。工会依照法律规定通过职工代表大会或者其他形式，组织职工参与本单位的民主决策、民主管理和民主监督。工会必须密切联系职工，听取和反映职工的意见和要求，关心职工的生活，帮助职工解决困难，全心全意为职工服务。"工会作为劳动者的组织主要通过以下途径维护劳动者的利益：

1. 帮助、指导劳动者签订劳动合同。在签订劳动合同时，相对于用人单位而言，劳动者处于弱者地位，为了保护劳动者的合法权利，新《工会法》第20条第1款规定："工会帮助、指导职工与企业以及实行企业化管理的事业单位签订劳动合同。"同时该法第 21 条第 2 款规定:"企业单方面解除职工劳动合同时,应当事先将理由通知工会,工会认为企业违反法律、法规和有关合同,要求重新研究处理时,企业应当研究工会的意见,并将处理结果书面通知工会。"这样在工会组织的帮助与支持下,就使得劳动者在与用人单位建立劳动关系时能够明确自身所享有的权利,最大限度地维护自身利益。

2. 代表职工签订集体合同,因履行集体合同发生争议提请仲裁和诉讼。《工会法》第 20 条第 2 ~ 4 款规定:"工会代表职工与企业以及实行企业化管理的事业单位进行平等协商,签订集体合同。集体合同草案应当提交职工代表大会或者全体职工讨论通过。工会签订集体合同,上级工会应当给予支持和帮助。企业违反集体合同,侵犯职工劳动权益的,工会可以依法要求企业承担责任;因履行集体合同发生争议,经协商解决不成的,工会可以向劳动争议仲裁机构提请仲裁,仲裁机构不予受理或者对仲裁裁决不服的,可以向人民法院提起诉讼。"集体合同是市场经济国家协调劳动关系的重要机制,也是工会维护职工合法权益的重要手段。因此,工会在这方面作用的发挥对有效维护劳动者切身利益有重要的影响。

3. 保障职工民主管理,参与企业、事业单位的经营管理。职工民主管理是指企业职工通过职工大会、职工代表大会或者其他形式,审议企业重大决策,监督企业行政或者就保护劳动者的合法权益与用人单位进行平等协商。职工民主参与有利于企业内部管理和劳动关系的协调。因为通过职工民主参与,使劳资双方彼此互通信息,有利于消除劳资隔阂,防止发生不必要的纠纷。同时由于职工的民主参与也使得职工与企业形成了利益与共、休戚相关的共同体,职工的积极性和主动性的发挥有了保障。工会作为劳动者的组织,有权保护职工民主参与权利的行使。《工会法》第 6 条第 3 款规定:"工会依照法律规定通过职工代表大会或者其他形式,组织职工参与本单位的民主决策、民主管理和民主监督。"企业、事业单位违反职工代表大会制度和其他民主管理制度,工会有权要求纠正,以保障职工依法行使民主管理的权利。工会在保障职工民主管理的同时也积极参与企业、事业单位的经营管理,《工会法》第 38 条第 1 款规定:"企业、事业单位研究经营管理和发展的重大问题应当听取工会的意见;召开讨论有关工资、福利、劳动安全卫生、社会保险等涉及职工切身利益的会议,必须有工会代表参加。"

4. 参与国家事务。工会参与涉及职工切身利益的法律、法规、计划、政策措施的制定。《工会法》第 33 条规定:"国家机关在组织起草或者修改直接涉及职工切身利益的法律、法规、规章时,应当听取工会意见。县级以上各级人民政府制定国民经济和社会发展计划,对涉及职工利益的重大问题,应当听取同级工会的意见。县级以上各级人民政府及其有关部门研究制定劳动就业、工资、劳动安全卫生、社会保险等涉及职工切身利益的政策、措施时，应当吸收同级工会参加研究，听取工会意见。"

5. 提出意见和建议。《工会法》第 21 条第 1 款规定："企业、事业单位处分职工，工会认为不适当的，有权提出意见。"《工会法》第 24 条规定："工会发现企业违章指挥、强令工人冒险作业，或者生产过程中发现明显重大事故隐患和职业危害，有权提出解决的建议，企业应当及时研究答复；发现危及职工生命安全的情况时，工会有权向企业建议组织职工撤离危险现场，企业必须及时作出处理决定。"

6. 劳动法律监督。《工会法》第 22 条规定："企业、事业单位违反劳动法律、法规规定，有下列侵犯职工劳动权益情形，工会应当代表职工与企业、事业单位交涉，要求企业、事业单位采取措施予以改正；企业、事业单位应当予以研究处理，并向工会作出答复；企业、事业单位拒不改正的，工会可以请求当地人民政府依法作出处理：①克扣职工工资的；②不提供劳动安全卫生条件的；③随意延长劳动时间的；④侵犯女职工和未成年工特殊权益的；⑤其他严重侵犯职工劳动权益的。"《工会法》第 23 条规定："工会依照国家规定对新建、扩建企业和技术改造工程中的劳动条件和安全卫生设施与主体工程同时设计、同时施工、同时投产使用进行监督。对工会提出的意见，企业或者主管部门应当认真处理，并将处理结果书面通知工会。"《工会法》第 25 条规定："工会有权对企业、事业单位侵犯职工合法权益的问题进行调查，有关单位应当予以协助。"

7. 参与劳动争议解决。职工认为企业侵犯其劳动权益而申请调解时，工会作为企业的劳动争议调解委员会的组成人员积极参与调解，化解矛盾。当发生争议的劳动者提出劳动争议仲裁或者向人民法院提起诉讼的，工会应当给予支持和帮助。地方劳动争议仲裁组织应当有同级工会代表参加。

四、加强工会组织对劳动者权益的保护

2001 年的新《工会法》把维护职工合法权益确立为工会的首要的和基本的职能。工会组织也正是依据《工会法》的相关规定积极开展活动，切实维护劳动者的合法权益，并取得了显著成绩，但是，工会的维权作用由于受到一些因素的制约并没有充分发挥。目前，制约工会发挥维权作用的主要因素是工会的独立性不够以及对违反《工会法》的法律责任规定不够全。就工会的独立性不够而言，导致工会不能完全独立的原因主要有以下两个方面：

1. 现行的工会会费拨缴方式，损害了工会在经济上的独立性。工会经费是工会独立开展工作，代表和维护职工合法权益，履行自己主要职能的主要经济保障。工会经费的主要来源是建立工会组织的企业、事业单位、机关按每月全部职工工资总额的 2% 向工会拨缴的经费。正是这种拨缴方式，导致了工会在经济上缺乏独立性，受制于用人单位。同时，也导致一些非公有制企业尤其是一部分外资企业以此理由而不愿意建立工会，使劳动者通过工会组织维护自身权利的目的受到一定程度的影响。

2. 现行工会的工作人员的工资制度损害了工会在经济上的独立性。新《工会法》第 41 条规定："企业、事业单位、机关工会委员会的专职工作人员的工资、奖励、补贴，由所在单位支付。社会保险和其他福利待遇等，享受本单位职工同等待遇。"由此可知，工会工作人员在经济上依附于企业，进而导致工会维权时受制于企业，即当职工利益与企业利益发生冲突时，工会工作人员不能全力以赴地与所在企业进行对抗，出于对自身利益的考虑而不得不妥协，有时还可能被迫放弃。导致工会维权职能有所削弱，劳动者利益的保护不够充分。

就违反《工会法》的法律责任规定方面来说，现行的《工会法》没有对工会滥用权利的行为和不作为规定应有的责任。《工会法》只是规定了工会工作人员的个人责任，而作为法人的工会组织却没有责任。另外，在工会与用人单位之间的集体合同关系中，《工会法》也只是规定了用人单位不履行集体合同工会可以起诉，而工会不履行集体合同规定的义务就没法律责任。这样一来，工会的维权作用的发挥就会受到影响。

因此，为了充分发挥工会对劳动者权益的保护作用，应当加强工会组织经济地位的独立性和法律责任制度建设。

■ 第六节　工资制度与劳动者权益保护

一、工资概述

工资是指用人单位依据国家有关规定或劳动合同的约定，以货币形式直接支付给本单位劳动者的报酬。国际劳工组织 1949 年制定的《工资保护公约》和建议书规定了对劳动者一般工资的保护，该公约所说的"工资"是指不论其名称或计算方式为何，由一位雇主对另一位雇员，为其已完成和将要完成的工作或者已提供或将要提供的服务，可以货币结算并由共同协议或国家法律或条例予以确定而凭书面或口头雇佣合同支付的报酬或收入。在我国，劳动者的工资主要包括计时工资、计件工资、奖金、津贴和补贴、加班加点工资以及特殊情况下支付的工资等。

工资是劳动者最基本的生活来源，是劳动消耗的补偿形式，关系到劳动者生活水平的改善和职业技能素质的提高，是劳动者权益的重要内容。因此，各国劳动立法都把工资立法作为重要的组成部分，有的还制定专项的工资法规。我国在这方面也进行了相关工作，如《劳动法》中对工资制度的规定，以及《工资支付暂行规定》、《工资集体协商试行办法》和《最低工资规定》等工资法规的颁行，这些都起到了很好的保护劳动者工资权益的作用。

二、工资的法律保障与劳动者权益的保护

工资的法律保障是指用人单位必须按《劳动法》、《工资支付暂行规定》及有关规定支付劳动者工资，禁止任意克扣工资和无故拖欠工资，国家对用人单位工资制度实行监督的制度，以切实维护劳动者的合法权益。

（一）工资支付的保障

1. 用人单位支付工资的方式。用人单位支付工资必须按《劳动法》及《工资支付暂行规定》规定的法定货币形式、日期以及其他要求支付工资。另外，劳动者与用人单位依法解除或终止劳动合同时，用人单位应同时一次付清劳动者工资；用人单位依法破产时，应将劳动者的工资列入清偿顺序，首先支付。

2. 特殊情况下工资的支付。特殊情况下工资，是指依照法律规定或者按照当事人的协议在非正常情况下，由用人单位支付给劳动者的工资。《劳动法》第51条规定："劳动者在法定休假日和婚丧假期间以及依法参加社会活动期间，用人单位应当依法支付工资。"这一规定使劳动者在处于特殊情况下其基本的工资权益能够得以保障，也使得用人单位必须要承担工资支付的义务，否则就要对自己的违法行为付出相应的代价。特殊情况下工资的支付主要指以下几种情形：

（1）依法参加社会活动期间的工资支付。劳动者在法定工作时间内依法参加社会活动期间，用人单位应视同其提供了正常劳动而支付工资。

（2）法定休假日期间的工资支付。法定休假日，是指法律、法规规定的劳动者休假的时间，包括法定节日（即元旦、春节、国际劳动节、国庆节及其他节假日）以及法定带薪休假。劳动者在这些时间里休假，用人单位应当依法向劳动者支付工资，否则构成克扣工资行为。

（3）婚丧假期间的工资支付。婚丧假，是指劳动者本人结婚以及直系亲属死亡时依法享受的假期。享受婚丧假是劳动者的合法权利，婚丧假期间劳动者的工资照发。

（4）探亲假期间的工资支付。探亲假，是指与父母或配偶分居两地的职工，每年享受的与父母或配偶团聚的假期。1981年3月国务院《关于职工探亲假待遇的规定》中规定，职工在探亲假期间的工资，按照本人的标准工资发给。

（5）加班加点工资支付。根据《劳动法》、《工资支付暂行规定》的规定，用人单位在劳动者完成劳动定额或规定的工作任务后，根据实际需要安排劳动者在法定标准工作时间以外工作的，应按以下标准支付工资：①用人单位依法安排劳动者在日法定标准工作时间以外延长工作时间的，按照不低于劳动合同规定的劳动者本人小时工资标准的150%支付劳动者工资；②用人单位依法安排劳动在休息日工作，而又不能安排补休的，按照不低于劳动合同规定的劳动者本人日或小时工资标准的200%支付劳动者工资；③用人单位依法安排劳动者在法定休假日工作的，按照不低于劳动合同规定的劳动者本人日或小时工资标准的300%支付劳动者工资；④实行计件工资的劳动者，在完成计件定额任务后，由用人单位安排延长工作时间的，应根据上述规定的原则，分别按照不低于其本人法定工作时间计件单价的150%、200%、300%支付其工资；⑤经劳动行政部门批准实行综合计算工时工作制的，其综合计算工作时间超过法定标准工作时间的部分，应视为延长工作时间，并按规定支付劳动者延长工作时间的工资。

（6）企业依法破产时的工资支付。《工资支付暂行规定》第14条规定，用人单位依法破产时，劳动者有权获得其工资。在破产清偿中用人单位应按《中华人民共和国企业破产法》规定的清偿顺序，首先支付欠付本单位劳动者的工资。

（7）停工期间的工资支付。《工资支付暂行规定》第12条规定，非因劳动者原因造成单位停工、停产在一个工资支付周期内的，用人单位应按劳动合同规定的标准支付劳动者工资。超过一个工资支付周期的，若劳动者提供了正常劳动，则支付给劳动者的劳动报酬不得低于当地的最低工资标准；若劳动者没有提供正常劳动的，应按国家有关规定办理。

（8）关于特殊人员的工资支付问题。第一，劳动者受处分后的工资支付：①劳动者受行政处分后仍在原单位工作（如留用察看、降级等）或受刑事处分后重新就业的，应主要由用人单位根据具体情况自主确定其工资报酬；②劳动者受刑事处分期间，如收容审查、拘留（羁押）、缓刑、监外执行或劳动教养期间，其待遇按国家有关规定执行。第二，学徒工、熟练工、大中专毕业生在学徒期、熟练期、见习期、试用期及转正定级后的工资待遇由用人单位自主确定。第三，新就业复员军人的工资待遇由用人单位自主确定；分配到企业的军队转业干部的工资待遇，按国家有关规定执行。

3. 最低工资保障。最低工资是指劳动者在法定工作时间内提供正常劳动的前提下，用人单位依法应支付的最低劳动报酬。《劳动法》、《最低工资规定》等法律、法规、规章中规定了一系列具体的保障措施。

依据《最低工资规定》第 13 条的规定，用人单位未在最低工资标准发布后 10 日内将该标准向本单位全体劳动者公示的，由劳动保障行政部门责令其限期改正；在劳动者提供正常劳动的情况下，如果用人单位支付的工资低于当地最低工资标准，由劳动保障行政部门责令其补发所欠工资，并按所欠工资的 1～5 倍支付劳动者赔偿金。

《最低工资规定》还规定，县级以上地方人民政府劳动保障行政部门负责对本行政区域内用人单位执行本规定情况进行检查监督；各级工会组织依法对本规定的执行情况进行监督，发现用人单位支付劳动者工资违反本规定的，有权要求当地劳动行政保障部门处理。

4. 用人单位不得克扣劳动者工资。《劳动法》和《工资支付暂行规定》都规定，用人单位不得克扣劳动者工资。所谓"克扣"是指用人单位无正当理由扣减劳动者应得工资。这里的"应得工资"即在劳动者已提供正常劳动的前提下用人单位按劳动合同规定的标准应支付给劳动者的全部劳动报酬。这里的"克扣工资"不包括以下减发工资的情况：①国家法律、法规有明确规定的；②依法签订的劳动合同中有明确规定的；③用人单位依法制定并经职代会批准的厂规、厂纪中有明确规定的；④企业工资总额与经济效益相联系，经济效益下浮时（但支付给劳动者工资不得低于当地最低工资标准）；⑤因劳动者请事假等相应减发工资等。

用人单位不得克扣劳动者工资，但有下列情况之一的，用人单位可以代扣劳动者工资：①用人单位代扣代缴的个人所得税；②用人单位代扣代缴的应由劳动者个人负担的各项社会保险费用；③法院判决、裁定中要求代扣的抚养费、赡养费；④法律、法规规定的可以从劳动者工资中扣除的其他费用。

5. 用人单位不得无故拖欠劳动者工资。《劳动法》和《工资支付暂行规定》也规定，用人单位不得无故拖欠劳动者工资。所谓"无故拖欠"工资，是指用人单位无正当理由超过规定的工资支付时间未向劳动者支付工资的行为。无故拖欠工资行为的最大特征是无正当理由在规定的时间内故意不支付工资。

如果用人单位生产经营改善或具备了补发工资的条件，应当及时补发劳动者工资。《违反和解除劳动合同的经济补偿办法》第 3 条规定："用人单位克扣或者无故拖欠劳动者工资的，以及拒不支付劳动者延长工作时间工资报酬的，除在规定的时间内全额支付劳动者工资报酬外，还需加发相当于工资报酬 25% 的经济补偿金。"《违反〈中华人民共和国劳动法〉行政处罚办法》第 6 条规定，用人单位克扣或无故拖欠劳动者工资的，应责令支付劳动者的工资报酬、经济补偿，并可责令按相当于支付劳动者工资报酬、经济补偿的 1～5 倍支付劳动者赔偿金。劳动者可以依此向克扣、无故拖欠工资的用人单位主张赔偿。

（二）工资支付的监督

根据《劳动法》和《工资支付暂行规定》以及《最低工资规定》等规定，各级劳动保障行政部门、各级工会组织、职工大会、劳动者有权对用人单位支付工资的进行监督。具体是：①用人单位应根据法律、法规、规章的规定，通过与职工大会、职工代表大会或其他形式协商制定内部的工资支付制度，并告知本单位全体劳动者，主动接受劳动者的监督。同时抄报当地劳动保障行政部门备案。②各级劳动保障行政部门有权监察用人单位工资支付的情况，用人单位有下列侵害劳动者合法权益行为的，由劳动保障行政部门责令其支付劳动者工资和经济补偿，并可责令其支付赔偿金：克扣或者无故拖欠劳动者工资的；拒不支付劳动者延长工作时间工资的；低于当地最低工资标准支付劳动者工资的。经济补偿和赔偿金标准，按国家有关规定执行。

三、完善保障劳动者劳动报酬权实现的措施

上述有关对工资制度的规定对劳动者的报酬权的实现起到了非常有力的保障作用。但是实际生活中，劳动者工资权益受侵害的现象还是时有发生。为此需要完善相关制度加以防范，使劳动者的合法权益得到更充分的保障。

我国现有法律对无故拖欠或克扣工资虽有追究法律责任的规定，但只限于行政责任和民事赔偿责任，无刑事责任规定。鉴于有些恶意拖欠、克扣工资甚至拒绝支付工资的行为，严重损害劳动者合法财产权益，危害及影响恶劣，国家应加大对其的惩罚力度，在刑法上应增加相应的罪名，对情节严重，主观恶性大，拖欠、克扣、拒不支付劳动者工资达到一定数额的直接责任人员依法追究其刑事责任，以有效遏制这一违法行为，切实保护劳动者的利益。

加大行政处罚力度。现有立法对恶意克扣、拖欠工资的行政处罚过于轻微，不能起到惩戒作用。原劳动部发布的《工资支付暂行办法》第18条规定了各级劳动行政部门有权监察用人单位工资支付的情况，对用人单位克扣或者无故拖欠劳动者工资的、拒不支付劳动者延长工作时间工资的、低于当地最低工资标准支付劳动者工资的，由劳动行政部门责令其支付劳动者工资和经济补偿，并可责令其支付赔偿金。这一规定并无行政罚款内容，应增加行政罚款规定。使用人单位侵害劳动者工资行为受到有力的制裁，进而起到保护劳动者合法权益的作用。

加大民事赔偿责任。现有立法对用人单位承担的民事赔偿责任主要是按照劳动者的工资数额以及加付25%的经济补偿金来确定的。为了对劳动者给予充分救济，应根据用人单位违法的情节轻重及危害大小，加大赔偿责任。

第十章　消费者权益保护

■　第一节　消费者权益保护的理念和基本原则

一、消费者的权利与责任

（一）消费者的权利

"消费者权利"的明确概括，是在 20 世纪 60 年代美国消费者运动再度兴起的背景下，美国总统肯尼迪于 1962 年 3 月 15 日向国会提出的"消费者权利咨文"（Consumer's Bill of Rights）中首次出现的。[1] 肯尼迪在该咨文中强调"每一个人都是消费者"，并指出了消费者的四项基本权利：

（1）消费者有寻求安全的权利（the right to be safety），即保护消费者生命健康免受危险商品危害的权利。

（2）消费者有了解事实真相的权利（the right to be informed），即对于欺诈、暧昧、夸大不实的广告或商标、说明书，消费者有权要求调查及明了事实真相的权利。

（3）消费者有选择商品的权利（the right to choose），即政府应确保商场的自由竞争，依消费者的需要，提供更多物美价廉的商品，保证消费者在自由竞争的价格下，自由地选择各种不同的产品与服务。在由政府实施规制的非竞争性经济中，则应保障消费者得以公正价格获得优质商品和服务的权利。

（4）消费者意见被尊重的权利（the right to be heard），即要求政府在制定有关经济政策及立法时，首先应注意尊重消费者的权益与意见；在消费者纠纷案件发生时，行政机关应公平、迅速且有效地进行处理。

1969 年，尼克松总统又补充了"方便救济的权利"（the right to redress），即消费者权益受到损害时，可要求政府处罚不法厂商，并令其负赔偿的责任。[2]

---

〔1〕　张严方：《消费者保护法研究》，法律出版社 2003 年版，第 35~41 页。
〔2〕　朱柏松：《消费者保护法论》，翰芦图书出版有限公司 1999 年版，第 3 页。

它们被公认为消费者的五项基本权利。

1975 年，福特总统又添加了新的内容，即"消费者教育的权利"（the right to consumer education）。[1]

随着消费者运动的不断深入，国际消费者组织联盟（IOCU，国际消费者联会——CI 的前身）提出了消费者的八项权利：

（1）得到必需的物资和服务借以生存的权利。

（2）享有公平的价格待遇和选择的权利。

（3）安全保障权。

（4）获得足够资料的权利。

（5）寻求咨询的权利。

（6）获得公平赔偿和法律帮助的权利。

（7）获得消费者教育的权利。

（8）享有健康环境的权利。[2] 这些权利被称为"消费者的人权"。

我国 1993 年颁布的《消费者权益保护法》在第二章对消费者权利进行了专门规定，共设定了九项权利。这些权利包括：安全权、知情权、选择权、公平交易权、索赔权、结社权、受教育权、购买使用商品和接受服务时其人格尊严、民族风俗习惯得到尊重的权利、对商品和服务以及保护消费者权益工作进行监督的权利。

消费者的权利，是消费者为进行生活消费应该安全、公平地获得基本的食物、衣物、住宅、医疗和教育等的权利，实质是以生存权为主的基本人权。[3] 消费者的权利是消费者保护的基本依据。我国《消费者权益保护法》以法律的形式赋予消费者九项权利，但是，随着市场经济的发展，营销方式的变化，特别是网络经济的出现，仅仅九项权利已经不足以保护消费者，或者说，消费者受到的损害已经超出了九项权利的范围，例如，消费者的隐私权、精神损害赔偿权、个人信息保密权、购物反悔权、向生产者求偿的权利等。

（二）消费者的责任

消费者运动的国际协调机构"国际消费者联会"（Consumers International，简称 CI，1995 年以前为 IOCU——International Organization Consumer Union）于

---

〔1〕　［日〕铃木深雪：《消费生活论——消费者政策》（修订版），张倩等译，中国社会科学出版社 2004 年版，第 20 页。

〔2〕　沈晓倩："消费者权利刍议"，载《山西经济管理干部学院学报》2000 年第 3 期。

〔3〕　漆多俊主编：《经济法学》，武汉大学出版社 1998 年版，第 189 页。

1979 年提出包括发展中国家在内的世界上所有的消费者拥有八项权利的同时，还提出五项消费者"责任"。[1] 这五项消费者的责任是：

（1）批评性意识（critical awareness）。这是指对商品、服务的用途、价格、质量产生敏感意识，持有怀疑态度的意识。

（2）自我主张与行动（action and involvement）。这是指消费者自作主张、进行公平交易的责任。

（3）社会责任（social responsibility）。这是指消费者要时刻意识到自己的消费行为对他人的影响，特别是对弱者的影响。

（4）环境意识（ecological responsibility）。这是指消费者要认识到自己的消费行为对环境的影响。

（5）团结合作（solidarity）。这是指为拥护、促进消费者的利益，作为消费者要团结一心、互相合作。

消费者的责任，并非指与具体责任形式相联系的法律上的义务，而是消费者应有的一种自我保护意识、社会意识和社会责任。因为消费者保护既是社会的责任、政府的责任、法律的责任，也是消费者自己的责任。我国《消费者权益保护法》只规定了消费者的九项权利，没有规定消费者的责任，有失片面，应该追加消费者责任的相关规定，以提升消费者保护的全面性，发挥消费者保护更多的社会作用。

消费者不仅应加强权利意识，也应该加强责任意识。消费者应该自觉地意识到今天所进行的购物选择不单单是自己行为，它关系着明天什么样的商品和服务将继续被提供，什么样的商品将得到开发，将以什么方式销售、提供给消费者，消费者应该认识到这一点，并有所行动。

但是，消费者承担责任是有条件的，具体言之，有以下两个方面：①只有当消费者真正了解事实真相以后所作的判断和决定，消费者才能承担责任。消费者的责任，应该以提供必要而充分的信息为前提。消费者在得不到正确的信息、无法了解事实真相的情况下所采取的行为难免会有失误，对这种行为也要消费者负责是不公平的。②消费者要尽到这一意义上的责任，还需要能使消费者进行自由选择的多种多样的商品和服务，更需要在有关商品的质量和价格等的市场交易条件下促成的自由竞争。

---

〔1〕 ［日］铃木深雪：《消费生活论——消费者政策》（修订版），张倩等译，中国社会科学出版社 2004年版，第 21 页。

二、消费者权益保护的理念

（一）消费者主权

"消费者主权"是指消费者拥有最终决定权。"消费者主权"与法律制度上所认识的"消费者权利"不同，消费者主权不是法律制度上的观点，而是经济学上的观点。最早提出并系统阐述消费者主权理论的是 20 世纪著名的自由主义经济学家哈耶克（Friedich A. Von Hayek），他在《通往奴役之路》（1944 年）、《自由宪章》（1960 年）和《法律、立法与自由》（1973 年）等著作中，全面论证了消费者在决定商品生产的种类和数量上怎样起着"至高无上"的决定作用。[1] 也就是说，消费者是商品及服务的最终需求者，在自由主义经济体系内，如果提供消费者根本不需要的商品及服务，那么因为无处销售，企业就很难生存下去。于是，企业对消费者的需求就很敏感。在自由主义经济中，尽管说消费者是从企业供应的商品或服务中进行选择，但是消费者的选择的确具有操纵市场的能力，消费者具有操纵市场的最终决定权，自由主义经济就是消费者主权的经济。消费者主权是指消费者是经济系统的终点，同时又是使该系统启动的起点。

但是，第二次世界大战以后，随着垄断资本主义的发展，有人提出消费者主权已经由经营者主权所替代，认为经营者在市场运营中起主导和支配作用，即他们可以自行设计和制造产品，并控制生产的数量和产品的销售价格，运用广告、通讯和推销术劝说消费者按照经营者设定的消费计划和价格来购买其商品，从而使消费者不得不服从他们的意志。

实际上，在现代社会条件下，消费者和经营者常常是一种交互主权的关系，在实践上，不存在绝对的"主权"。在一定条件下，由于某些消费品的供小于求，经营者是可以享有所谓主权的，但由于经营模仿者的过多加入，导致新产品的供大于求，市场的主宰力很快便会由经营者转移于消费者，使"消费者主权"再度出现。而开发新技术、开拓新消费或在垄断条件下，经营者可能再度取得主权。所以，在经济学领域，简单地以消费者主权或经营者主权来概括整个社会经济是有失偏颇的。但应该说，以哈耶克的理论为代表的消费者主权思想的确立，是西方资产阶级市场经济学的一个重大成果。这一理论的直接后果是确立了消费者在市场经济中的真正地位。然而，现实的市场经济运营说明，虽然市场机制为消费者主权地位的确立创造了一定条件，但却不能保障消费者的权益不受侵害。这种情况发展到今天，由于市场多元化，竞争手段的层出不穷，消费者受到直接和间接损害的情况越来越严重，即使在市场经济比较完善的发达国家，消费者权

---

[1] 张严方：《消费者保护法研究》，法律出版社 2003 年版，第 19 页。

益受到侵害的现象也屡见不鲜。因此，世界各国消费者团体仍然把"消费者主权"作为一个理论原则或口号。

产生于经济学的"消费者主权"概念，在被引入消费者保护的法律体系过程中，其经济学方面的分析并非原原本本地被全部保留，而是留取了消费者主权的基本思想，并把它上升为基本理念，这一理念的基本含义是：任何生产者的决定乃至整个国民经济无非都是由消费者全体来引导，不考虑消费者意愿的生产者不但无法得到利润，还会遭到淘汰。[1] 这中间还隐含了一连串的价值判断：社会制度的最大目的在于使个人的自我实现得到最大满足，个人的自我实现又不能不通过消费；只有消费者最了解自己的需要；从而只有最能符合消费者大众利益需要的生产结构才是适当的，生产者的利润也才是正当的。

（二）可持续消费

随着当代高新科技和经济的迅猛发展、非可持续消费与生产模式的大面积蔓延，全球性的生态形势急剧恶化，生态破坏、资源枯竭、环境污染、物种灭绝等生态危机已成为笼罩在世界各国人们心头上的阴影，尤其是当生态环境的破坏已经转化为沉重的经济负担时，人们不得不对人类自己的行为乃至价值观念作出反思。[2] 人类已经清醒地认识到"环境危机"严重威胁着人类的生存，制约经济发展和影响社会稳定，认识到大多数资源的有限性，环境自净能力的有限性和生态系统负载能力的有限性，认识到环境危机对人类生存和发展的严峻挑战，并在全球范围内提倡和发动一场旨在变革人类现行消费方式和生产模式的可持续发展运动。

"可持续消费"概念的前身是联合国环境规划署于 1989 年实施的"清洁生产"计划，该计划针对的是产品的提供方，它在国际消费者联会关于可持续消费的讨论中起着关键性作用。1992 年在国际消费者联会全球峰会中可持续消费作为重要的挑战问题被提出。[3] 此次会议上由代表政府、消费者和厂商立场的专家分别阐述了各自的观点。与会代表认为，世界上最富有的人们过度消费和贫困人群的不足消费，导致了环境的恶化和低质量的生活。向可持续消费的转变不仅仅是因为人类环境所付出的代价引发的，它也是消费者所要求的。可持续消费就是多样性的消费，它更为有效，并出于经济的、节约的需要。在可持续消费的前

---

〔1〕　苏永钦："消费者保护法———一个新法域的诞生?"，载《政大法学评论》第 23 期。
〔2〕　陈泉生：《可持续发展与法律变革》，法律出版社 2000 年版，第 200 页。
〔3〕　"亚太地区可持续消费研讨会资料"，载中国消费者协会信息网：http://www. cca. org. cn/page/secondbrw. asp? 1mname = % u56FD% u9645% u4EA4% u6D4…2005 - 5 - 23.

提下，厂商提供服务以及相关的产品以满足消费者的基本需求，旨在提高生活质量，同时使自然资源和有毒材料的使用量最少，使服务或产品在使用过程中产生的废物和污染物最少，从而不危及后代需求。

根据联合国经社理事会第 1997/53 号决议，联合国秘书处经社事务部协同巴西圣保罗州政府环境秘书处，于 1998 年 1 月 28～30 日在巴西圣保罗召开了跨区域专家团体会议，讨论了消费者保护和可持续消费问题，并通过共同文件《消费者保护准则关于可持续消费的新建议》。该建议文件经过联合国经社理事会和国际消费者联会的努力和修订，扩充为《消费者保护和可持续消费准则（草案）》。因此，控制或限制环境危害性产品或物质的生产和使用，研制和发展这些物质的替代物和环境保护措施，支持环境健康性技术的具体研究和发展，已成为各国政府的当务之急。

可持续消费和可持续生产是可持续发展不可分割的两个方面，可持续消费的重点应放在产品的需求者——消费者一方。可持续消费行动的重点是激发消费者实施可持续消费的积极性，提高消费者的参与意识和警觉性，消费者观念的转变尤为重要，这也是消费者主权理念的具体体现。价值观念能影响人们的行为，而且能够决定社会发展的方向，因此需要自上而下地灌输可持续消费的观念。其次应改善政府的日常机制和加强法规建设，法律、法规、制度应该符合可持续消费的要求，必须大力加强法规建设，用具体的规章制度来保障可持续发展。

我国在进行消费者保护立法时，必须考虑可持续消费的法律重心与价值取向，可持续消费的法律救济和立法原则以及可持续消费的法制构建等。可持续消费的法律重心是保障环境权；[1] 可持续消费的价值取向是代内公平（intragenerational equity）和代际公平（intergenerational equity）；[2] 可持续消费的法律救济是利益的平衡，它包括行政控制、民事救济和刑事处罚；可持续消费的立法原则是预防为主、防治结合和综合治理。可持续消费对我国的消费者保护的要求是将可持续消费作为我国消费者保护立法的基本理念，并具体体现在产品标准的设定、产品的评估检测、再修理、再循环和废料的排除，禁止或严格限制环境性危害物质，扩充产品责任、法律救济和环境健康性措施，研究和制定与环境健康性技术相关的产业结构和产业政策等。

三、消费者保护的基本原则

消费者保护的基本原则是指对消费者保护立法具有指导意义并贯穿于消费者

---

〔1〕 陈泉生：《可持续发展与法律变革》，法律出版社 2000 年版，第 195 页。

〔2〕 王曦：“论国际环境法的可持续发展原则”，载《法学评论》1998 年第 3 期。

保护各项法律制度当中的根本性准则。消费者保护的基本原则不仅应体现于《消费者权益保护法》这一集中保护消费者利益的基本法律之中，还应当体现在与消费者利益密切相关的各种法律、法规、制度当中。例如，《合同法》关于格式合同条款的法律规定应当特别考虑到对消费者保护的需求性；侵权法在产品责任方面应有针对消费者保护的特别制度；产品标准的制定应当有利于消费者的健康和安全，而不是将就企业现有的产品质量和生产水平等。明确消费者保护的基本原则，有利于消费者保护法律体系的建立和完善，有利于消费者保护的立法、执法和司法水平的提高。根据建立和完善我国消费者保护法律体系的需要，我国消费者保护的基本原则应当包括：

（一）对消费者权益特殊保护的原则

对消费者权益给予特殊保护是由于消费者利益的特殊性所要求的。消费者购买商品或服务是以满足其个人或家庭的生活需要为目的，因此，其在消费过程中涉及的利益既有经济利益，又有生存、生命安全与健康等利益。生命权、安全权、健康权等是人类最基本的生存利益，是最基本的人权，全社会均应给予高度重视。而经营者所关心的则是经济利益，尽管经济利益与经营者的生活质量有密切联系，但是，在其经济利益不能满足的情况下，经营者及其成员的生存利益只是间接地受到影响，且这种影响还可能通过劳动保险、社会救济等途径得到缓解，与消费者所面临的问题有本质的不同。正是由于经营者与消费者利益形态的差异，必然要求对消费者予以特殊的保护。

从消费者经济利益上来说，虽然消费者与经营者从事交易，在法律地位上是平等的，但这种平等只是一种形式上的平等，并不代表实质上的平等。消费者为满足自己的生活消费需要去购买经营者生产的商品或提供的服务，然而商品或服务的信息偏于经营者一方，消费者不仅对商品或服务的了解、选择、判断需要依赖于经营者，而且关于商品的正确使用也要依赖于经营者。消费者实现消费目的大多是以消费合同或格式合同的形式实现，合同条件一般均由经营者事先拟好，消费者要么全盘接受、要么全盘拒绝，从而使消费者失去了自由选择经营者并与其讨价还价的优势。由于消费者是单个的个人，而经营者往往拥有庞大的组织机构和雄厚的经济实力，聚集着各种专门人才，消费者在与经营者的交易中总是处于劣势地位，因而消费者的利益极易受到来自经营者的侵害，所以需要对消费者给予特殊保护。

正是基于上述原因，许多国家都通过立法从涉及消费者利益的各个方面对消费者予以倾斜，对经营者予以严格要求和限制。

（二）国家干预与社会监督的原则

消费者权益受到损害，其本身不是一个个人问题，而是市场经济体系的内在问题，必须以国家和社会力量来解决。市场经济体系中对消费者造成危害的事实主要可归结为三个方面：①劣质商品；②虚假广告及不合理的销售方法造成消费者的信息错误；③市场垄断价格的形成。这三个目前严重困扰中国消费者的问题，从19世纪中后期开始，也曾严重困扰过西方资本主义各国。19世纪中叶英国劳动者在以增加工资为目的的劳动运动过程中发现，虽然增加了工资，但生活仍不安定，这是因为消费方面也存在问题。消费者开始意识到，要保证安定的生活，必须消灭劣质商品，必须对生活物资的生产、销售进行监控。在美国，消费者联盟（Consumers Union，简称CU）意识到消费者受害是由于消费者信息不足导致选择失误造成的，于1936年创办了《消费者简报》（Consumers Reports），自发开展运动，自己收集信息，并制作、提供信息材料。[1] 19世纪末，资本主义经济不发达的美国，因为实行贸易保护政策，在封闭的市场经济中产生了托拉斯，他们抬高物价，使农民、消费者等深受其害，从而导致消费者掀起了反托拉斯运动。[2] 二战以后，人民的生活趋于安定，产品供应充足，生活水平不断提高，但劣质商品仍不绝迹，各种困扰消费者的问题仍得不到解决。人们逐渐认识到，其主要原因在于社会结构本身，有关消费者的问题必须以社会的力量来解决。消费者作为个体社会成员，其经济力量及掌握各种信息的能力都非常有限，因而无力与经营者抗衡，这就需要国家与社会站在消费者一方，对涉及消费者利益的各个领域进行适当干预，在消费者利益受到侵害的情况下，对消费者提供各种帮助。

保护人民生命财产安全，维护社会正义是国家的基本职责，对消费者给予各种帮助，国家更是责无旁贷。具体言之，包括以下几个方面：①国家应设立专门的消费者保护机构（我国目前仍缺乏这样的主管部门）；②要通过政府的力量，加强消费者教育，培养消费者的权利意识，提高消费者的自我保护能力。国家不仅要通过立法加强对消费者的保护，而且要通过执法和司法活动，使消费者的权益得到切实的保障。

同时，保护消费者的合法权益也是全社会的职责，各种社会组织，特别是以保护消费者权益为目的的消费者组织和各种社会中介组织，应当明确地站在消费

---

〔1〕 张严方：《消费者保护法研究》，法律出版社2003年版，第38页。

〔2〕 ［日］铃木深雪：《消费生活论——消费者政策》（修订版），张倩等译，中国社会科学出版社2004年版，第6~7页。

者的立场上，对与消费者利益有关的企业活动和社会经济活动进行社会监督。大众传媒在实现社会监督和消费者教育方面也起着重要作用，负有特别重要的职责，报刊、广播、电视应当对侵害消费者权益的行为进行及时的揭露、曝光，使其受到社会的普遍谴责。同时，要通过各种宣传媒介宣传法律和消费知识，提高消费者的自我保护能力，促进经营者的产品质量意识和诚信意识。

■ 第二节 消费者权益保护法律体系

一、消费者权益保护法与消费者权益保护法律体系

（一）消费者权益保护法

消费者权益保护法本身系法学上的一种新分类，其界限与范围如何，尚无定论。广义的消费者权益保护法是指所有直接或间接保护到消费者或者消费者可以援以自保的法律规范的总和。目前国外关于研究消费者权益保护的教材或论著一般均是从这个意义上加以考察和论述。狭义的消费者权益保护法，是指国家有关消费者权益保护的专门立法。具体讲，即是被冠以"××国消费者保护法"字样的法律规范。如《英国消费者保护法》（U. K. Consumer Protection Act，1987年），日本《消费者保护基本法》、西班牙《消费者和使用者利益保护法》（1984年），中国《消费者权益保护法》（1993年）。如无特别指明，本文均在广义上使用消费者权益保护法的概念。概括而言，消费者权益保护法具有以下基本特征：

（1）保护对象具有特定性，即以消费者权益作为其保护对象。

（2）调整方式具有不对称性，即对弱者一方的消费者予以倾斜保护，对强者一方的经营者予以适当限制。

（3）法律关系具有社会性。消费法律关系并不是一种单纯的私法关系，消费者权益保护法保护的是作为消费者的全体公民的权利与利益，这些权利与利益看似一种"私人权利"或"私人利益"，实际上从消费者权利、利益的整体来看，已经变成一种"社会权利"，而不是单纯的"私人权利"，是"公共利益"而不是单纯的"私人利益"了。

（4）法律规范具有半强制性。即一方面表现在它对以私法自治为主干的私法体系的批判，另一方面表现在它不能完全放弃市场经济个体自主性的要求。因此和劳工法、社会保险法类似，消费者保护法也具有半强制法的特性。

（5）法律效力具有复合性或综合性。消费者保护的法律法规极为广泛，在构成上十分复杂，不受民事、行政、刑事实体及程序固有分类的拘束，往往视时空环境的不同需要而采取各种制裁或保护方法。以达到保护消费者的目的。因此，在效力上呈现复合法域或综合法域的现象。

（二）消费者权益保护法律体系

法律体系，也称部门法体系，即把一国现行法律规范分为不同的法律部门，由这些法律部门组成的有机联系的整体。换言之，法律体系亦指法的渊源和法律规范内容体系，即某一法律部门的立法在渊源上由哪些法律文件及其内容所构成。法律体系的主要特征包括：[1]

（1）法律体系是一国国内法构成的体系，不包括国际法。

（2）它是现行法构成的体系，不包括历史上的法或已失效的法。

（3）构成法律体系的单位是法律部门，其中每一个基本的法律部门之下还包括若干层次的子部门，但法律部门又是由若干相关的法律规范构成的。因此，法律规范是法律体系构成的最基本单位。

（4）法律体系不同于立法体系。立法体系是一国的各种规范性文件构成的统一整体，故又称"规范性文件体系"，其构成单位是规范性文件。

消费者保护法律体系是指涉及消费者保护的各种法律规范所组成的有机整体。如消费者保护基本法和其他专门的消费者保护单行法律和法规，以及其他法律和法规中的有关消费者保护的法律规范共同组成的有机整体。作为其组成部分的各种法律规范都具有相同的功能，即具有保护消费者利益的特定法律功能，基于此，才有这些调整不同性质社会关系的法律规范集合起来，构成法律体系中的一个类别——消费者保护法律体系。它包括民法、经济法、刑法、行政法以及程序法等诸多领域，涉及的内容极为广泛。组成消费者保护法律体系的各部分之间必须按照系统学的原理，遵循整体性、互相联系性、有序性和动态性原则建立起来，使其成为一个由法律渊源体系、法律规范体系和实施体系所构成的互相联系的、有序的、动态的有机整体，其总体功能大于部分功能的简单相加。我国关于消费者保护的立法，经过十几年的努力，虽然已形成了一个初步的框架，但按照系统学中的整体性原则考察，并未形成一个完整的体系，在许多环节上仍存在法律的空白，如规范市场交易行为的消费者合同法、监督和管理行业自律规则的法律、有效解决消费争议的程序性规则等。从相互联系性原则考察，各部分之间的存在仿佛是孤立的，缺乏在法律功能和目的上的明确的和共同的联系；从有序性

---

〔1〕　陈光中主编：《法学概论》，中国政法大学出版社 2002 年版，第 6 页。

原则考察，各部分之间的联系还显得杂乱无章，并未形成一个有序的必然联系的结构；从动态性原则考察，各要素之间并未得到有效的并适应客观需要的优化。抛开系统学的理论，就法律本身而言，在立法技术上、在具体制度的设计上过于粗糙，还存在许多无法适应和满足客观需要的地方。因此，如果说我们已经初步建立了消费者保护法律体系的话，那也是内容简陋、残缺不全的体系。

二、现行立法概况及存在的问题

《中华人民共和国消费者权益保护法》于 1993 年 10 月 31 日获得通过，1994年 1 月 1 日正式实施，标志着中国消费者保护的法律制度进入了一个历史性阶段，以《消费者权益保护法》为中心的消费者保护法律体系初步形成。

目前，中国关于消费者保护的立法主要包括：

（1）《民法通则》第 122 条对产品质量不合格造成他人财产、人身损害的，从"无过错责任"角度规定了产品的制造者、销售者应当依法承担民事责任。该条款是一个纲要性规定。

（2）1999 年《合同法》及其解释对有消费者合同性质的买卖合同、借款合同、租赁合同、融资租赁合同、客运合同等作了规定。但这些合同的规定与消费者合同的差别也比较明显，不能适应日益高涨的消费者保护运动的实践需要。

（3）1993 年 2 月 22 日颁布的《中华人民共和国产品质量法》（2000 年 7 月8 日修订，同年 9 月 1 日起施行），是关于产品质量的基本法律，旨在加强对产品质量的监督管理，提高产品质量水平，明确产品质量责任，保护消费者的合法权益，维护社会经济秩序。在实施初期，该法发挥了依法规范产品质量、追究产品质量责任的重要作用。修改后的《产品质量法》对政府在产品质量的监督管理方面作了较为全面、具体的规定。强化了产品质量行政监督部门的职权和制度建设，增加了关于产品质量检验、认证机构的规定。并较为全面地规定了对产品质量负有义务的市场主体及行使管理监督职责的地方政府、行政监督部门违反该法时所应承担的法律责任，以及与产品质量有关的其他社会组织的法律责任。但对于产品责任的规定仅有一条。2006 年 4 月 29 日通过的《农产品质量安全法》作为产品质量法的下位法，设立了一系列的监管制度，进一步加强了对产品质量的法律监管。

（4）1993 年 10 月 31 日《中华人民共和国消费者权益保护法》颁布，共 11章 55 条，该法的主要内容包括：立法目的、适用范围以及应当遵循的原则；消费者的权利；经营者的义务；国家对消费者权益的保护；消费者组织的名称、性质及其职责；消费者与经营者发生争议的解决途径和具体办法；违反《消费者权益保护法》应承担的责任等。

（5）对产品质量进行监督管理的行政立法数量繁多，主要包括：《食品卫生法》、《价格法》、《广告法》、《反不正当竞争法》、《药品管理法》、《进出口商品检验法》、《商品质量监督管理办法》等。

（6）标准化法及计量法领域中关于消费者权益保护的法律法规数量也较多。主要有：《标准化法》、《计量法》及其实施细则、《企业标准化管理办法》、《采用国际标准管理办法》、《计量基准管理办法》、《计量器具新产品管理办法》、《进口计量器具管理办法》等。

毫无疑问，中国消费者权益保护法律制度正处在初创阶段，虽然取得了阶段性成果，但与发达国家相比，我国消费者权益保护法律制度还是相对落后的，主要表现在：

（1）产品责任立法过于粗陋，缺乏惩罚性赔偿制度和相关的配套法规。产品责任制度是国际上通行的因产品缺陷导致消费者人身和财产损害的救济制度。我国的产品责任及其相关制度尚未得到完善，产品安全伤亡事故频繁发生，消费者的财产和精神损失得不到应有的救济。

（2）缺乏消费者合同的专门立法，如无店铺销售、强制缔约、消费信用合同、分期付款销售合同、信用卡合同等。欧美等发达国家早就制定了消费者合同法，日本也于2000年5月12日制定了消费者合同法，我国台湾地区1994年1月11日通过的"台湾消费者保护法"中也规定了定型化契约、特种买卖。然而，中国大陆的《民法通则》、《合同法》、《消费者权益保护法》都没有规定消费者合同，因此应尽快制定相关法律，规定合同生效要件、双方当事人的权利和义务、违约责任、反悔权等。

（3）消费者行政保护制度不完善，法律、法规不健全，缺乏统一的主管机构，行政管理组织体系尚未健全，职责不清，造成多头执法、互相推诿，企业的违法违规行为得不到应有查处。

（4）刑法对消费者的保护功能没有得到重视和发挥。

（5）消费者纠纷解决机制缺乏，还没有专门适合于消费者的简便易行、迅速、经济的各种纠纷解决程序，如消费者仲裁、小额法庭、集团诉讼、团体诉讼、公益诉讼等。

三、未来消费者权益保护法律体系的内容

消费者权益保护所牵涉的法律极为广泛，不论程序法规还是实体法规均有待整理、分类，使之体系化、完备化。从目前各国消费者保护法律体系的建立来看

主要有两种不同的模式[1]:

第一种是在"消费者基本政策法"的统帅下,分别制定不同的单项法律,由各个单行法从不同方面分别承担保护消费者的具体任务。日本是这种模式的典型代表。这种模式下的《消费者保护法》实际上是国家消费者政策的"宪法性"文件,属于纲领性或政策指导性的法律。它不直接规定消费者的权利和经营者的义务,没有规定经营者违反法律应处以的罚则,甚至连实现政策的具体措施都没有。它只规定出国家的任务、政府和企业的责任以及对消费者的作用。它的目的就是指明目标,指明实现目标的方向和途径。

第二种是"一般法律模式"。这种模式下的消费者权益保护法是一部具体的法律规范,它直接规定消费者的权利和经营者义务以及经营者违反义务应承担的法律责任。这种法律具有一般法律的权利义务特征,没有指导其他单行的保护消费者的法律、法规的作用,它只是消费者权益保护法律体系中的主要法律和核心法律,它和这些单行的法律、法规互相补充互相完善,一起构成一个完整保护体系。我国大陆和台湾地区采用的都是这种模式。

两种模式各有优劣,但都是在其已建立起来的现有法律体系的基础上,根据现实的立法需要进行权衡,并考虑一国的法律文化、法律习惯而形成的。其实在消费者权益保护问题上,采用哪一种模式并不会直接影响消费者权益保护的立法效果,最重要的是要在统一的理念和原则之下,运用一切可运用的立法手段和立法资源,建立起一个层次分明、结构合理、相互联系、相互补充、相互协调、相互完善的法律体系。一般法律模式的优点在于:居于中心地位的龙头法——消费者权益保护法,实际上可以起到集中保护和兜底保护的双重作用。一方面,它可以通过一部单独的消费者权益保护法强调"消费者权益保护观念",通过明确规定立法理念、立法宗旨、立法原则、消费者与经营者的相互地位、具体的权利义务、法律责任、裁判规则等,强调对消费者的特别保护。另一方面,可以对在其他单行法律、法规中无法涵盖的专门针对消费者的特殊问题进行规定,例如消费者合同(包括消费者合同的订立、合同条款、冷却期制度以及分期付款买卖、无店铺销售、信用卡交易等)、产品和服务责任、消费咨讯、消费者组织、消费者仲裁诉讼、消费者行政保护等,凡在其他单行法中一时难以覆盖全面,而消费者权益保护的现实又必须加以规范的,均可放入消费者权益保护龙头法中加以规定。当然,也有人认为,这种模式容易造成法律的相互冲突和重复立法。对此,本文认为,没有哪种模式可以完全避免法律的冲突和一定程度上的重复立法,人

---

〔1〕 张严方:《消费者保护法研究》,法律出版社 2003 年版,第 157 页。

类的头脑和立法水平还没有达到那样的高度，解决此类问题主要还是要依靠立法技术的提高。总之，一般法律模式对于大多数国家，尤其是法律制度尚不完备的发展中国家来说是最为适合的一种模式，是适应其经济、法律的发展水平和需求的。我们应当致力于在现有模式下，以最务实的方式尽快完善消费者权益保护法律体系。

从消费者问题的全面处理来设计，未来中国消费者保护法律体系至少应当包括以下几个方面的内容：

（1）确保消费安全的法律规范。包括产品和服务责任的法律规定，安全标准与安全规格的国家标准、行业标准或协会标准的制定，确保产品符合安全标准所需的抽测、检查的法律法规，以及防止危害发生的行政法律措施等。

（2）确保公平自由竞争的法律规范。包括对垄断状态和不正当竞争状态进行规制的法律规范，以及主管此类问题的政府职能部门的组织法规范等。

（3）确保消费咨讯真实的法律规范。包括对广告、标识的规范，以及企业、行政部门、消费者团体提供可靠信息的法律规范。

（4）确保公平合理的交易关系的法律规范。主要包括对消费者合同的订立、生效、合同内容、解除条件等问题的法律规制。

（5）减少环境污染的法律规范。主要包括污水的排放、垃圾的收集、处理等方面的规范，以及消费者选择无污染商品或服务，实施绿色消费的义务的规定。

（6）确保价格公正合理的法律规范。主要包括合理的定价制度和税收制度。

（7）确保公平的信贷权和破产资格的法律规范。上述各类规范往往都需要同时涉及多个法律部门和多种调整手段。例如，确保消费信息真实的法律规范起码涉及民法、经济法、刑法、行政法四大法律领域，民法规范欺诈行为及其民事责任；经济法通过综合手段规范广告等行为，规定具体的义务与责任；刑法对虚假广告行为严重侵害到公共利益的进行刑事制裁；行政法侧重于对广告行为的行政管理和行政处罚。其规范的角度和侧重点各有不同，从而形成全方位的保护态势。

从不同法律功能和救济手段来设计，消费者保护法律体系应当由以下几个部分构成：

（1）民法规范。民法规范对消费者的保护主要体现在合同法和侵权法及其关联法规当中。注重交易规则的建立和违约责任、侵权责任等民事救济手段的运用。

（2）经济法规范。经济法规范对消费者的保护主要体现在消费者权益保护法、竞争法、产品质量法、广告法、价格法、计量法及其关联法规中。它以追究实质公平为明确目标，从社会性角度将消费者视为弱势群体，运用综合调整手段进行特殊保护。

（3）行政法规范。主要通过行政组织类立法确立消费者行政主管部门及其职能，使其能够依法有效地加强对企业的规制和对消费者的支援和救济。

（4）刑法规范。主要体现在对某些社会危害性较大的严重侵害消费者权益行为的规范上。它以刑罚为手段，既有对消费者经济利益的保护，也有对消费者人身伤害的救济，同时具有预防犯罪的作用。

（5）程序法规范。通过对消费者保护具有独特价值的争议解决方式的特别设计，从程序正义、方便纠纷解决的原则出发，多途径实现对消费者利益的保护。

■ 第三节　消费者权益保护法律机制

一、民法保护

（一）合同法提供公平交易的基本行为准则和救济方法

当今人类社会的发展已截然不同于早期的人类社会，生产与交换在不断地和加速地把人们变成整个社会运行系统中的一个个紧密结合的分子。任何人在现代社会要生存下来，都不得不与他人以合同的形式进行交易。现代人即消费者的一生就是在不断订立合同并通过合同的履行来获得生活所需的产品和服务的过程中度过的。合同法的基本目标就是使人们能够实现其私人的目的。社会的一个基本内容就是其公民（消费者）拥有达成自愿协议以实现其私人目标的权利。

合同法作为调整平等民事主体之间交易关系的法律，主要规范合同的订立、合同的效力及合同的履行、变更、解除、保全和违反合同的责任等问题。合同法所规范的这些问题与消费者保护的关系极为密切。消费者依法所享有的公平交易权、知情权、选择权等，除行政法、经济法等从各自的角度保护外，主要由合同法保护。尤其是在合同的订立方面，为谋求消费者合同缔结过程及内容的公正化，消费者合同特有规则的确定具有重要意义。有关此种规则已经在欧美各先进国家得以确立，主要体现在对格式合同、无店铺销售（包括邮购、访问销售、电话购物、电视购物、电子商务等）的法律控制，及建立强制缔约制度、冷却期制度等方面。

（二）侵权行为法对产品和服务造成的损害提供救济

侵权行为法是一门制裁侵权行为，并对受害人予以补救的法律，它是民法的重要组成部分。民法是权利之法，是以权利为中心而展开的规则体系。除总则部分外，这些规则可以分为确认权利的规则和保护权利的规则两大类。保护权利的规则集中体现在侵权行为法之中。在现代社会中，侵权行为法的保护范围及其功能出现了一种日益扩张与多样化的趋势，侵权法不仅具有补救的功能，而且具有权利生成的功能。因此，侵权行为法对于法律所确认与保护的权利目标的实现至关重要。在消费者依法所享有的权益中，消费者的安全权、求偿权、受尊重权即属于侵权行为法所保护的人身权益和财产权益的范畴。如何使古老的侵权行为法不断适应和满足现代社会对于消费者保护这一社会目标的法律需求，已经成为其在当代发展的一个重要价值追求，并取得了重大成功。尤其是产品责任的确立，无过失责任、惩罚性赔偿、精神损害赔偿及其相关配套制度的适用，使得消费者的损害能够得到较充分的救济。其在产品责任、生产者责任的延伸（售后警告、产品召回）服务责任、专家责任、欺诈、虚假陈述的侵权责任等方面的发展动态也预示着其今后发展方向。

现代法治的观念是与权利联系在一起的，从权利救济的角度看，无救济则无权利，通过侵权行为法为消费者提供救济，是保护与确认消费者权利的一种重要手段。侵权行为法的扩张已将权利的保护范围扩展到宪法及其他法律所确认的个人享有的多种经济文化权利，如劳动权、消费者的权利、环境权、自由权、受教育权、休息权等，当社会中个人的权利受到侵害时，受害人均可借助侵权行为法获得救济。正如彼得·斯坦所言："权利的存在和得到保护的程度，只有诉诸于民法和刑法的一般规则才能得到保障。"[1] 侵权行为法保护民事主体各项权利的功能集中体现了法律的基本价值。随着科学技术、信息、网络、贸易的高度发达，21 世纪是一个消费者权利越来越受到尊重的世纪，同时也是消费者的权利更容易受到侵害的世纪，专为救济各种权利而存在的侵权行为法在消费者保护领域中的地位与作用也必将变得越来越重要。

二、经济法保护

经济法是国家管理经济的工具，是处理政府与市场关系的最有效手段。经济法对经济关系调整的直接性和独特的价值理念，使得它在处理市场经济发展中出现的各种问题时有着其他部门法无法超越的作用。经济法中的多数部门法都与消

---

〔1〕 ［美］彼得·斯坦等：《西方社会的法律价值》，王献平译，中国人民公安大学出版社 1990 年版，第41 页。

费者权益保护关系密切，如竞争法、产品质量法、食品卫生法、药品管理法、广告法、标识法、价格法等。此外，金融法、电信法、保险法、破产法、房地产法、旅游法、交通运输法、税法等也都涉及消费者利益。

（一）竞争法对消费者的直接与间接保护

1. 以消费者保护为终极目标。竞争法从诞生至今，其利益保护中心经历了两次历史变迁。在竞争法诞生初期，即资本主义从自由竞争阶段发展到垄断阶段，竞争法主要是以反垄断为主，强调契约自由是交易的完美形式，交易以意思自治为前提，是一种纯私法行为。因而，竞争法并不需要给消费者以特别的保护，尤其是反不正当竞争法只着眼于竞争者个体利益的保护，是为保护诚实商人而设计的。1929~1933 年的经济危机让西方国家重新对契约自由和自由主义经济理论进行反思，经济的停滞和社会矛盾的激化使他们意识到，个体经济利益与社会整体经济利益的矛盾必须协调，盲目地放纵私人对经济利益的追逐最终将损害社会整体的经济利益和社会安全。以凯恩斯为代表的国家干预主义经济理论的盛行使竞争法关注的重点开始集中在维护竞争和社会公共秩序方面。

20 世纪 60 年代开始，一场波及世界的消费者运动蓬勃兴起，在消费者保护运动的推动下，竞争法日益强化其社会功能，越来越关注对消费者权益的保护，"保护消费者绝非一个附带的目的或者是间接的功能，而被视为同等重要。"[1]各国竞争法开始把保护消费者利益明确写进法律当中。

在竞争法立法目的变迁的同时，一些国家开始以消费者利益为中心，对竞争与消费者立法进行整合，在反垄断法和反不正当竞争法中，把保护消费者作为直接的和终极的目的，而非附带性的，消费者立法与竞争立法有日渐融和、走向统一的趋向。在国际消费者运动的推定下，各国竞争法的发展相当迅速，其理论基础也在不断进行着调整，现代竞争法已朝着一般性市场管理法方向发展，其管理对象为市场行为，而旧式的竞争关系的立足点已被抛弃。以消费者保护为目的的市场立法，在保护消费者的同时，也保护了市场竞争。[2]

从比较法的角度看，随着消费者地位的不断攀升，各国的立法和司法实践从20 世纪七八十年代开始，对"竞争关系"的理解逐步广义化。反不正当竞争法冲破传统的竞争关系的束缚，逐渐向市场管理法方向转变。也正是由于这种转变使反不正当竞争法有可能丧失独立地位，竞争关系已不再是要考虑的唯一因素，在消费者利益和公共利益的冲击下，是否存在竞争关系已无关紧要，对于一些不

---

〔1〕　谢晓尧："论竞争法与消费者权益保护法的关系"，载《广东社会科学》2002 年第 5 期。
〔2〕　谢晓尧："论竞争法与消费者权益保护法的关系"，载《广东社会科学》2002 年第 5 期。

是针对竞争对手的行为，只要它侵害了消费者的利益，破坏了公平竞争秩序，也必须禁止。不管是国内立法还是国际立法，都是以是否违反诚实信用的市场规则作为评判不正当竞争的标准。

不可否认，竞争法与消费者保护关系密切。通过竞争机制，可以使消费者享受到高质量低价格的产品和优质的服务。反垄断法的任务就是要求这些企业的产品和服务的价格保持在与市场竞争条件相适应的水平，目的是维护消费者的权益。竞争法中的消费者的权益主要是指消费者选择商品和自主交易的权利。限制竞争实际上就是限制了消费者选择商品的权利。如果除垄断者的产品外，还存在消费者比较满意的替代品，有足够多的厂商相互竞争，不同品牌相互之间替代性强，消费者可以在很多有差异的竞争性产品中挑选。消费者可能会选择替代品的行为对垄断者形成有力的制约，抵制滥用垄断势力。所以，"竞争法中的任何规定都是消费者权益保护法"，[1] 从许多国家的竞争法执法机构同时又是消费者权益保护主管机构来看也能证明这一点。例如，美国的联邦贸易委员会既主管不正当和欺诈性交易行为，又主管消费者保护事务。因此，将保护消费者作为竞争法的终极目标是市场经济发展的必然要求。

2. 竞争法对消费者的直接保护。竞争法对消费者的保护以维护竞争的间接保护方式为主，同时也具有直接保护的内容。尤其是消费者利益被看做一国特定时期的重大社会利益以后，对消费者的直接保护措施便更加显现出来。在竞争法中对消费者的直接保护主要体现在以下几个方面：

（1）在立法目的上，直接表明保护消费者的立法用意。

（2）在调整对象上，直接规制侵害消费者权益的市场行为。竞争法除了对具有竞争关系的经营者之间的限制竞争行为、反竞争行为和不正当竞争行为作为调整对象加以规制以外，对非针对特定竞争者，而是针对消费者的那些不诚实的市场行为同样作为调整对象加以规制，这是竞争法近年来的一个发展趋势。

（3）在竞争法的实施途径方面规定了消费者诉权。为了保护消费者，许多国家扩张了竞争法的救济机制，赋予了更多的利害关系人以诉权。直接受害人、同类竞争者、工商利益促进团体、消费者组织都可以提起请求颁布禁止令的诉讼。

（4）在救济制度上规定了惩罚性赔偿制度。一些国家对不正当竞争行为规定法院可以按商业盈利的 3 倍判违法者承担惩罚性赔偿金。

（5）针对已经发生的欺诈性广告等，实行"禁止令"制度，禁止其发布并

---

〔1〕 王晓晔："有效竞争——我国竞争法的目标模式"，载《法学家》1998 年第 2 期。

要求其发布纠正或者更正广告，通过公开消除广告的影响来还原信息应有的状态。"禁止令"制度，被视为反不正当竞争法的"核心"[1]保护制度。

　（6）扩大责任主体。当行业协会、消费者组织、新闻媒体、主管部门等非经营性主体从事不实的评优、评比、排序等行为时，必须承担相应的责任。

　3. 竞争法对消费者的间接保护。消费者在市场交易中的权利集中体现为自由选择权和公平交易权。在竞争法中，这两方面的权利主要是通过以下两方面的途径来实现的：①用反垄断法维护自由竞争；②用反不正当竞争法维护公平竞争。竞争法在实现公平自由的竞争秩序这一目的的同时，实现了对消费者的间接保护。

（二）产品质量规制制度对消费者健康与安全的保护

　产品质量的好坏直接关系到消费者的健康和安全，产品质量水平也制约着一国的经济发展以及产品的国际竞争力。因此，各国普遍重视有关产品质量的立法，围绕安全标准和安全规格等问题建立严格的产品质量管理规范体系，以保护消费者的利益，提高消费生活品质。

　我国产品质量管理的法律规范体系，是以《产品质量法》为核心，包括《农产品质量安全法》、《食品卫生法》、《药品管理法》、《标准化法》、《计量法》等特别法，及《民法通则》、《消费者权益保护法》等法律法规中的法律规范共同组成。产品质量管理的法律规范体系又是消费者权益保护法律体系中的重要组成部分，担当着保护消费者健康与安全的法律职能。这些职能包括：

　（1）提供商品与服务的安全标准与安全规格，提高安全标准水平。

　（2）建立有效的产品质量安全管理与检测制度，保障产品质量安全标准的执行。

　（3）围绕产品质量的国家监控，规定产品质量责任，对违法者实施制裁，对消费者进行救济。

（三）广告与标识法律制度对消费信息提供的法律规制

　现代社会人们接受消费信息的途径主要依赖于广告和标识（包括网上信息提供）。商品标识是指厂商在商品本身、内外包装、说明书上，就商品名称、商标、产地、生产商、供应商、产品内容、使用方法或其他有关事项所作的表示。广告是指通过一定媒介和形式直接或间接地介绍自己所生产的商品或者提供的服务的行为。为保护消费者，使其获得正确咨讯并作出合理选择，各国均通过广告法、标识法等相关立法对信息的提供进行规制，防止欺诈的发生。

_____

〔1〕　邵建东：《德国反不正当竞争法研究》，中国人民大学出版社2001年版，第351页。

1. 对标识的规制。标识（标签）的种类一般包括商标、原产地标记、产品和服务质量的认证、价格、说明书等。标识的内容一般包括：商品名称、区别标志、专利标记、商品来源、安全标准、数量、质量、原料、配方、成分、使用方法、保质期、交易条件、对环境的影响等内容。规范这些内容的法律规范通常称为"标识法"，通常体现于《商标法》、《专利法》、《计量法》、《产品质量法》、《食品卫生法》、《药品管理法》、《农业转基因生物安全管理条例》、《消费者权益保护法》、《反不正当竞争法》等法律中关于规范标识的规定及违反标识规定的法律责任的相关条款中。

2. 对广告的规制。西方发达国家对广告的规制方式主要包括法律调整、行政规制和行业自律。在法律调整方面，各国普遍颁布了相关法律、规章，规制的重点是广告的真实性，以保护消费者的知情权和选择权。我国对广告的法律规制主要依靠《广告法》，在《反不正当竞争法》、《药品法》等特别法中也有对虚假广告、夸大广告的法律规制。

与发达国家相比，我国的广告法还处于起步阶段，在以下方面还有待于进一步完善：

（1）在广告管理和审查方式上应多样化。我国的广告管理比较单一，即只实行国家管理，西方国家除了国家管理外，广告业的自律和消费者组织的社会监督也比较严密和完善。这些都是值得我们学习和借鉴的。

（2）加强特殊领域的广告管理和限制，如医药广告、网络广告等，防止在这些方面的虚假、不实信息对消费者造成误导和干扰。

（四）价格规制制度对消费者利益的保护

在消费交易中，价格是与消费者利益密切相关的因素。价格是否合理，直接影响到消费交易本身是否公平合理。市场主体的价格行为是否规范和合法，能够直接影响市场经济秩序和国民经济的发展。正因为如此，一切市场经济国家都用多种法律如竞争法（包括反不正当竞争法和反垄断法）、价格法和其他各类市场管理法来规范和制约市场主体的价格行为。

在市场经济条件下，商品或服务的价格主要是由经营者根据市场竞争的情况自主确定的，一般而言，在竞争比较充分的情况下，商品或服务的价格会随着供求状况，自动趋向于合理的水平。通过市场竞争而形成的价格水平，总体而言，对消费者是比较有利的。竞争总是导致商品和服务的种类增加、质量提高，而价格水平确是不断下降的，消费者能够以比较低的价格获得质量更高的商品和服务。因此，维护充分的市场竞争和市场的价格自动调节机制，从总体上讲，与消费者利益保护的要求是一致的。

价格规制制度的主要内容包括以下几个方面：

（1）限制经营者的价格垄断行为，防止市场主体通过相互串通或者滥用市场支配地位，操纵市场价格。价格垄断行为主要表现为"固定价格"，又称"价格协议"或"价格卡特尔"，是指相互间具有直接或间接竞争关系的竞争主体为避免价格竞争，进而控制市场价格而实施的串通报价或强迫定价行为。我国2007年8月颁布的《反垄断法》第13、14条也规定了禁止具有竞争关系的经营者达成固定或者变更商品价格的协议；禁止经营者与交易相对人达成固定或限制商品转售价格的协议。

（2）重点规制价格表示与价格欺诈行为，做到明码标价，防止经营者利用虚假的或者使人误解的标价形式或者价格手段，欺骗、诱导消费者。

（3）制止利用价格牟取暴利的行为。对与国民经济和社会发展有重大影响的，和与人民生活有密切关系的商品和服务，其价格和收费标准应保持在一个合理幅度。

三、行政法保护

（一）消费者行政保护的基本理念与目标

实现公共福利是国家的理念及目标，当然也应当是所有政府行政部门的共同理念及目标。消费者行政保护也具有同样的理念与目标，在防止消费者受害方面，行政保护担负着谋求实现公共福利的重任。所以，消费者行政保护的基本理念是以确保消费者与企业之间的真正平等意义上的"社会法"[1]的理念为基础的。为实现这一基本理念和目标，应做到以下两个方面：

1. 消费者行政保护要从消费者的角度考察消费生活的真实情况和受害事实，谋求解决问题的方法。如果消费者行政保护不能从消费者的角度考察问题，就不能真正发挥行政的作用。行政负责人及国家公务员虽然也是消费者的一员，但是从消费者角度出发做行政工作，在现实中却并非容易。要想真正做到从消费者的角度解决问题还需要这方面制度的长期建设。只有真正认真听取或征求消费者的意见，才能达到实现公共福利的目标。

2. 消费者行政保护要以防止消费者受害为具体工作目标。消费者行政保护的任务应当是使消费者受害问题不发生、少发生，即防患于未然，提前杜绝可能发生的危害，将危害控制在萌芽当中，这才是消费者行政保护的真正目的和作用。事后的处罚和补救固然必不可少，并且对违法者的重罚，也是对其他人的警告和预防，对受害者的救助也是受害后唯一能做的，但事前的防止可以使最大多

---

〔1〕　该社会法概念指的是作为一种法学思潮的，相对于"个人法"的概念。

数的消费者获益，从而实现公共福利的理念和目标。

（二）行政保护的内容与作用

消费者行政保护的目的是预防危害的发生，它不仅可以使消费者不购买缺陷商品及劣质商品、不被不当销售方式所迷惑等，还可以通过竞争使商品质量进一步提高、价格更趋合理、商品缺陷得到改进，从而提高消费者保护水平。根据消费者受害的原因和需要的帮助，消费者行政保护的内容主要包括：

1. 对企业活动的规制。对企业活动的规制就是对有可能给消费者带来损害的企业活动进行直接的监督。具体来说，可以概括为以下几个方面：

（1）确保商品和服务的安全。

（2）确保公平合理的交易条件，包括维护公平自由的竞争、维持合理的市场价格、确保公平合理的公共事业收费、保证公平合理的计量等。

（3）确保合理的标识和广告。

（4）确保适当的推销行为和合理的合同内容。

要达到上述规制的目的，一方面，企业主管部门要通过对产品的质量、标准、安全、卫生等各方面的指标进行事先的要求，引导和要求企业广泛参与国内和国际上各种先进的标准体系，包括质量安全体系、质量管理体系等的认证，要求企业建立严格规范的企业生产管理的模式，从而在生产环节，从工厂车间或生产源头把住产品质量，防止危害的发生。另一方面，引导和要求企业通过公平竞争和提高产品质量与服务质量来赢得消费者，不作虚假广告和欺骗消费者的标识，并对交易条件和合同内容进行审查。

对企业的规制涉及政府行政管理的方方面面，检验着政府的行政能力和管理水平，这需要完善立法和与立法相配套的一系列监督机制才能够达到。例如，严格到位的商品检验检测制度、严格到位的广告审查制度、要求所有企业参与的商品和服务的认证制度、要求企业建立自身的严格的生产管理体系的制度等，并对违法者施以重罚，以达到警示的作用。

对企业活动的规制，一直是各国消费者行政保护的重点。各国有关消费者保护行政机构无不通过对反垄断法、不正当竞争法、食品法、药品法、广告法、价格法等一系列针对企业的保护消费者利益的法律法规的严格执行，来控制企业的行为，从而达到防止消费者受害的目的。发达国家消费者保护工作之所以卓有成效，可以说，行政保护的预防作用功不可没。

2. 对消费者的支援。对消费者的支援，是指消费者保护行政机关向消费者提供商品检验信息，进行消费者教育、咨询，受理消费者投诉等向消费者提供服务的活动。支援消费者的行政保护在行政手段的性质、范围上与对企业的规制明显不同，体现了消费者行政的倾斜保护政策。

（三）消费者行政法的内容与作用

消费者行政法，是指包含在各类法律文件当中的与消费者权益保护有关的行政法律规范的总称。它包括消费者行政组织法、消费者行政行为法和消费者行政监督法。其中对消费者保护影响最大的是消费者行政组织法，因为它决定着消费者行政保护组织机构的设立及职能的承担。

1. 消费者行政组织法的作用。消费者行政组织法是关于消费者保护行政机构的设置、编制、行政权限、职能、职责等方面的规则。它可以规定在消费者权益保护法或者其他法律、法规当中，也可以通过单独立法的形式，确定消费者保护的主管机构及其职权。

世界各国对消费者问题的处理，都由政府负责，都十分重视行政组织机构及其职能、权限的设置。它们的共同特点是：

（1）在机构设置上，各国普遍设立了促进和保护消费者权益的独立的专门机构。某些国家还在消费者保护执行部门之上设立消费者委员会或消费者事务部等。

（2）赋予消费者执法机构广泛的执法权。通过行使调查权、发布禁令等方法，能够直击侵害消费者行为的要害。

（3）注重不同行政机构之间的协调，各政府执法部门分工明确，职责清楚，各有侧重，有主有次，互相配合。

相比之下，我国消费者保护的行政组织体系尚未完全建立。中国政府并未设立保护消费者权益的专门行政机关。根据《消费者权益保护法》第28条的规定，各级人民政府工商行政管理局，应当依照法律、法规的规定，在自己的职责范围内，采取措施，保护消费者的合法权益。事实上，工商行政管理部门作为消费者行政保护的一个主要执行部门，虽然起着重要的作用，但受该部门职责限制，无法承担消费者保护专门机构的全部任务。

此外，《消费者权益保护法》缺乏对行政职权和执法措施的明确规定，例如，对行政机关查处涉嫌侵害消费者权益的行为没有明确规定其调查权及可以使用的调查手段等。消费者行政保护机构手中缺乏执法的利器，纵使有完善的组织机构，也犹如失去了武器的勇士，与装备精良的违法者进行较量，其结果只能是屡屡失败，扼制不了违法者的行为。

2. 消费者行政行为法的作用。消费者行政行为法对消费者的保护作用体现在以下两个方面：

（1）它使国家行政机关有权发布规范性文件。即通过抽象行政行为，制定行为规则，以便实现其管理职能的权力。

（2）授权国家行政机关依法对特定公民、法人或其他组织，就特定事项作出能产生行政法律后果的单方职权行为。即国家机关依据消费者行政行为法，通过实施具体行政行为进行行政执法，实现对各种违法行为或有可能损害消费者利益的行为的限制、禁止或处罚，将保护消费者的法律、行政法规、规章真正落到实处。

一方面，通过行使立法权，消费者保护行政机关可以制定和颁布行为规则。另一方面，还要通过行政执法，依照法定行政程序，正确地适用法律法规和其他规范性文件，具体处理消费者行政事务。

3. 消费者行政监督法的作用。监督制约机制的建立和完善，是行政执法公平、公正及防止腐败的重要保证。世界各国的实践表明，造成腐败的原因主要有两个：①权力过分集中，缺乏制约；②法律存在漏洞。消费者行政监督法是对行政执法机关尽职尽责、依法行政的监督管理，对我国各级各类消费者行政机构的行政执法行为具有制约和监督作用，使消费者保护的行政行为能够在法制的范围内，合理、合法、有序地进行。

消费者行政监督分为系统内部监督和外部监督两个方面。系统内部的监督是指上级部门对下级部门履行职责的情况所进行的监察；外部监督主要通过行政诉讼的方式由司法机关对国家行政机关执行职务的妥当性进行审查。国家行政机关是恒定的被告。在消费者保护方面，行政机关积极的作为是消费者最希望鼓励的，而消极的不作为往往是行政机关被作为被告提起诉讼的原因。针对当前在行政执法中普遍存在的松懈怠慢、消极推诿、对侵权违法行为视而不见、姑息纵容的现象，各国一般均明确赋予消费者团体和个人针对行政不作为提起诉讼的权利，以更好地监督行政机关履行职责。

四、刑法保护

（一）民事救济的局限性

民法调整平等主体之间的财产关系和人身关系，因而民法是保护公民人身权和财产权不受侵犯的重要法律手段。公民在消费过程中应当享有的人身权和财产权，理所当然地属于民法的保护范围。民法具有保护消费者的功能，并主要体现于合同法和侵权法。消费者保护法律体系中包含着大量的民事法律规范，但是消费者保护法律体系并不排斥其他法律部门对消费者的保护，反而是特别需要其他法律部门以各自的调整方式与民事法律规范相互配合、补充，共同形成对消费者的全方位保护。

民法不同于其他法律的特点是其他法律不能替代的，但也是民法的局限之所在。民法的局限主要表现在以下几个方面：

（1）民法强调主体之间的平等，而在现代的商品交换过程中，消费者处于从属的弱者地位，民法无法从"援助"的角度，对经营者的权利进行限制。

（2）民法多为任意性规范，强调契约自由和意思自治，而在商品经济高度发达的现代社会，消费者决定契约内容的自由实际上已经丧失，虽然合同法已经抛弃了过去的绝对以"契约自由"为核心的理念，引入"合同正义"，并通过诚实信用、权利不得滥用、公共利益等原则，对契约自由及格式合同加以限制，并对合同义务进行扩张和全面改造，但仍然以维护双方的合同自由和意思自治为基本出发点，强制性规范的运用受到限制。

（3）民商法只是一般地规定当事人的权利义务，而不设专门保护这些权利实现的机构，当事人权利受到侵害时只能依靠个人的力量求助于司法程序，而司法程序对于大部分的消费纠纷来说程序是复杂的，费用是昂贵的，时间是漫长的，结果是得不偿失的。

（4）在法律责任上，民法一般实行"过失责任"，而消费者保护往往采用"无过失责任"，虽然新近发展起来的"产品责任"采用的是"无过失责任"，并减轻了当事人的举证责任，但局限于产品责任领域，且需要通过诉讼进行，而民事赔偿的个体救济性质只能针对提起诉讼的受害者个人，再有同样损害出现时，没有直接作用效果，不具有维护社会公共秩序的普遍性。

（5）民法一般不涉及行政处罚和刑事处罚，而消费者的弱者性质决定了消费者保护离不开体现国家强制性的行政保护手段和刑事处罚手段。

可见，对消费者的保护不是哪一个法律部门能够独立担当的，需要综合发挥不同法律部门各自应有的作用和优势，形成全方位的互相交叉的法律保护网，才能跟上当今世界各国以保护消费者为核心的法制理念。

（二）行政保护之有限性

消费者问题发生的根本原因是消费者相对于经营者的弱者地位，因此，恢复双方的平等性，是最有效的策略。为实现这一目标，就需要有能够抑制强者、扶持弱者的第三者的介入。帮助消费者抑制强者的活动并不是谁都能做到的，只有政府部门能够对企业的活动加以限制。而且政府部门掌握多方面的信息和资源，最适合做支援消费者的工作。

消费者行政与消费者保护关系密切，其特点体现集中在其规制的政府（官方）性、公共性、非司法性、预防性、积极性、直接性、经常性、强制性和处罚性，但是行政保护也存在其自身的局限性，这种局限性主要体现在：

（1）与民事救济手段相比，行政保护虽然掌握着政府的权威，对侵害消费者利益的行为可以动用国家强制力予以威慑，但侧重于对违法者的制裁，罚款只能收归国库，其针对的是企业，保护的是全体消费者的共同利益，对消费者个体利益照顾不周。

（2）与刑罚相比，二者都是国家维护社会公共利益的手段，但行政处罚主要是针对具有一定社会危害性的一般违法行为，行政处罚手段主要是警告、扣押、查封、责令停止行为、没收、罚款、吊销执照等，威慑力不高。对严重危害社会秩序、公共秩序，侵害消费者利益的重大恶性违法行为惩罚不利，起不到遏止的作用。刑罚的使用可以加强法律对消费者的保护作用，对不法商人起到遏制之功效。

（三）刑法对消费者的保护

刑法是维护社会秩序和经济秩序的有力工具，其保护的社会关系极为广泛，几乎涵盖所有法律部门的调整对象。只要立法者将一个法律规范规定以刑罚作为最后制裁手段，这个法律规范就具有刑法性质，而成为一条刑法规范。因此，刑法是站在所有法律之后，成为社会秩序的最后保障。

刑法对社会秩序、经济秩序的维护是以犯罪行为为对象，通过刑法规范（主要是义务性规范，又以禁止性义务规范为主，命令性义务规范为辅，兼有少量授权性规范，即授予公民诸如正当防卫、紧急避险等权利），并以最严厉的法律制裁——刑罚作为威胁，实现对社会行为的控制，并达到对社会秩序的维护。

《刑法》分则部分第三章规定了"破坏社会主义市场经济秩序罪"。从第140～231条，共92个条款，包括了八大方面的基本罪名：生产、销售伪劣商品罪（第140～150条）、走私罪（第151～157条）、妨害对公司、企业的管理秩序罪（第158～169条）等。这些罪名都与保护消费者权益有着直接或间接关系，成为我国《刑法》中维护消费者权益有关条款的"重中之重"。此外，在第六章"妨害社会管理秩序罪"中的第一节"扰乱公共秩序罪"、第五节"危害公共卫生罪"、第六节"破坏环境资源保护罪"等内容中也有关于消费者保护的条款。

刑法对消费者的保护主要体现于如下两个方面：

1. 刑法对消费者安全利益的保护。对消费者来说，最大的危险莫过于对健康和安全的威胁，凡涉及侵害消费者人身安全的所有违法行为均应纳入衡量的视线，从中选择需要重点打击的行为，在"绝对有必要时"将刑事责任运用到这些行为之上。这就是说，要在所有与消费者保护有关的各种法律、法规当中，将侵害消费者人身安全的所有行为挑选出来，并在民事责任和行政责任不足以抵销其危害程度时让其承担刑事责任。

根据我国现行《刑法》的规定，有关消费者人身安全、健康的保护规定主要体现在以下几个方面：①对生产、销售伪劣商品罪；②危害公共卫生罪；③破坏环境资源保护罪。其中，对消费者人身安全的保护主要集中在第三章第一节"生产、销售伪劣商品罪"中。该罪被细化为 11 个条款（第 140～150 条），规定了 39 个罪名。

2. 刑法对消费者经济利益的保护。与刑法对消费者安全利益的保护相比，刑法在保护消费者经济利益方面的功能设计更加复杂，往往需要透过表面现象实现对消费者经济利益保护的实质。刑法对消费者经济利益的保护与刑法对消费者安全利益的保护在许多方面都会有重合，因为对消费者人身安全的侵害，往往伴随着对消费者经济利益的重大侵害，因此，刑法对某些行为的制裁既可以体现出对消费者经济利益的保护，也可以体现出对消费者安全利益的保护。

在运用刑法保护消费者经济利益方面，国外似乎更加重视，其运用刑法手段保护消费者利益的方式亦具有广泛性和灵活性，并认为在信息提供的保护方面刑法应起主要作用。[1] 这一点在英美法系中表现更为明显。虽然英美法系与大陆法系的历史传统不同，他们没有以法典化形式存在的成文刑法典，但是各种法律、法令当中却广泛存在着刑法条文。

我国《刑法》对消费者经济利益的保护也有所体现，只是在人们的观念当中还没有充分认识到应当更多地发挥《刑法》在保护消费者经济利益方面的作用。我国《刑法》对消费者经济利益的保护主要体现在对金融诈骗罪（第 192～200 条）、侵犯知识产权罪（第 213～220 条）、扰乱市场秩序罪（第 221～231 条）的规范上。

五、程序法保护

（一）消费者纠纷的特点

消费者纠纷在性质上属于民事纠纷，但与其他民事纠纷相比，有其特殊性。其特点主要是：

（1）消费者纠纷的主体为特殊的民事主体，即消费者与经营者，且提起纠纷的永远是消费者一方。

（2）消费者纠纷具有经常性、多发性、分散性的特点。

（3）消费者纠纷具有小额性。

（4）消费者经济实力往往处于劣势。

（5）消费者在拥有和获取知识与信息方面明显处于劣势。

---

〔1〕　Peter Cartwright，*Consumer Protection and the Criminal Law*，Syndicate of the University of Cambridge Press，2001，p. 157.

（6）消费者纠纷常常会涉及社会公共利益的问题。

消费者纠纷不同于一般民事争议的特点，决定了消费者纠纷的处理，必须考虑其自身的特点，建立与该特点相适应的消费争议处理制度，而不是简单套用民事纠纷处理程序的一般规定。

（二）解决消费者纠纷的途径

消费者纠纷具有广泛性和微小性等特点，消费者无论在经济实力方面还是在知识与信息方面都处于劣势。因此，解决消费者纠纷必须坚持多元化的纠纷解决途径。综观各国消费者纠纷的处理机制，消费者争议的解决途径主要包括两个部分：

1. 非司法解决途径。非司法解决途径，是指通过消费者与经营者协商和解、消费者组织等社会团体的调解以及行政机关的处理、消费者仲裁等方式解决消费者争议的制度。非司法解决程序相对于司法程序，具有处理方式多样、程序简便、免费或象征性收费等优点，是处理消费者争议的重要途径。除消费者仲裁外，非司法途径不具有法律上的强制执行力，权威性不高，只适合小额的，双方争议或分歧不大的纠纷。

2. 司法解决途径。司法解决途径，是指通过向法院提起诉讼的方式，由法院对消费者争议作出处理的制度。司法解决途径是消费者纠纷的最终解决途径，对于不能或不适合通过非诉讼方式解决的消费者纠纷，才通过诉讼方式解决。目前，除普通民事诉讼程序外，国外有效的诉讼方式主要包括：设立小额法庭和小额诉讼程序、建立集团诉讼与团体诉讼等群体诉讼制度、鼓励和授权行政机关和社会团体进行公益诉讼。

六、经营者自律

经营者"自律"（self – regulation），是指商业个人或组织通过公开或不公开的发展标准以及相配套的监控机制来控制自己运行的能力和趋向。[1] 经营者自律的概念还在更广泛的意义上指许多企业联合而形成的行业协会对成员的活动进行集中控制。[2] 与公共管理相比，自律的优点是：

（1）自律可以获取更多的有关本行业的信息和专业知识。

（2）行业协会可以利用来自于被管理者授权的权威，以期望达成更多的合作与服从。

---

〔1〕 Colin Scott and Julia Black, *Consumers and the Law*, 3rd Edition, Published by Butterworths, 2000, p. 39.

〔2〕 J. Black, "Constitutionalising Self – Regulation" (1999) 59 *MLR* 24, pp. 26 ~ 27.

（3）自律作为消费者保护的一种手段也有利于企业自身的发展和完善，消费者权益与企业利益并非是对立的，而是互利的。

消费者权益是否能够得到有效的保护，与经营者的行为密切相关。如果经营者在与消费者的交易过程中严格自律，尊重消费者权益，消费者的利益就可以受到充分的保护。事实上，尊重消费者权益，与消费者公平交易，不仅对消费者有利，对经营者自身的发展也是有利的。

国家保护、经营者自律和消费者觉醒，是消费者保护的三大法宝，是现代消费者运动过程中，经营者与消费者从对抗走向合作的重要标志。20世纪60年代以来，在西方各国，经营者逐步改变了同消费者对立的态度，加强自我约束，强化公司对消费者的责任。一些企业承担了向消费者进行教育的责任；一些则保证使受损害的消费者可以得到迅速、合理的赔偿；还有一些企业则对商品服务的安全作出更高的承诺。

经营者自律的内容分为两个层面：①企业自身的自我管理规则；②企业所在的自律组织的从业规则，二者的内容各有不同和侧重。

从企业自身的层面上来说，首先应侧重建立和健全企业内部规章制度，如研究制定企业的生产管理监督规则、商品质量标准及检验规则、进货管理监督规则、价格与计量管理监督规则、销售承诺规则、接待顾客规则、商品退换规则、消费者损失赔偿规则、产品质量保险制度和企业自我管理监督组织制度等自律规则。其次是建立和健全企业的自我监督结构，如建立商品质量检测中心、消费者权益监督委员会、消费者投诉接待部、消费者评议中心等，直接听取消费者的意见，及时消除和处理消费者的不满和投诉。

从自律组织层面上来说，应当注重企业成员共同遵守的行业规则的制定。如制定更高的产品和服务的标准、制定统一的合同条款、制定发布广告的统一规则、制定规范公平竞争秩序的规则、对消费者投诉的迅捷处理规则、赔偿损失的量化计算规则等。其在章程规定的范围内，约束成员的行为，并对违规者予以制裁，例如，对违反自律规则或不执行团体决议的成员，实行市场禁入，撤回团体授予的专业资格或取消成员资格等。

七、消费者自我保护与社会保护

（一）消费者自我保护

消费者保护，国家和企业固然有着很重要的责任，但消费者自己更应当通过自身的努力，积极维护自己的合法权益。消费者自我保护，是指消费者应当通过积极地接受消费教育，树立正确的消费观念，获得丰富的商品和服务知识，提高自己的权利意识，增强自我保护能力，依法维护自己的合法权益。消费者如果具备丰富的商品和服务知识，就可以在购买、使用商品和接受服务中鉴别假冒伪劣商品和不安全的服务，正确作出选择，避免和减少因对商品和服务缺乏必要的知识而受到损害；消费者如果具有较强的权利意识，充分了解自己享有的各项权利和经营者所应承担的各项义务，在购买商品和接受服务过程中就可以较好地行使权利，在自己的权益受到侵害时，也能选择正确的解决途径，维护自己的权益。消费者保护，国家只是外在帮助和支持的力量，只有消费者自己积极行动起来，才能结合国家和社会的保护力量，真正做好消费者保护工作。因此，各国消费者政策法在规定国家和社会保护消费者责任的同时，通常也强调消费者自己应当积极行动，以维护自身的合法权益。

（二）社会保护

保护消费者权益，不仅是国家、企业、个人的责任，也是社会的责任。在当今消费社会中，人人都是消费者。消费者问题，不是个别消费者与经营者的问题，而是消费者群体利益与经营者群体利益的问题，因此，消费者的问题是全社会的问题，需要动员全社会的力量保护消费者利益。只有全社会的参与和重视，才能真正使消费者权益得到保护。因此，世界各国消费者保护法律中，都将消费者权益的社会保护，视为消费者保护的一个重要方面。我国《消费者权益保护法》第6条第1款规定："保护消费者的合法权益是全社会共同的责任。"

消费者权益的社会保护，主要包括以下两方面的内容：

1. 国家鼓励、支持一切组织和个人对损害消费者合法权益的行为进行社会监督。对经营者的行为进行监督，维护消费者合法权益，是社会中所有组织和个人的权利和职责，每一个组织和个人不论其性质和地位如何，都有权对损害消费者合法权益的行为进行社会监督。各种消费者组织、行业组织、企事业单位、消费者个人都是消费者保护的重要社会力量，都以不同的形式，发挥着消费者保护的社会监督作用。

2. 大众传播媒介应当做好维护消费者权益的宣传工作，对损害消费者合法权益的行为进行舆论监督。在现代社会中，大众传播媒介，包括广播、电视、出版物、互联网等是一种非常重要的社会力量，对社会生活产生着巨大影响。利用大众传播媒介的舆论力量，向广大消费者宣传消费知识，进行消费者教育，监督经营者的经营活动，对损害消费者权益的行为进行舆论监督，是保护消费者合法权益的重要途径。

第十一章　妇女、儿童、老年人权益保护

■　第一节　妇女权益保护

一、妇女权益保护的必要性和意义

人类社会是由男女两性共同构成的一个整体，社会的存在、发展和进步有赖于男女两性的共同努力和密切合作。随着历史的发展，妇女的状况已经发生了很大的变化，在政治、经济和文化领域取得了相应的权益，妇女受到不公平对待的现象也在某种程度上得到了改变。维护妇女的社会保障权益，已经成为不可抗拒的历史潮流。但是，由于封建观念、等级观念和特权观念的影响、经济发展的特殊，侵犯和剥夺妇女权益的现象仍大量存在，实现妇女的全面解放、提高妇女的社会地位、争取男女平等、维护妇女合法权益的目标仍然任重而道远。维护妇女的社会保障权益有以下几点必要性和意义。

（一）保障妇女权益，实现男女平等是衡量社会文明的重要尺度

人类文明与进步的重要标志是全社会的每一个成员都能得到全面而自由地发展。妇女与男子共同创造了人类的物质财富和精神文明，共同成为社会发展和进步的推动者，妇女还为人类的繁衍做出了特殊的贡献。然而，在人类社会发展的进程中，妇女长期处于同男子不平等的地位。对妇女的偏见和陈腐的观念，一直阻碍着妇女的全面解放。妇女作为整个社会必不可少的一部分，理应受到全社会的关注。妇女要解放，男女要平等，已成为各国妇女的普遍愿望和不可抗拒的历史潮流。妇女的解放，是同民族的独立和人民的解放联系在一起的；妇女地位的提高，是同整个社会的发展和时代的进步联系在一起的。提高妇女地位，摆脱贫困是根本条件。贫困和落后使许多妇女不能获得就业、受教育和保健的机会，更难使她们享有平等参与国家政治、经济生活的权利。妇女要成为生活的主人，真正掌握自己的命运，不仅要有平等的政治地位，还必须有平等的经济地位。现代文明国家十分重视妇女的发展与进步，切实维护和保障妇女在国家政治、经济和社会生活中的平等地位和各项权利，把保障妇女权益作为促进现代社会发展的重

要标志之一。

（二）保障妇女权益是一个历史的发展完善的过程

从历史上看，自从进入父系社会，妇女就一直处在受压迫的不平等地位，被剥夺了各种权利。妇女权益的发展是一个艰难曲折的历史过程。妇女权益的保障经历了一个发展变化的过程。男女不平等和性别歧视是人类社会发展到一定阶段的产物。在漫长的历史时代，妇女始终处于依附于男子的地位，这是有深刻的社会经济、阶级以及思想根源的。不管是奴隶社会还是封建社会，妇女始终依附于男子。在封建社会，一切以男子为中心的宗法等级制度强调男女、夫妻之间的尊卑之别，妇女被排斥于政治生活和公共事务之外。即使是在家庭生活领域，妇女也是完全从属于男性的。所谓"三从"，即"幼从父兄，嫁从夫，夫死从子"即反映了妇女的一生都是在男权支配之下度过的。封建法律在各个方面强调男尊女卑是合理的、不可更改的，完全忽视了妇女权益的保障。

到了资本主义社会，妇女的权益逐渐受到全社会的关注，在西方人权思潮的影响下，西方女权主义者提出了妇女人权的概念。但是，妇女权益的保护问题依然被社会所忽视。即使是在现代社会，妇女的地位问题依然没有得到彻底解决，要做到真正的男女平等，彻底解放妇女，依然需要继续努力。妇女权益的保护依然是一个艰难的过程。

（三）现实状况决定保障妇女权益任重道远

在保障妇女经济权利方面，我国政府一方面大力发展社会福利事业，促进妇女广泛就业；另一方面，采取积极措施，大力解决下岗妇女的再就业问题。为促进下岗女职工再就业，各地政府制定了有利于女职工再就业的优惠政策，建立了专门机构，为妇女提供职业培训、就业咨询等服务。尽管我国在妇女就业方面取得了长足的进步，但是随着我国经济社会的发展变化，妇女发展面临一系列深层次的矛盾和问题，实现从法律上的男女平等到事实上的男女平等还有着一定的距离。

妇女的权益受到损害主要表现在以下几个方面：①妇女就业结构不合理。我国妇女就业主要分布在农林牧渔业，其次是工矿制造业和水电煤业，大部分女性仍然从事与她们的体质不相称的重体力劳动。②女性就业性别歧视。女性在就业率方面比男性低许多，不少单位在招聘人才的条件上，明确要求"女性不考虑，只招聘男性"，有的单位宁可岗位空缺也不招聘女性，变相剥夺女性的社会就业权，而且在下岗时首当其冲。③妇女负担过重。妇女不仅要工作，养育子女，而且要负担几乎全部的家务活。就妇女劳动权益而言，安排妇女从事有毒有害作业。一些企业不为职工缴纳生育保险费，对产期妇女停发或少发工资，还有一些三资企业的女工劳动强度大，工作环境恶劣。④收入上存在差距。一些企业无视法律规定，实行同工不同酬，造成了男女收入差距过大，妇女的劳动报酬权受到侵害。

二、国际立法和我国立法的状况

（一）国际社会妇女权益保护概述

国际社会上很早就出现了保障妇女权益的公约或者其他法律文件。1906 年第二次伯尔尼会议通过的一项关于禁止受雇于生产行业的妇女夜间劳动的国际公约，即《禁止在工业企业中雇佣妇女上夜班国际公约》，这是国际社会对妇女地位和状况进行保护的最初努力。1945 年《联合国宪章》在其序言中重申了男女平等的信念，并在其第 8 条中宣称联合国"对于男女均得在其主要及辅助机关在平等条件下，充任任何职务，不得加以限制"。这成为现代国际法的一个重要原则。此后几乎每一个国际人权条约或宣言，无论是全球性的还是区域性的，也无论是普遍性的还是专门性的，都包含规定男女平等和防止性别歧视的条款。

国际社会对妇女问题的认识大致经历了两个发展过程：①妇女的权利就是人权；②妇女的权利影响经济社会发展。20 世纪 40～90 年代初期，国际社会对于妇女问题的认识主要是在人权领域，关注的重点集中在妇女的社会地位和政治权利。由于妇女的权利逐渐受到广泛的重视，国际社会和各国政府开始采取一系列改善妇女状况的措施。在这个过程中，妇女的发展对一国乃至世界经济及社会全面发展的能动作用终于显现出来，并得到了国际社会的普遍认同，各国开始将保障妇女发展纳入本国的经济社会发展规划。

1968 年，联合国第一次国际人权会议通过了《德黑兰宣言》，在促进人权的途径和方法方面对妇女人权给予了高度重视。1993 年，联合国第二次世界人权大会通过了《维也纳宣言》和《行动纲领》，确认妇女的人权是普遍性人权中不可分割的组成部分，并促请各国和联合国将促进妇女充分平等地享有所有人权列为"优先事项"；提出将妇女人权纳入联合国整个人权领域；重申妇女在国家、区域和国际充分和平等地参与政治、经济和文化生活；消除性别歧视被当做国际社会的主要任务。1952 年的联合国《妇女政治权利公约》是世界范围内赋予并保护妇女政治权利的第一个国际性法律文件，该文件规定妇女在很多方面享有与男子平等的资格而不受歧视。1967 年的《消除对妇女歧视宣言》是第一个以妇女为主体，阐明妇女各方面人权的国际性文件。1979 年的《消除对妇女一切形式歧视公约》是联合国关于妇女人权最重要的法律文书，被称为"国际妇女权利法案"。1988 年联合国颁布了第一个《联合国妇女与发展中期计划》。1991 年联合国首次出版了关于全球妇女状况的综合数据——《世界妇女状况、趋势和统计数据》。

此外，比较有影响的保护妇女平等权利的公约、宣言，还有国际劳工组织1951年6月29日通过的第100号公约即《关于男女同工同酬的公约》，以及联合国大会于1975年7月3日通过的《关于妇女的平等地位和她们对发展与和平的贡献的墨西哥宣言》等文献。这些文件，特别是公约构成了保护妇女权利，尤其是保护妇女社会权益的一个比较完善的网络，为国际社会提供了可以遵循的准则，因而大大促进了对妇女权利的尊重和保护以及妇女平等权的实现。

（二）我国妇女权益保障的立法实践

我国从中华人民共和国成立以来就十分重视对妇女社会保障制度的建设。中国人民政治协商会议第一届全体会议上通过的具有临时宪法性质的《共同纲领》庄严宣告，废除束缚妇女的封建制度，规定妇女在政治、经济、文化教育和社会生活各个方面均享有与男子平等的权利。国家根本大法《宪法》特别规定了男女平等的基本原则。这些法律的制定使妇女的权益受到前所未有的重视。但是，由于这些条款不具体、不配套，并未形成一个系统的、完整的妇女法律体系，1992年4月，七届人大五次会议审议通过了具有重大意义的《妇女权益保障法》，此后又颁布了《女职工劳动保护规定》（1988年7月）、《关于女职工生育待遇若干问题的通知》（1988年9月）、《女职工禁忌劳动范围的规定》（1990年1月）、《劳动法》（1994年7月）、《母婴保健法》（1994年10月）。我国于1995年制定了《中国妇女发展纲要》这一维护妇女权利的重要文件，提出了到20世纪末我国妇女发展的总目标和在参政、就业、劳动保护、教育、卫生保健、婚姻家庭、国际交往等11个领域的具体目标，以及为实现这些目标应采取的政策和措施。

另外，我国也积极加入关于妇女权益保障的国际公约。1980年，我国签署了《消除对妇女一切形式歧视公约》这一最重要的国际妇女人权法案，并且是最早签署和批准该公约的国家之一。此后，我国按规定及时向联合国大会提交执行该公约情况的报告。1985年，我国参与审议和制定了《2000年提高妇女地位内罗毕前瞻性战略》，建立了国家级的维护妇女儿童权利机构。1990年，我国批准了国际劳工组织《男女工人同工同酬公约》。总之，经过几十年的积极努力，我国已初步建立起了符合我国国情的妇女社会保障制度。

但是，由于我国仍处在社会主义初级阶段，经济、文化和社会发展水平较低，妇女的社会保障水平相对也较低，在当前改革开放、建立社会主义市场经济体制过程中又出现了一系列新情况和新问题。例如，在劳动就业方面，同等条件下男女就业机会不均等，女大学生分配或调动工作较难；在实行优化劳动组合中，重男轻女，女职工被编余的较多；一些部门或单位在招工、招生中压低女性比例，片面提高女性录取分数线；城市待业青年中，女性占 70% 以上；失学、辍学的儿童中，女性较多；在劳动保险和公费医疗制度改革中，有些女职工生病就医问题的解决受到影响；由于物价上涨，早年退休的女职工生活遇到困难。而由于保障妇女权益的法律法规存在着过于粗放、操作性不强、体系欠协调等问题，妇女权益的保障还存在很多缺陷。

三、完善妇女权益社会保障的措施

妇女的社会保障法律制度是一个保护妇女权益的重要保障。在发展生产力的基础上，尽快完善我国妇女的社会保障法律制度是维护妇女人权的一个重要条件。我国现有的社会保障制度是建立在社会主义计划经济体制之上的，社会保障制度覆盖面小。人们一旦遭遇天灾人祸或者丧失了劳动能力，主要靠单位和家庭保障，在农村主要靠家庭和子女来负担。随着我国社会主义市场经济体制的建立，这一制度已显得与社会发展不相适应了。因此，一定要建立同市场经济相适应的新的社会保障制度，使城市和农村妇女都能享有养老、失业、生育、疾病、残疾等社会福利。完善社会保障制度的主要措施包括以下四个方面：

1. 保障妇女享有平等就业权。我国《宪法》第 48 条规定："中华人民共和国妇女在政治的、经济的、文化的、社会的和家庭的生活等各方面享有同男子等的权利。"要真正落实妇女的这项宪法权利，就要加强可操作性的配套规定，完善对于违法行为的惩罚性措施等，充分保障妇女的平等就业权。

2. 保障妇女享有同工同酬权。我国《宪法》规定，国家保护妇女的权利和利益，实行男女同工同酬。《妇女权益保障法》第 23 条也有类似的规定。落实这些规定，消除目前存在的外资企业以及乡镇企业中针对妇女工资的歧视待遇，重点在于如何采取切实有效的措施确保"三资"企业和私营企业女职工的合法权益，进一步改善她们的劳动条件。

3. 保障妇女享有特殊劳动权益的保护。由于妇女生理特点和抚育后代的需要，妇女在劳动过程中需要特殊的保护，必须完善《妇女权益保障法》和《女职工禁忌劳动范围的规定》等法律法规的相关规定。

4. 保障妇女脱贫致富。摆脱贫困是妇女面临的重要问题之一，进一步规范城市社会保险制度以及解决农村妇女的贫困问题，加强建立健全各级妇幼卫生保健机构，完善妇女生育基金和社会保险统筹制度；解决贫困地区妇女的发展问题，努力创造条件，对她们进行文化和生产技术培训，帮助她们及时摆脱贫困。

■ 第二节 老年人权益保护

一、老年人权益保护的必要性

众所周知，老龄化是中国也是世界人口发展的一个显著趋势。所谓的人口老龄化是指老年人口在总人口的比例增加的过程，通常对人口老龄化的理解常常隐含着老年人规模增大、增长速度加快、老年人口在全部人口中比例增加。按国际通行的标准，60 岁以上的老年人口或 65 岁以上的老年人口在总人口中的比例超过 10% 和 7%，即可看作达到了人口老龄化。目前中国人口年龄结构已超过国际社会公认的标准。自从 1949 年中华人民共和国成立之后，我国人民过上了安居乐业的日子，使得老年人口死亡率大幅度下降。改革开放以来，生产进步和经济发展，导致人们生活水平不断提高，最终导致全社会人口平均寿命不断延长：从1949 年的 40 余岁一直上升到目前的 70 多岁。死亡率下降和平均寿命的延长推动了包括老年人在内的人口膨胀。从第一次人口普查到第五次人口普查，我国 60岁及上人口分别是：1953 年为 4 154 万，1964 年为 4 225 万，1982 年为 7 664万，1990 年为 9 697 万，2000 年为 1.3 亿。

我国于 2000 年 11 月 1 日进行了第五次全国人口普查的登记工作，调查结果显示了全国人口的一个明显趋势就是老龄化进程加快。这次人口普查反映出我国人口年龄结构发生了较大变化，具体情况如下：0～14 岁人口占总人口的比重为22.89%，比 1990 年人口普查下降了 4.8 个百分点；65 岁及以上人口占总人口的比重为 6.96%，比 1990 年人口普查上升 1.39 个百分点。2003 年，我国 60 岁以上的老年人口占总人口的比重已经达到了 11%。这些数据反映出，我国改革开放以来，随着经济社会迅速发展，我国人口结构发生了重要变化，特别是人口生育水平的迅速下降，人口老龄化进程加快。更为严峻的是，有关人员预测未来20 年我国将进入老龄化加速发展阶段，届时老年人口将逐年递增到 2.43 亿，占总人口的 19.96%；此后 30 年间我国将进入快速人口老化阶段，老年人口比例将上升到 32.73%，并在相当长时期内保持在这一高水平上。人口老龄化问题将很快成为中国面临的前所未有的新挑战。

联合国早在 1996 年就统计出全球已经有 55 个国家和地区进入了老年化社会，并且预测 21 世纪将是全球老龄化的世纪。尽管不同国家和地区的老龄化速度有快有慢，老龄化程度有高有低，但是老龄化的主要成因都是相同的，那就是出生率与死亡率下降和人口预期寿命延长从一定意义上讲，人口老龄化是文明进步的表现，但是，人口老龄化也给社会经济的可持续发展带来了一些不利影响。

人口老龄化直接提升了老年人口社会保障的重要性。因为人口老龄化和以下这些方面都存在密切的联系：①人口老龄化对全面建设小康社会的影响；②人口老龄化对健全社会养老保障体系的影响；③农村养老对繁荣农村经济的作用；④人口老龄化对社会就业问题的影响；⑤老龄化与加速城镇化的关系；⑥不断改善人民生活与老年相对贫困化；⑦老龄化与人口发展目标；⑧老龄化与科教兴国；⑨老龄化与可持续发展；⑩老龄化与现代化。人口老龄化和以上这些方面都存在着密切的关系，在这样的背景下讨论老年人的社会保障问题有着尤为重要的意义。

具体的讲，老龄化主要带来的是两大社会问题：一方面，是人道主义的问题，也就是与日俱增的老年人口本身的问题，即老年人口的赡养、医疗、教育、学习、劳动、娱乐等问题；另一方面，是发展问题，即人口老龄化带给经济、科技、人口、社会发展等的影响，这种影响在日复一日地增强。老龄化的影响最为突出的是社会抚养比例的上升，由此引起的是对经济投资、储蓄、消费等的影响；劳动力供给的变动，由此引起的是劳动力市场价格的波动，以及生产和交易成本的变动；一定程度的老龄化是实现人口转变的标志，实现人口零增长必经的途径，同时对人口老龄化和高龄化的程度产生的影响要作出科学的估量，做到人口数量、质量、结构三者之间的协调和持续的发展。

二、老年人保障的历史发展

远古时期，我国就有养老场所。养老院的最早雏形就出现在奴隶社会。据《礼记王制》记载："夏后氏养国老于东序，养庶老于西序。殷人养国老于右学，养庶老于左学。"这里的"序""学"即当时的养老机构。到了唐代，出现了"悲田院"，专门收养贫穷无依靠的老年乞丐，由佛教寺院具体负责管理。至此，正式形成了养老院制度。北宋初年，在卞京设立有东福田院和西福田院，用来收养老人。清代康熙年间，在北京设立普济堂，收养年老贫民，并要求各地效仿，供养人数和生活水平根据各地经济状况而定。乾隆年间，还设立有养老待遇[1]。

解放后，老年福利事业得以迅速发展，各级政府为此作出了巨大的贡献，取得了一定的实效。但是，长期以来，我国养老机构主要由政府独家包办，囿于财力不足，养老机构发展跟不上老年人口的增加，老年养老难的矛盾比较严重。光靠政府解决养老和对老年福利事业的投入，显然存在很多不足。1994年1月国务

---

〔1〕 朱崇实主编：《社会保障法》，厦门大学出版社2004年版，第340页。

院发布《农村五保供养条例》，以做好农村五保户供养工作，保障农村五保对象的正常生活，健全农村社会保障制度。

三、我国老年人社会保障的现状

现阶段，中国政府高度重视和解决老年人的社会保障问题，初步形成了政府主导、社会参与、全民关怀的老年人社会保障的工作格局。国家颁布了《中华人民共和国老年人权益保障法》，制定了《中国老龄事业发展"十五"计划纲要》，把老龄事业明确纳入了经济社会发展的总体规划和可持续发展战略。老年人的基本生活得到了保障，城市初步建立了养老保险制度和包括老年人在内的医疗保险制度，以及居民最低生活保障制度；农村实行以土地保障为基础的"家庭养老为主与社会扶持相结合"的养老保障制度。许多地方还对救助贫困老年人和高龄老年人采取了特殊的措施，老年服务事业发展迅速。中国政府修订了《老年人建筑设计规范》、《城市道路和建筑物障碍设计规范》等相关条例，方便老年人的居住与出行。社区卫生站、托老所、老年活动中心、老年学校、老年休闲广场等老年服务设施逐渐增加，服务老年人的志愿者队伍不断壮大。

老年人的社会保障法律制度主要可以包括这样几个方面：

1. 国家建立养老保险制度，保障老年人的基本生活。老年人依法享有的养老金和其他待遇应当得到保障。有关组织必须按时足额支付养老金，不得无故拖欠和挪用。根据经济的发展、人民生活的提高和职工工资增长的情况，国家不断增加老年人的养老金。如果老年人生活在农村，那么，农村的集体组织除根据情况建立养老保险制度外，有条件的还可以将未承包的集体所有的部分土地、山林、水面、滩涂等作为养老基地，收益供老年人养老。如果农村的老年人无劳动能力、无生活来源、无赡养人和扶养人，或者赡养人和扶养人没有赡养能力或扶养能力，农村的集体组织就应当负担这些老年人的五保供养，即保吃、保住、保穿、保医和保葬。假如是城镇里的老年人无劳动能力、无生活来源、无赡养人和扶养人，或者赡养人和扶养人没有赡养能力或扶养能力，那么，这些老年人就应由当地的政府给予救济。

2. 国家建立多种形式的医疗保障制度，保障老年人的基本医疗需要。如果老年人患病，除医疗部门依法应给予照顾外，本人和赡养人确实无力支付医疗费的，当地人民政府根据情况给予适当帮助，并可以提倡社会救助。医疗机构应当为老年人医疗提供方便，对70岁以上的老人就医应予优先。有条件的地方，可以为老年人设立家庭病床，开展巡回医疗服务。国家采取措施加强老年医学的研究和人才的培养，提高老年病的预防、治疗和科研水平。

3. 保护和优待老年人的居住条件。老年人的所在单位分配、调整或者出售住宅，应当根据实际情况和有关标准照顾老年人的需要。新建或改造城镇公共设施、居民区和住房，应当考虑老年人的需要，建设适合老年人生活和活动的配套设施。国家鼓励、扶持社会组织或者个人兴办老人福利院、敬老院、老年公寓、老年医疗康复中心和老年文化体育活动场所等设施。

但是，我国老年人的社会保障在实际中还存在着很多问题。传统计划经济体制下的社会保障制度是完全由国家和企业包揽，实行"低收入、低消费、高就业"政策，曾起到社会稳定器的作用，但已不能适应市场经济和人口老龄化发展的需要。这种社会保障制度，社会保障费用的支出纳入国家预算，由国家和企业承担，个人不缴纳保险费，形成重公平、轻效益的社会保障制度，同时收入再分配不完全与劳动贡献挂钩，缺乏竞争机制，导致平均主义，助长吃大锅饭的思想，不利于经济发展。受保人不缴纳保险费，只享受权利，不履行义务，弱化了受保人的自我保障意识。随着人口老龄化、就业方式多样化和城市化的发展，现行企业职工基本养老保险制度还存在个人账户没有做实、计发办法不尽合理、覆盖范围不够广泛等问题，需要加以改革和完善。城镇部分老年人的养老和医疗保障不落实，一些未参加养老保险社会统筹的退休人员因企业关闭破产、转制企业和困难集体企业的退休人员基本医疗无法保障；农村老年人生活保障制度不健全，绝大部分老年人未享受社会养老和医疗保障；老年贫困问题比较突出，老年人的社会照料与服务明显滞后；歧视老年人、侵犯老年人人身、财产、住房等合法权益的现象时有发生。

四、完善老年人社会保障的措施

我国在较低的经济发展水平和老年人社会保障制度尚未健全的条件下，将迎来较快的人口老龄化，这必然给中国社会经济发展带来深刻的影响。而目前的社会保障法律制度还存在诸多的问题，我们需要不断完善老年人的社会保障法律制度，逐步确立符合中国国情的老年人社会保障制度，以实现以人为本的可持续发展，促进和谐社会的建立。充分认识老年人社会保障的必要性以及我国社会保障制度的不足，完善老年人的社会保障法律制度主要包括以下几点：

1. 改革养老保险法律制度。做实个人账户，积累基本养老保险基金，是应对人口老龄化的重要举措，也是实现企业职工基本养老保险制度可持续发展的重要保证。城镇职工养老保险制度由现收现付制改为"统账结合"的部分积累制，以预防养老金支付的危机。基金累积制养老金拥有许多优势，但是由于当前国企处于战略重组阶段，经济效益不佳，养老金替代率又不断提高，因此现在的"个人账户"实际上起不到积累的作用，存入的基金甚至不能满足当期的支付，"个人账户"只起到了支付退休金的作用。为了实现养老保险制度从现收现付向部分积累模式顺利转变，为制度转换成本寻找积极有效的支付手段已经迫在眉睫。

2. 建立健全老年医疗健康保险制度，逐步实现健康老龄化。老年人具有高患病率、高伤残率、高医疗利用率的特点，尤其表现为身体机制的退行性改变以及疾病导致了老年期伤残及日常生活自理能力下降。应该为老年人提供基本医疗保险，满足他们的基本医疗需求，使老年人及其家庭不致因为疾病导致个人及家庭经济危机。同时要培养一批适合社区初级卫生保健工作的卫生工作者，为包括老年人在内的社区成员提供初级医疗保健服务。为满足老年人的基本医疗需求，城镇应完善职工基本医疗保险制度，建立多层次的医疗保障体系；农村探索多种形式的健康保障方法。逐步建立城乡医疗救助制度，改善特困老年人的医疗条件。

3. 实行弹性退休年龄制度，充分发挥老年人力资源优势。健康寿命延长意味着工作年限的延长将成为可能，总的劳动力生产成本会下降。在德国，从1972年起就已实行弹性退休年龄制度，凡年满 63 岁的男性，可自行决定是继续工作，还是退休，并从 2000 年起，把退休年龄从目前的 63 岁提高到 65 岁；意大利已准备把退休年龄从男性 60 岁、女性 55 岁分别逐步提高到 65 岁和 60 岁；在瑞典，男女退休年龄均为 65 岁；我国实行性别、职业差异的退休年龄制，与那些预期寿命与我国同水准的国家相比，我国的退休年龄普遍较低。从而两种现象不可避免：一是退休人口大量隐性就业；二是退休时工龄越长养老待遇往往也就越优。弹性退休年龄制度有利于有效合理地使用人力资源。根据社会需要和自愿量力的原则，鼓励和引导老年人从事教育传授、社会公益事业、社区服务和自我服务等活动。同时，改革退休制度既不会增加就业压力，又能客观反映我国从业人员结构及就业状况，实现提高劳动年龄人口就业率目标向提高总人口就业率目标的过渡，以促成整体国力水平的提高和社会福利的增进。而且，这种弹性退休制度有利于完善劳动力市场，根据人力资源合理配置和有效使用原则开拓新的就业渠道，有利于社会保障基金的增加。

4. 着力加强农村老人的社会保障，在农村实行家庭养老为主与社会扶持相结合的养老制度。养老问题是当前农村最迫切需要解决的问题，广大农村，由于家庭规模逐步萎缩，子女数量持续下降，青壮年劳动力大量流入城市，农村人口老龄化的动态速度也在加快。由于农村老人数量极大，农民本身又有土地使用权，因此从主体来说，农村养老应以家庭为主，社会为辅，提倡老人自养，树立自我养老意识。对于农村无生活来源、无劳动能力、无子女依靠的老人，继续实行"五保"制度。同时，还应继续加大推广商业养老保险的力度。政府对农村社会养老保险应行使宏观调控职能，即制定政策起引导、宣传和监督的作用，不直接管理基金。

5. 积极推进社区养老建设，发挥社区养老功能。在计划经济体制下，退休人员的养老功能基本上由单位和家庭承担。随着我国加入世贸后，企业不仅面对国内竞争，而且面对国际竞争，企业中的"小社会"功能一定要向社区转移。老年人口中的大多数已从过去的劳动岗位上退下来，活动范围圈在缩小，因此社区成为老年社会活动的基本领域。社区养老服务包括提供家务劳动、家庭医疗保健、老人照料、护理等，还包括在社区兴办老年食堂、茶室、托老所、老年病防治站、法律咨询服务站以及各种老年文体设施等。面向老年人提供全方位、多功能、多形式的系列服务。社区养老服务是一项公益事业，要发挥社区助老功能，不以营利为目的，有社会公益性质；同时，又要遵循市场经济原则，维护良性循环。一方面，组织低龄老人、健康老人参加力所能及的社区服务工作，动员社会各方义务为老人服务等；另一方面，还有不少项目可以按保本微利原则提供有偿服务，这可以安置一批下岗职工就业。

■　第三节　儿童权益保护

一、儿童社会保障的必要性和意义

国际上认为 18 岁以下的人都属于儿童的范围。儿童是个人发展的幼稚期，在这个时期，儿童由于体力、认识能力、所起作用、社会地位都处于相对弱势，生活上是处于逐渐达到自理，经济上还不能自立，思想上还不能判断，行为上还不能独自承担公民的责任和义务，所以还需要社会的特别保护。由于儿童客观上的特点导致了儿童成为社会上最容易受到伤害的群体。儿童面临的社会问题包括：违法使用童工、未成年工和对儿童的经济剥削；拐卖、拐骗儿童、家庭暴力等犯罪行为；疾病或者动物的侵害；处境不利的儿童问题，包括部分单亲家庭儿童、学业不良儿童、残疾儿童、贫困家庭子女和习惯不良儿童问题。

作为人口众多的发展中国家，我国面临更多历史和现实问题。在中国古代社会君臣父子关系之下，儿童人身权和人格权被剥夺。儿童不仅没有政治上的权利，绝大多数情况下也没有经济上的权利，他们的人身权利经常受到蹂躏和践踏，他们的自我意识和独立人格完全被忽视，更谈不上作为独立主体而应享有相应的权利了。在中国，这样的状况延续了几千年，直到 20 世纪 20 年代一些先进分子才开始以非传统的眼光看待儿童问题。在现阶段，我国儿童权益保障还面临相当多的问题和挑战，如：儿童发展的整体水平仍然需要提高，儿童发展环境需要进一步优化；地区之间、城乡之间儿童生存、保护和发展的条件、水平存在明显的差异；贫困尚未消除，仍有数百万儿童生活在贫困中；随着流动人口数量的增加，城镇化水平的提高，农村人口的转移，这些人群中儿童的保健、教育、保护问题亟待解决；艾滋病病毒携带者和艾滋病患者中的儿童数量呈上升趋势；环境污染仍然威胁着儿童的健康；侵害儿童权益的违法犯罪行为时有发生。

保护儿童的健康成长，是社会健康可持续发展的保障。儿童期是人的生理、心理发展的关键时期。为儿童成长提供必要的条件，给予儿童必需的保护、照顾和良好的教育，将为儿童一生的发展奠定重要基础。同时，儿童是人类的未来，儿童作为重要的人力资源"蓄水池"、"后备库"，其受教育程度、健康水平以及综合素质，决定着整个民族的人力资源状况，决定着整个民族的前途与命运。从这个意义上讲，解决儿童发展中存在的问题，提高儿童的综合素质，是一项艰巨的社会工程，儿童的进步与发展是社会文明进步的重要标志。总而言之，儿童问题说到底是社会问题，关系到国家前途、民族兴亡、社会进步，关系到国家经济建设和改革全局，也关系到千家万户的幸福和社会稳定。

二、国际社会和我国对儿童社会保障的立法状况

（一）国际社会对儿童社会保障的立法状况

1989 年，第 44 届联合国大会一致通过了国际社会保护儿童权利方面的共同法律《儿童权利公约》，迄今已有 191 个国家成为缔约国，该公约明确提出了每个儿童无论其种族、民族、性别、贫富如何，都一律平等，都不应受到歧视的原则，强调儿童享有生存、发展、参与及受保护的权利。从儿童发展计划看，1990年联合国召开的世界儿童问题首脑会议通过了《儿童生存、保护和发展世界宣言》以及执行这个宣言的《行动计划》，提出了 90 年代全球儿童发展的 7 项主要目标以及相应的支持性目标；2002 年联合国召开的儿童问题特别联大通过了《适合儿童生长的世界》决议，明确了在保健、教育、保护和艾滋病防治 4 个主要领域保护儿童权益、改善儿童生存条件的原则和目标。自 1946 年联合国成立儿童基金会以来，多次召开有关儿童发展的专题会议。值得一提的是，1990 年 9月召开的最高级别的世界儿童问题首脑会议和 2002 年 5 月召开的儿童问题特别联大，意义深远。世界各国的国家首脑及政府官员聚集联合国总部，商讨儿童发展问题，把儿童生存、保护和发展问题作为各国面临的挑战，要求各国首脑庄严承诺：对儿童的权利，对他们的生存、保护和发展给予高度关注，并认为让每个儿童享有更美好的未来，是一项最崇高的使命。

（二）我国对儿童社会保障的立法现状

我国对于儿童的生命权、生存与发展、基本健康的保护，在《宪法》、《刑法》、《民法通则》、《婚姻法》、《教育法》、《义务教育法》、《未成年人保护法》、《预防未成年人犯罪法》、《妇女权益保障法》、《残疾人保障法》、《母婴保健法》和《收养法》等有关法律中均有系统的规定，对保护儿童权益的政府职能、社会参与、工作原则以及相应的法律责任都有比较完整的规范。例如，我国《宪法》规定："婚姻、家庭、母亲和儿童受国家的保护。禁止破坏婚姻自由，禁止虐待老人、妇女和儿童。国家培养青年、少年、儿童在品德、智力、体质等方面全面发展。"《民法通则》规定："婚姻、家庭、老人、母亲和儿童受法律保护。"《刑法》对保护儿童的人身权利还作了强有力的规定，如设定"拐卖妇女、儿童罪"等。国家的其他法律也在所调整的社会关系中注意到儿童的权利，并加以保护。我国目前有一系列有关儿童生存、保护和发展的法律以及大量相应的法规和政策措施，已经形成了较为完备的保护儿童权益的法律法规体系。

另外，我国作为参与起草并较早签署《儿童权利公约》的国家，作为《儿童生存、保护和发展世界宣言》和《行动计划》的签署国，于 1992 年 2 月颁布实施了第一个中国儿童发展纲要，即《90 年代中国儿童发展规划纲要》，于 2001 年 5 月 22 日颁布实施了第二个中国儿童发展纲要，即《中国儿童发展纲要（2001～2010 年）》。

2003 年以来，我国还新出台了一系列有利于妇女儿童发展的法规和政策性文件，包括《家庭寄养管理暂行办法》、《婚姻登记条例》、《中共中央国务院关于进一步加强和改进未成年思想道德建设的若干意见》、《2003～2007 年教育振兴行动计划》、《关于进一步做好进城务工就业农民子女义务教育工作的意见》、《关于幼儿教育改革与发展的指导意见》、《国务院办公厅关于切实加强中小学、幼儿园及少年儿童的安全管理工作和开展专项整治行动的意见》、《儿童疾病综合管理实施行动计划（2003～2005 年）》、《2003～2010 年全国保持无脊髓灰质炎状态行动计划》、《关于开展网吧等互联网上网服务营业场所专项整治的实施意见》、《儿童玩具强制性国家标准》、《国家玩具技术规范》、《关于加强对生活困难的艾滋病患者、患者家属和患者遗孤救助工作的通知》、《关于进一步做好城乡特殊困难未成年人教育救助工作的通知》等，它们的制定和实施从教育、卫生、儿童保护及消除差距、倡导性别平等的角度为儿童发展提供了强有力的法律政策保障。

三、完善我国关于儿童社会保障法律制度

我国虽然早在 1991 年就已经批准了联合国《儿童权利公约》，并为此通过了

《未成年人保护法》等相关法律法规，但由于时代的局限，这些法律法规缺乏对儿童权利的确认，对行为主体职责的规定也不具体，尤其是没有规范政府、社会和公民保护儿童权利所必须承担的具体义务，因此在实践中就很难起到保护儿童的作用。例如，《未成年人保护法》强调了在未成年人保护方面，家庭、学校和社会的各自责任，但是如何落实这些责任，又缺少完善、可操作的配套制度。到目前为止，我国还没有一个专门的有足够行动能力的儿童权利保护机构，因此面对现实中的一些损害儿童利益的事情，对儿童的救济和保护就很不够。我国的《宪法》已经明确规定"国家尊重和保护人权"，儿童的权利也是人权，而且是需要特别加以保护的人权。鉴于当前儿童权利受到侵犯的情况日趋严峻，修改相关的"儿童权利保护法"或者"儿童福利法"已经刻不容缓。

根据联合国《儿童权利公约》的精神，完善对于儿童的社会保障法律时应当注意以下几方面的原则：①儿童最大利益原则。即凡涉及儿童的事宜，一切从有利于儿童的生存、保护和发展的角度考虑。世界各国的实践证明，只有在立法精神上充分尊重儿童的最大利益，才能制定出对保护儿童权利最具有实际意义的"善法"。②无歧视原则，也称平等原则，是指儿童保护法应面向全体儿童，不能保护一部分儿童权利而忽视或排斥另一部分儿童权利。所谓全体儿童，是指不分性别、民族、种族、国籍、宗教信仰、居住期限、文化程度、经济条件等状况的所有儿童。应当加强对于特别弱势的儿童群体的保护，比如贫困的儿童、残疾儿童等，以实现实质的平等。③社会责任原则。即是指儿童的任何行为都会受到社会环境的影响，社会环境对儿童人格的形成具有重要的影响作用，社会对儿童行为的形成负有责任。因此，社会对儿童行为的产生应当承担责任。新的儿童权利保护法律出台之后，就应该根据这部法律对所有与儿童有关的政策或者法律进行清理，所有与之抵触的政策和法律，都必须统统废除之。

在社会保障方面较为具体的要求是：

（1）进一步完善医疗保障制度，确保儿童享有基本卫生医疗和保健服务。健全农村初级卫生保健服务体系，因地制宜发展合作医疗以及多种形式的健康保障制度，提高儿童保健水平和抵御疾病风险的能力；多渠道设立贫困家庭的疾病救助基金，帮助特困家庭孕产妇和儿童获得必要的医疗救助；加强对弃婴和孤儿的医疗救助；对城市流动人口中的孕产妇、儿童逐步实行保健管理。

（2）加强对处于困境中的儿童的救济。提高残疾儿童康复率；改善孤儿、弃婴的供养、教育、医疗康复状况；加大儿童福利事业的投入，改善设施，为孤儿、残疾儿童、弃婴提供良好的成长条件；倡导儿童福利社会化，积极探索适合孤残儿童身心发育的供养方式；加强对流浪儿童救助保护中心的建设和管理；设立多种形式的流浪儿童收容教育机构，减少流浪儿童数量和反复性流浪；加强正规的残疾儿童康复机构建设，建立健全社区康复和卫生服务机构，对残疾儿童家长进行康复知识培训和指导。

第十二章 患者权益保障

■ 第一节 患者权益的基本问题

一、问题的提出

据社会科学文献出版社出版的中国社会科学院发布的《2007 年：中国社会形势分析与预测（2007 年社会蓝皮书）》披露：在全国 28 个省（市、自治区）进行的调查显示，在 17 个社会问题中，排在第一位的是"看病难、看病贵"，有 57.95% 的人认为这是最突出的社会问题[1]。显然，"看病难、看病贵"已经成为人民群众最心痛的社会性顽症。

看病难题是当今社会矛盾具体而集中的体现，是中国改革和发展中的结构性问题，其症结是复杂的。这个问题事关最广大人民群众的健康福祉，更涉及和谐社会的构建。全面缓解或解决这个难题，需要国家、社会、单位、医疗机构等各方齐心合力、综合治理，绝非单一主体、单一渠道、单一方法所能为。

但是，在历来的研讨中比较注重医患关系和医患纠纷的问题，对其他深层次的问题很少研讨。笔者认为，医患关系问题固然重要，但只是看病难题中的表面问题。在当今社会中，公民在医疗保障、患病诊治方面究竟应当享有有哪些权利？这些权利的相对义务人是谁？如何保障这些权利的实现？在诸多深层次问题中，这些问题是基础性的问题。

二、患者权益概述

（一）患者权益的含义

1. 权益与权利、利益。权益一词的使用很普遍，经常与权利、利益等概念混用，反映了人们对权益的不同理解。对权益概念的使用，主要有两种误解：

---

〔1〕 汝信等："2007 年：中国社会形势分析与预测（2007 年社会蓝皮书）"，载《北京娱乐信报》2006 年 12 月 26 日。

①将权益与权利、利益等同，认为权益是应该享受的不容侵犯的权利[1]，利益如果受法律保护也就自然成为权利了[2]；②将利益与广义法益混同，认为权益包括权利和利益，前者是法定的利益，后者是法律没有规定的事实性利益。[3]

法律（法学）意义上的利益，通常可以包括合法利益（由法律规定、受法律保护）、非法利益（主要由法律禁止或反制，如违法利益、不当得利等）以及其他利益（合法利益和非法利益之外的利益，有时难以明确界定）。法律（法学）意义上的权利，通常不是指自然权利，也不是指习惯权利，而是指法定权利。权利由法律明确规定给权利主体享有并由法律提供保护。权利是由基本权能及其利益组成。权利中的利益是法定的、受法保护的，该利益是权利的核心内容。

权利并不等同于利益。并不仅仅是由于权利中还包含一定的权能，而是由于法定的利益的范围要大于法定权利中利益的范围。法律上有时会出现只有利益没有权利的现象。例如，刑法上侵害公共利益和民法上违反公序良俗，以及保护胎儿利益和保护死者利益的规定，等等。这些法定利益，都不是权利所能概括得了的，而是由法益予以概括。法益有广义和狭义之分。广义的法益是指应受法律保护的一切利益（包括法律已经规定的利益和法律应当规定还未规定的利益），狭义的法益是指法律已经规定应予保护的一切利益。

我们通常所称权益，往往是指合法权益。合法权益实际上与狭义的法益的范围一致，是法律规定应当予以保护的一切利益（包括含在权利内的利益），不应当包括法律未规定予以保护的事实性利益。我们有时也在第二种观点的基础上使用"权益"这个术语（甚至如此使用"权利"这个术语），但只是在强调法律的应然性和探讨立法或修法问题时使用。这种观点扩大了权益的范畴、容易混淆广义法益和权益的区别，同时也不完全符合一般意义上的（合法）权利和（合法）权益的习惯性用法。

不可否认，权益与权利在内涵上有一定的趋同，其趋同性主要在于其内涵都落实于权利的权能及其利益。但是，权益与权利不能等同使用，权益的范围大于权利，权益还包括权利之外的合法利益。两者在使用上也存在细微差别，具体表现在以下两个方面：①通常只在固定含义上使用权利；而使用权益时，却经常在

〔1〕 中国社会科学院语言研究所词典编辑室编：《现代汉语词典》（修订本），商务印书馆 1996 年版，第1131 页。
〔2〕 王涌："私权救济的一般理论"，载《人大法律评论》2000 年第 1 期。
〔3〕 高家伟："论行政诉讼原告资格"，载《法商研究》1997 年第 1 期。

两种含义之间跳跃。有时权益是在权利的基础上作进一步的强化，强化其法定性和合法性、强化了其受法律保护的强制性（有时甚至给予更多的倾斜）；有时也在另一个层面上使用权益，即已经为法律规定、应当但没有得到重视或保护不力的权利或利益（所谓弱保护状态）。②使用权利时强调与义务的相对性；使用权益时，对其相对性作了弱化处理，表面上不再突出和强调相对的义务和义务人，但有时却往往进一步强化相对义务人的责任。显然，上述把权益与权利等同对待的观点也是不恰当的。

综上所述，权益一般是指由法律规定受法律保护的合法权利和特定利益，但有时也包括法律规定之外的利益。

2. 患者权益与法律保护。患者权益是指患者依法应该享受的不容侵犯的合法权利和特定利益。患者权益应当由法律予以规定，并由法律规定严密的保护措施。

我国现行的制度中，已经有一些保护患者权益的法律法规，但对患者权益的保护仅仅处于法治的初级阶段。保护患者权益的法律规范，目前还很不健全，我国还没有一部专门的《患者权益保护法》。

本书在广义法益范围内讨论患者权利和利益，即不仅讨论已经规定的患者权益，也讨论法律应当规定还没有规定的患者权利和利益。所以，下文所称权益、权利，有时也包含我国法定权益和权利之外之意，实为研究应然法益之必要。

（二）患者权益的范围

1. 患者权益的主体范围。患者权益是我们每一个人的权益。每一个自然人一生中都有可能患病。从这个意义上而言，患者的权益实际上也就是所有自然人的权益，研究患者的权益就是研究所有人的权益，保护患者的权益就是保护所有人的权益。所以，患者权益绝对不是少数人的事情，而是涉及所有社会成员的大事。本文关注和研究一般患者的权益，特别关注和研究患者中最弱势群体的权益。

2. 患者权益的客体范围。人人需要生命和健康，生命和健康是基本人权。人的生命的存在是一切社会生活和一切利益的基础。健康地生存是人们的普遍愿望和幸福生活的基础。患者权利的保护就是为了保障人的生命和健康。

3. 患者权益的内容范围。患者的正当利益就是患者权益的内容范围，也就是患者及与患者相关的一切合法利益和应当予以保护的利益。

三、患者权益的主体

（一）患者权益的狭义主体——病患者本人

1. 病患者本人是患者权益的主体。社会上的人群，以身体状况和精神状况划分，基本可以分为两大类：健康人和非健康人[1]。非健康的人都患有一种或者多种不同的疾病，因此称为患者，又称病患者。患者权益的主体，一般就是指病患者本人。

2. 患者权益的主体具有广泛性和变动性。人的一生，难免会有各种疾病。健康人和非健康人之间，往往没有绝对的界线，常常发生转换。患病时是非健康的人，病愈后成为健康的人。每一个常人都可能成为病患者，都可能成为患者权益的主体。维护患者权益就是维护我们自身的权益。

3. 患者分类。病患者所患疾病不同、身份不同，其权益状况有很大的差别。按照不同标准，可对患者作如下分类：

（1）按是否为强制性治疗疾病划分，可将其分为强制性治疗患者和非强制性治疗患者。

（2）按是否为传染病划分，可将其分为传染病患者与非传染病患者。

（3）按是否为精神疾患划分，可将其分为精神病患者与身体疾病患者。

（4）按是否为重大疾病划分，可将其分为大病患者与小病患者。

（5）按是否为急症划分，可将其分为急性病患者和慢性病患者。

（6）按是否需要住院划分，可将其分为住院患者与非住院患者。

（7）按就诊部门划分，可将其分为急诊患者与门诊患者。

（8）按就诊科别划分，可将其分为内科患者、外科患者、妇科患者、男科患者等。

（9）按就诊身份划分，可将其分为高干患者（又称蓝卡患者）与非高干患者。

（10）按收费标准划分，可将其分为特殊患者与普通患者。

（11）按是否有社会保险划分，可将其分为医保患者与非医保患者。

（12）按是否有商业保险划分，可将其分为商保患者与非商保患者。

（13）按是否公费报销划分，可将其分为公费患者与自费患者。

（14）按是否有医疗补助划分，可将其分为有医疗补助患者和无医疗补助患者。

（15）按城乡户籍划分，可将其分为城市患者与农村患者。

（16）按就医远近划分，可将其分为边远地区患者与中心地区患者。

（17）按是否职业病划分，可将其分为职业病患者与非职业病患者。

（18）按疾病愈划分，可将其分为治愈患者与后遗症患者。

---

[1] 医学界认为，还有介于两者之间的第三类——亚健康人，因与本书研究内容关系不大，不作论述。

（19）按身体是否健全划分，可将其分为健全患者与残疾患者。

（20）其他患者。

划分患者的标准很多，不同的划分标准之间又有很多是相互交叉的，如此划分是无法穷尽的。列举的目的在于考察不同病患者的权益状况，以后的篇幅中将择要进行讨论。

（二）患者权益的广义主体——病患者本人及其亲属

1. 患者权益主体可以包括患者本人及其亲属。病患者本人是患者权益的主体，这是毋庸置疑的命题。但是，患者权益的主体不仅仅只是患者本人，还可以包括患者的亲属。理由如下：

（1）从逻辑上讲，患者亲属权益、患者本人权益可以同属于患者权益的属概念。

（2）人们提及患者权益时，实际上常常包含患者本人权益和患者亲属权益，只不过有时未加以区分、表达模糊甚至有些混淆。患者权益包括患者本人权益和患者亲属权益的提法，符合人们长期形成的习惯思维。患者亲属权益与患者本人权益虽然是不同主体的权益，但是患者亲属的权益与患者本人的权益经常发生重叠、难分难解。即患者本人的权益有时又是患者亲属的权益。例如，患者的知情同意权，字面上应当是指患者本人的知情同意权；但是，人们常常又把患者的知情同意权理解为患者亲属的知情同意权，在某些情况下，甚至只理解为患者亲属的知情同意权，因而常常善意地隐瞒患者本人。

（3）强调患者权益包括患者本人权益和患者亲属权益，可以进一步明确两种权益的区别，有利于使患者本人和亲属的权益分别获得各自应有的保障。患者本人和患者亲属是两个有密切联系又有明显区别的不同主体，但是，长期以来，患者本人权益和患者亲属权益被忽视、被混淆的状况很严重。

（4）有益于明确并理顺患者本人与患者亲属的法律关系，减少不必要的纠纷。患者亲属可以成为患者的代理人和监护人，代行患者的权益。有民事行为能力的患者，可以授权其亲属担任代理人代理各种事务（包括医疗等）；无民事行为能力或限制民事行为能力的患者，主要由其近亲属担任监护人[1]，代理其各

----

〔1〕 无亲属担任监护人的，可由法院指定的人或法定机构担任监护人。其应享有患者亲属的权益。例如，某救助站以患者监护人资格状告某医院未尽医疗救助义务导致某流浪人员死亡案件中，索赔本是患者亲属的权益，但该流浪人员不知是否有亲属。在此情况下，该救助站属于法定的监护人。其提起诉讼享受与患者亲属类似的诉讼主体资格的权益（至于非亲属监护人可否得到赔偿，需依据实体法的规定，法律没有规定的，则由法官依法理酌判。本人认为，非亲属监护人也应当可以得到赔偿，但赔款如何使用应当有所约束和规范）。

种事务。值得注意的是，有些民事行为能力待定的患者（例如重病、急症、年老的患者，或一时行动不便、意识不清的患者等），其亲属既是患者亲属权益的主体，又可以自然成为患者本人权益主体的监护人和法定代理人（属于紧急情况下发生的法定代理权[1]）。

2. 患者亲属具有相对独立性。

（1）患者亲属权益与患者本人权益关系的模式。患者本人的权益与患者亲属的权益之间的关系如此密切、复杂，以至于常常被混同。患者亲属权益与患者本人权益之间，通常具有以下几种模式和关系：

第一，患者亲属常常与患者本人共享部分权益。例如，实施非紧急情况下手术的知情同意权，通常既要向患者及其家属如实告知又要征求患者本人和亲属的同意，并且既要征求患者本人同意又要征得患者亲属同意，未征得任何一方的同意均不得手术。例如，患者生育过程在产房待产时间比较长，患者亲属强烈要求行剖腹产手术，产妇认为胎儿无异常不同意手术，该剖腹产手术就不能实施。

第二，患者亲属有时又与患者本人分别享有同样或同类的权益。例如，病患者及其病患信息的隐私保护，患者本人享有隐私权，患者亲属也享有隐私权，任何人不得暴露患者病患信息及患者与家属的身份信息。曾经有医生无意泄露了艾滋病患者的身份和艾滋病患者亲属的身份，最终医院和医生成为被告，道歉并作出了经济赔偿。但是，病患者及其亲属被暴露身份后，造成无法在当地继续生存的后果却已无法挽回。

第三，患者亲属常常享有患者亲属的特别权益。例如，患者亲属享有患者死亡后的亲属特别权益，包括患者遗体的处置权等。

第四，患者本人也常常享有一些独享的权益。例如，患者的姓名权、肖像权等等。

（2）患者与患者亲属都是独立的权益主体，两者的权益之间既具关联性又具独立性。没有患者就没有患者亲属，患者亲属的称谓虽然具有一定的从属性，但是不影响患者亲属主体地位的独立性。患者亲属与患者本人一样，都是具有独立人格的主体。患者本人的权益之于患者亲属的权益而言，具有绝对的前提性，即通常情况下，患者本人的权益是第一位的。患者本人的权益与患者亲属的权益有时具有共同性，有时具有相同性，但这并不影响患者和患者亲属还可以各自分别享有其他不同的独立权益。可见，患者亲属权益与患者本人权益之间既具有一定的独立性，又具有一定的关联性。

---

[1] 紧急情况下发生的法定代理权的发生、消灭、权限、时效等问题，有待于进一步研究并加以规范。

3. 患者亲属的权益比患者的权益更容易被忽视。此前，患者亲属权益的研究资料极为鲜见，有待于关注和研究。患者亲属的权益不仅理论上被忽视，在实务中更不被重视。因损害患者亲属权益发生纠纷和矛盾也时有发生，由于得不到重视和公平合理的解决常常容易导致矛盾激化。强调患者亲属权益的存在，有助于完整和丰富患者权益的内容，有益于进一步保障这些常常被忽视的权益，减少和减低社会不稳定不和谐的因素和事件。

综上，笔者明确提出：患者权益的主体包括患者本人及其亲属。但是，考虑到语言文字的使用习惯，可以用广义与狭义来划分：广义上的患者权益的主体包括患者本人及其亲属；狭义上的患者权益的主体仅指患者本人。

■ 第二节 患者权益的内容与保障

一、患者的基本人权及相对义务主体

生命权、健康权、身体权，是由我国法律规定，司法界、学界公认的人格权的首要内容，也是国际社会公认的基本人权。

1. 患者的生命权、身体权和健康权。

（1）生命权。国际社会公认，人的生命权是基本人权。《世界人权宣言》[1]第3条明确指出："人人有权享有生命、自由和人身安全。"我国承认并即将正式加入的《公民权利和政治权利国际公约》[2]第6条规定："人人有固有的生命权。这个权利应受法律保护。不得任意剥夺任何人的生命。"

生命权作为独立的人格权，受我国国内法的保护。虽然我国宪法还没有规定生命权，但民法、刑法等有相关规定。我国《民法通则》第98条规定："公民享有生命健康权。"由于《民法通则》把生命权和健康权合一规定，人们常把生命权与健康权混为一谈。最高人民法院发布的《关于审理人身损害赔偿案件适用法律若干问题的解释》[法释（2003）20号]、《关于确定民事侵权精神损害赔偿责任若干问题的解释》[法释（2001）7号]等一系列司法解释中，明确区分了"生命、健康、身体"、"生命权、健康权、身体权"。此后，多数人已经接受

---

〔1〕 1948 年 12 月 10 日联合国大会第 217A（Ⅲ）号决议通过并颁布，载联合国网站，转引自新华网。

〔2〕 联合国大会 1966 年 12 月 16 日第 2200A（XXI）号决议通过，载联合国网站，转引自新华网。我国政府代表已于 1998 年 10 月签署，但因与国内法的接轨问题，我国政府尚未提交全国人大批准。

"生命权""健康权"是相互独立的人格权。我国《刑法》等法律对生命权也作出了严格的保护规定。

生命权,是指自然人按照自然规律安全地存活于世界,其生命不受非法剥夺并不受各种危险威胁,在生命危难时能够得到及时有效的救助与救治,以及在特殊情况下可以选择死亡的权利[1]。因此,生命权的内容不是单一的,主要应有四项[2]:①生命存在权,②生命安全权,③生命危难救助权,④有限的生命支配权[3]。患者生命权的含义和内容,与上述定义相同,但是由于患者与健康人不同,其研究和保护的侧重点也有所不同。

第一,患者的生命存在权。这是指患者有权按照自然规律存活于世界,其生命不受非法剥夺。患者无论患病或残疾,皆享有平等的生存权利,任何人不得非法剥夺其生命。患者生命存在权属于对世权,其权利主体为患者本人,其义务主体是生命体本人以外的一切主体,包括国家及其一切机构和组织、一切法人、一切自然人,相对主体的义务是不得非法剥夺他人生命。

第二,患者的生命安全权。这是指患者有权生活在安全的环境里,其生命存在不受各种危险的威胁。这里所称危险,主要是指天灾人祸,例如战争、暴乱、犯罪、自然灾害、重大流行疾病、重大安全事故或安全隐患等危及生命的危险。患者的生命安全更容易受到这些危险的威胁;有时还会受到其他的危险威胁,比如,患者之间发生危及生命的交叉感染、心脏病人受噪音惊吓、免疫病病人遭受重度空气污染等。患者生命安全权既属于对世权又属于对人权,即任何主体都有

---

〔1〕 对生命权,法学界包括法理学、宪法学、民法学和刑法学等各学科的学者有数十种不同的表述。笔者同意上官丕亮在其博士学位论文《生命权的宪法保护》一文中的观点——生命权的含义在各学科中应当是相同的,生命权就是指人对自己的生命享有的权利,主要是指活着的权利(该论文正文第6页)。笔者认为,对生命权的具体内容,也应该有一个比较统一的认识,更应该以宪法的形式作出规定(我国《宪法》只有健康权方面的规定,尚无生命权的明确规定)。生命权的内容应该围绕如何保障活着的权利,同时又要与别的权利区别开,尽量避免交叉。

〔2〕 韦以明认为,传统的生命权含义只具有生命存在权(又称生命拒害权)一项内容,应当予以发展和改造。但笔者对其将生命权只解读为生命安全权,并且内容只是"生命拒害权"+"生命危难救助权"持不同意见(下文进一步表述)。参见韦以明:"'生命权、生命安全权、生命健康权'谁宜入宪",载《政法论坛》2003年第6期。笔者认为,该条款首先规定"人人有固有的生命权",强调的是生命权的自然性质和平等性;接着规定"这个权利应受法律保护",不是对生命权内容的解释,而是强调国家法律保护的义务;"不得任意剥夺任何人的生命",强调的是相对义务人的义务。韦文引用的译文不够准确,非联合国官方文本,理解也有偏颇。

〔3〕 严格意义上说,生命权的内容还可以包括生命延续方面的权利,但是,学术界已经将生命延续方面的一般内容通过生存权、社会保障权等加以界定和研究,并且在法律上已经成为与生命权不同的独立权利,故生命延续方面的一般权利也就不再成为生命权的内容。

不得危害患者的生命安全权的义务，特定的主体有义务保护患者的生命安全并防止危险的发生。这些特定的主体，包括国家、有关单位、负有特殊使命的人员（如警察等）等。患者的生命安全权的权利主体为患者本人。应当注意的是，生命安全权强调生命的安全存在、免受可控或可避免危险的威胁；生命存在权强调生命的自然存在不受人为的非法剥夺。两者是有区别的：生命存在是基础和前提，生命安全是生命存在的保障。所以，生命存在权是生命权的核心，也是生命权的首要权利[1]。

第三，患者的生命危难救助权。这是指患者有权在生命处于危难之时，得到积极适当的救助和救治。当危险事件或危重疾病发生时，救人性命使其脱离危难是人本主义的基本教义。笔者认为，生命危难被救助的权利应当是新生命权观念的应有之内容。该权利主体是患者本人，义务主体是负有义务的机构和人员（视危难不同可以分别是有关单位、军人、警察、医院、医生、患者家属等），其义务内容是积极适当地对危难中的生命施救使其脱险。现实生活中常发生的侵害现象主要包括对患者不施以积极的救助救治或者不适当地放弃救助救治，导致患者丧失生命。其责任主体主要有四类：有关单位和特定人员、医疗机构和医护人员、患者亲属、其他见死不救的人或单位。当患者生命处于危难时，前两类主体在知情后是有法律上的特定责任和义务对患者实施救助救治的，比如医疗急救机构、发生危险事故的单位等。后两类主体的侵害现象常常发生道德责任和法律责任的争端，笔者认为，现代法律应当更注重对人的生命权的保障，法律应当规定：对处于危难中的有生存可能的生命在有能力救助或救治时施以积极的救助和救治，不得放弃救助和救治、不得见死不救。此外，国家应当进一步加大力度解决生命处于危难时的救助和救治的费用问题，不能总是发生因费用困难导致危难中的生命得不到救助和救治的现象。所以，笔者认为，国家也应当是生命危难救助权的主要义务主体；在生命处于危难中有法定义务进行救助的个人和机构，也是生命危难救助权的义务主体。应当注意的是，患者的生命安全权和生命救助权有明显区别，两者虽然都属于生命权的内容，但前者注重于危险的防止和预防，主要属于事前的权利；后者注重于危险发生后的救助和救治，主要属于事后的权利。

第四，患者在一定限度下的生命支配权[1]。这是指一定条件下患者对其是否继续生存有选择的权利。与生命支配权相关的概念有献身、自杀、自卫、死刑

---

〔1〕 有学者认为生命权的核心是生命安全权，笔者以为不妥。参见李克："关于生命权的法律思考"，载北京社科规划网。

和堕胎、安乐死等[2]。本文主要探讨安乐死问题。安乐死，是指身患绝症的患者为解除极度痛苦和恐惧在特定人员帮助下人为结束生命。实施安乐死通常由具备法定资格的特定人员进行。本人实施结束自己生命的行为不属于安乐死，属于自杀。采用安乐死是患者在一定限度下的生命支配权，权利主体首先是患者本人，患者本人不能正确表达意思时其亲属也可以成为权利主体。医院和医生不是权利主体，而是在患者本人或患者亲属依法要求下实施安乐死的义务主体。安乐死应当在法律严格规定下进行。目前，只有荷兰等少数国家规定可以实施安乐死，我国尚未规定。

生命权与生存权有一定关联，容易混淆。"生存权是中国人民长期追求的首要人权。"[3]我国政府提出的生存权，主要是指以温饱为主的公民基本生活保障权[4]，与国际社会的认识基本一致[5]。生存权与生命权的关系密切，但两者的

---

〔1〕　生命权是否可以自由支配？生命主体自己是否有支配权？国家或他人是否可以有支配权？存在不少争议和悖论，陈仲在《关于生命权的几个问题》（载《达县师范高等专科学校学报》（社会科学版）2002 年第 3 期）一文中有部分描述。笔者主张，生命主体自己在一定限度下可以有生命支配权；反对任何主体对他人生命的支配，但以极小生命代价保全更大生命利益的情况下可以行使有限度的支配权。

〔2〕　笔者认为，①自杀（生命主体自主结束生命的行为）是事实行为，法律不可以认可，不属于权利范畴。自杀一般为宗教、道德所不齿，历史上也曾有一些国家立法禁止。现代国家不再立法禁止，但也无必要视其为权利，反而基于对生命的重视而多采取各种手段进行自杀预防和干预。②一般意义上的献身（主要是指为了保护国家利益、社会利益、他人利益牺牲生命）是一种事实行为，虽然有些社会鼓励这种行为但法律不可以确认其为权利，故不属于支配生命的行为。法律规定军人警察等在执行职务行为时必要的献身是其义务和职责，此献身不属于自主支配生命的权利，但属于国家支配权。③合法合理的自卫致人死亡，属刑法上的正当防卫，是为保证自己的生命安全的合法行为。属于生命安全权中的自卫权范畴，可以看做紧急情况下对他人生命的处置，但不属于支配。另外，关于堕胎和死刑涉及对胎儿和他人生命的处置问题，均不属于支配。一些国际人权组织和学者认为这是践踏人权的行为，我国有不同的看法和立法规定。

〔3〕　国务院新闻办公室编：《中国人权状况》，中央文献出版社 1991 年版，第 1 页。

〔4〕　比较有代表性的关于生存权的概念和定义有 10 种以上（上官丕亮："生命权的宪法保护"，博士论文第 13 ~ 16 页），主要是对生存权作扩展解释，有的还包含生命权。笔者认为官方文件已有比较权威的表述，《中国人权状况》第 4 ~ 6 页明确写明："国家的独立虽然使中国人民的生命不再遭受外国侵略者的蹂躏，但是，还必须在此基础上使中国人民享有基本的生活保障，才能真正解决生存权问题。人民的温饱问题解决了，人民的生存权问题就基本解决了。虽然中国已经基本解决了温饱问题，但是，经济发展水平还比较低，人民的生活水平与发达国家相比还有较大的差距，人口的压力和人均资源的相对贫乏还制约着社会经济的发展和人民生活的改善，一旦发生动乱或其他灾难，人民的生存权还会受到威胁。"

〔5〕　《世界人权宣言》（1948 年 12 月 10 日联合国大会第 217A（Ⅲ）号决议通过并颁布）第 25 条第 1 款规定："人人有权享受为维持他本人和家属的健康和福利所需的生活水准，包括食物、衣着、住房、医疗和必要的社会服务；在遭到失业、疾病、残疾、守寡、衰老或在其他不能控制的情况下丧

侧重点不同，前者侧重于生命的一般延续，后者侧重于生命的存在、安全和紧急救助等。生存权也是患者的权利，对患者的生存权应当予以更多的关怀和保护，比如对生活困难的患者加大经济救助的力度。本文取以上狭义的概念，但生存权不是本文研究的重点内容，在此只作简单界定和区分。

（2）健康权。健康权是国际法、我国宪法和法律规定的基本人权，也是学界公认的独立人格权。

《世界人权宣言》第25条承认："人人有权享受为维持他本人和家属的健康和福利所需的生活水准，包括食物、衣着、住房、医疗和必要的社会服务；在遭到失业、疾病、残废、守寡、衰老或在其他不能控制的情况下丧失谋生能力时，有权享受保障。母亲和儿童有权享受特别照顾和协助。"《经济、社会和文化权利国际公约》[1]第12条规定："①本公约缔约各国承认人人有权享有能达到的最高的体质和心理健康的标准。②本公约缔约各国为充分实现这一权利而采取的步骤应包括为达到下列目标所需的步骤：一是减低死胎率和婴儿死亡率，和使儿童得到健康的发育；二是改善环境卫生和工业卫生的各个方面；三是预防、治疗和控制传染病、风土病、职业病以及其他的疾病；四是创造保证人人在患病时能得到医疗照顾的条件。"

我国《宪法》虽然没有直接出现"健康权"一词及其概念，但有不少条文直接或间接地规定了健康权的内容，例如第21、36条以及第43、46条等。我国《民法通则》第98条直接规定了"生命健康权"，最高人民法院近几年颁布的司法解释更是将"健康权"作为独立的人格权加以规范。我国刑法对危害他人健康也有严厉的制裁规定。我国民法其他规范、劳动与社会保障法规范和行政法规还有更多的保障健康权的规定。

健康权有广义和狭义之分。狭义的健康权是指以自然人的健康安全为主要内容的权利。广义的健康权是指自然人享有健康安全、健康维护和健康保障的权利。广义的健康权的保护由宪法、民法、刑法、劳动与社会保障法、行政法等诸多法律共同完成。由于广义的健康权中的健康维护权和健康保障权与权利主体的其他权利有交叉或重叠，本文将在相关部分另作讨论，此处仅重点研讨健康安全

失谋生能力时，有权享受保障。"《经济、社会及文化权利国际公约》（联合国大会1966年12月16日通过）（我国于1991年2月由全国人大常委会批准加入）第11条第1款规定："本公约缔约各国承认人人有权为他自己和家庭获得相当的生活水准，包括足够的食物、衣着和住房，并能不断改进生活条件。各缔约国将采取适当的步骤保证实现这一权利，并承认为此而实行基于自愿同意的国际合作的重要性。"载联合国网站，转引自新华网。

[1] 联合国大会1966年12月16日通过，我国人大2001年2月28日批准，载中国人权网。

权。健康安全权是指权利主体的健康安全受法律保障并不受危险威胁和不受非法侵害的权利。健康安全权与生命安全权有区别也有联系。其区别在于，生命安全和健康安全是两个不同的概念。其联系在于，生命安全是健康安全的前提，没有生命的保障，健康保障也无必要；危害健康安全的情况有时也同时危害生命安全。

健康权的主体是自然人本人。健康权的客体是生理健康和心理健康[1]。侵害健康权的行为只要达到法定的限度即便没有致人患病或受到直观的伤害，也属于侵害健康权的行为[2]，对健康安全造成威胁的行为就属于侵害健康权的行为。比如，刑法上的投毒未造成危害后果的行为。健康权的相对义务主体一般是一切不特定的主体，有时国家、特定单位和人员可以由法律规定成为特定主体。

患者的健康权与一般主体的健康权相同，但也有一些特殊性。由于患者的健康已经处于不正常状况，国家、有关单位和社会应当给予特别的倾斜，提供必要的保障。

（3）身体权。身体权是一项独立的人格权，也是国际、国内公认的基本人权，但有待于我国宪法和法律进一步明确规定。

《世界人权宣言》[3] 第3条宣称："人人有权享有生命、自由与人身安全。"其中与"生命、自由"并列的"人身安全"主要就是指身体安全，不包括生命

---

〔1〕　对心理健康是否属于健康权的范畴也有不同意见。反对者认为："健康权是指以保护自然人肌体生理机能的正常运作和功能的完善发挥为内容的人格权"。参见刘风景、管仁林：《人格权》，中国社会科学出版社1999年版，第59页。"用统一的精神损害赔偿制度代替健康权对心理健康予以保护""在理论及实践上最切实可行"。参见"什么是健康权？"，载法律快车网，http：//www．Lawtim．cn．笔者认为，心理健康权应当包含在健康权中，理由有三：①保护生理健康与保护心理健康同样重要，不因法律没有直接规定就不应得到保护。一些现行法律没有规定而又应当规定的权利或利益，应当积极开展学术研究以推动立法。②从国际国内立法的发展趋势看，心理健康应当得到法律保护。有些人认为心理健康不是法律问题（不是权利问题）。但是，世界卫生组织要求各成员国保障人的健康和健康权就包括了躯体和精神的健康，如世界卫生组织（WHO）的宪章导言（1946年）称"健康是指人的躯体、精神、社会适应能力"等。《经济、社会、文化国际公约》第12条也明确了心理健康是人的权利。这表明国际社会公认健康权是人的权利。③司法实践证明，现行精神损害赔偿制度中所称精神损害包括损害了心理的健康或者心理健康的安全（心理健康和精神损害是交叉关系并不等同）。

〔2〕　有观点认为，侵害健康权，即损害健康，致人患病。参见苏志："公民的健康权及其保障"，载《中国卫生法制》2002年第1期。笔者认为不妥。

〔3〕　1948年12月10日联合国大会第217A（Ⅲ）号决议通过并颁布，载联合国网站，转引自新华网。

安全[1]。

我国宪法和法律都没有直接规定身体权，但最高人民法院《关于确定民事侵权精神损害赔偿责任若干问题的解释》第 1 条明确规定："自然人因下列人格权利遭受非法侵害，向人民法院起诉请求赔偿精神损害的，人民法院应当依法予以受理：①生命权、健康权、身体权……"《关于审理人身损害赔偿案件适用法律若干问题的解释》第 1 条规定："因生命、健康、身体遭受侵害，赔偿权利人起诉请求赔偿义务人赔偿财产损失和精神损害的，人民法院应予受理。"

身体权，是指自然人对自己身体所享有的身体安全和身体利益支配的权利[2]。身体权中身体安全权是主要内容，身体利益支配权属于有限度的支配权。患者身体权的内容和相对义务主体分述如下：

第一，患者的身体安全权。这是指患者对自己身体享有的不受非法侵害和不受非法侵扰的权利。一般意义上被侵害的身体对象包括人体的所有组织、皮肤、血液、牙齿、毛发、指甲等，侵害的方式如击打、刺砍等方法致身体组织疼痛、受损、脱离或功能丧失，未经本人许可抽血输血、切削毛发或指甲、在皮肤上刺字等。对患者的身体实施的不法侵害，主要集中在医院或医生过度或不当的外科手术、不当或不安全的抽血输血等。一般意义上的非法侵扰身体的行为主要有：非法搜查身体、不当暴露他人身体、强行性行为、非法触摸[3]。对患者的身体实施的不法侵扰，主要集中在医院或医务人员不当暴露患者的身体等。[4]

---

[1] 但我国《刑法》第 20 条第 3 款和最高人民法院《关于贯彻执行〈中华人民共和国民法通则〉若干问题的意见》第 154 条所称"人身安全"是一个综合的概念，包含了生命安全和身体安全两方面的内容。本文主张把生命安全和身体安全分开研究和规定。

[2] 身体权的定义代表性的表述有：①安全与利益说。该说认为，身体权是不为他人妨害，而就身体之安全，享受利益之权利（何孝元：《损害赔偿之研究》，台湾商务印书馆 1982 年版，第 134 页）。②安全说。该说认为，身体权为以保持身体之安全为内容之权利（史尚宽：《债法总论》，台湾荣泰印书馆 1978 年版，第 142 页）。③支配说。该说认为，身体权是指自然人对其肢体、器官和其他组织的支配权（张俊浩主编：《民法学原理》，中国政法大学出版社 1991 年版，第 141 页）。④完整说。该说认为，身体权是公民保持其自身组织器官的完整性为内容的权利。（王利明主编：《人格权新论》，吉林人民出版社 1994 年版，第 283 页）。⑤完全说。该说认为，身体权以保持身体之完全为内容之权利。（史尚宽：《债法总论》，中国政法大学出版社 2000 年版，第 143 页）。⑥完全与支配说。该说认为，身体权是以公民维护其身体完全并支配其肢体、器官和其他组织的人格权。（杨立新：《人身权法论》，人民法院出版社 2002 年版，第 398 页）。笔者认为，以上表述各有道理，并不矛盾，可以互相包容，其中，"安全与利益说"的表述较为贴切，但就内容的表述而言当数"完全与支配说"较为完整。

[3] 有学者把啐吐沫、泼污物等也列入侵害身体权的行为，笔者认为，这种行为虽然也侵害了身体权，但更多的是侵害了人的人格尊严，应当竞合到侵害人格尊严的行为中。

[4] 本文以上的论述可以表明，身体"完整说"、"完全说"的定义不能全部概括身体安全的全部内容。

患者身体安全权的权利主体是患者本人。患者身体安全权的义务主体是不特定的一切主体（属于对世权），但就医时医护人员可以是特定义务主体。

身体安全权与生命权有一定的关联，尤其与生命存在权密切相关，身体处于不安全状况可能导致危及生命存在即侵害身体可以致人丧命。身体安全权与生命安全权也有很大区别，身体安全权注重于身体不受非法侵害和不受非法侵扰，生命安全权注重于生命的存在不受危险的威胁。两者的客体不同，前者是身体，后者是生命；保护的方法和重点不同，前者有预防、排除和侵害后的救济；后者重点在于预防和排除，生命无法再生，无以赔偿（死者亲属最多只能得到经济上的补偿）。

第二，患者的身体利益支配权。这是指患者对自己的身体利益享有一定限度的支配权。一般意义上的身体利益包括：自然人可以自行支配自己的身体组织、脏器、皮肤、骨髓、血液、精液、毛发以及脱离身体的组织、胎盘等，例如，捐献、出卖、出租、交换等。但是，自然人对自己的身体利益的支配权是有限度的。比如，我国法律禁止出卖人体器官、禁止卖淫、禁止有伤风化的身体展示等。患者的身体利益支配权与健康人相同。

常见的与患者身体利益支配权有关的侵害行为有：对手术切割下的患者身体组织、患者身体的衍生物、孕妇胎盘、患者的尸体，实行非法保留、占有、使用、获利等。一般而言，尸体或脱离活体的身体组织等不属于身体权的客体，只属于"物"。医疗机构应当充分尊重患者本人、患者亲属或死者生前的意愿，依法处理这些"物"，避免发生纠纷。

患者身体利益支配权的权利主体一般为患者本人。患者身体利益支配权的义务主体是一切不特定主体，在特定管理范围内是特定的医院和医护人员、管理单位和管理人员。

2. 患者的平等医疗保健保障权。患者的平等医疗保健保障权，是患者也是所有人的基本人权。平等医疗保健保障权，是人健康而尊严地生活的基本条件，是国际社会普遍承认的基本权利，也是我国宪法和法律应当对人民承诺的基本保障。

（1）依据。《世界人权宣言》第22条指出："每个人，作为社会的一员，有权享受社会保障，并有权享受他的个人尊严和人格的自由发展所必需的经济、社会和文化方面各种权利的实现，这种实现是通过国家努力和国际合作并依照各国的组织和资源情况。"第25条强调："人人有权享受为维持他本人和家属的健康和福利所需的生活水准，包括食物、衣着、住房、医疗和必要的社会服务；在遭到失业、疾病、残废、守寡、衰老或在其他不能控制的情况下丧失谋生能力时，有权享受保障。母亲和儿童有权享受特别照顾和协助。"

《经济、社会和文化权利国际公约》第9条规定:"本公约缔约国承认人人有权享受社会保障,包括社会保险。"第12条规定:"本公约缔约国承认人人有权享有能达到的最高的体质和心理健康的标准"。要求缔约国采取以下步骤:"①减低死胎率和婴儿死亡率,和使儿童得到健康的发育;②改善环境卫生和工业卫生的各个方面;③预防、治疗和控制传染病、风土病、职业病以及其他的疾病;④创造保证人人在患病时能得到医疗照顾的条件。"

《消除一切形式种族歧视国际公约》第5(e)条要求缔约国"保证人人有不分种族、肤色或民族或人种在法律上一律平等的权利……尤得享受下列权利……公共卫生,医药照顾,社会保障及社会服务"。

《消除对妇女一切形式歧视公约》第12.1条规定:"缔约各国应采取一切适当措施以消除在保健方面对妇女的歧视,保证她们在男女平等的基础上取得各种保健服务,包括有关计划生育的保健服务。"第12.2条规定:"缔约国还应当保证为妇女提供有关怀孕、分娩和产后期间的适当服务,于必要时给予免费服务,并保证在怀孕和哺乳期间得到充分营养。"

《儿童权利公约》第24.1条规定:"缔约国确认儿童有权享有可达到的最高标准的健康,并享有医疗和康复设施;缔约国应努力确保没有任何儿童被剥夺获得这种保健服务的权利。"该公约第24.2条还详细列举了缔约国为实现此目标所采取的措施,包括降低婴幼儿死亡率、提供必要的医疗帮助和保健服务、努力消除疾病和营养不良,以及确保获得卫生信息和教育的机会。

国内法依据则有中央政府发布的《关于建立城镇职工基本医疗保险制度的决定》[国发(1998)44号];卫生部等七部委联合颁发的《关于加快推进新型农村合作医疗试点工作的通知》[卫农卫发(2006)13号]等。

(2)含义与内容。患者的平等医疗保健保障权有广义和狭义之分。广义的是指患者享有平等的疾病医疗保障权、疾病预防保障权和健康保障权(保健权);狭义的仅是指患者享有平等的疾病医疗保障权。疾病医疗保障权包括患者有权得到医疗诊治和救治的保障、有权得到基本的社会医疗保险和医疗费用救助保障;疾病预防保障权包括有权得到疾病预防指导的保障、有权获得预防疾病的必要设施和药物保障、有权得到远离疾病发生源头的保障(例如,政府加强对环境的治理、加强对传染性疾病的强制治疗和控制);健康保障权(保健权)包括有权获得维持和增强健康的基本条件和设施、有权获得基本的社会健康保险保障。这些权利涉及国家公共医疗基础设施的合理布局和医疗资源的合理配置,涉及国家和社会医疗保险制度和政策的公平性和倾斜性,涉及国家公共卫生政策的制定和实施以及基础设施及其资源的合理布局和合理配置，涉及国家和社会全民健康政策及其落实，等等。

（3）现状。笔者特别强调并提出"患者的平等医疗保健保障权"的概念，是基于我国"看病难、看病贵"和医疗保健资源分配不公平的现状。我国从计划体制时代就遗留下一些先天不足和不公：发达地区与欠发达地区之间存在着巨大的医疗设施和资源的配置差距；城镇职工可享有一定的公费或基本医疗保险保障，农村居民、城镇无业人员和未成年人基本无此保障。近两年来，由于中央政府的重视，这种不公的情况已经开始得到扭转，比如，推行城镇社区医院解决看病难题，对城镇无业人员和未成年人给予小额的医疗费补助，对农村居民给予小额的合作医疗费补贴。但是，这些政策性的小额补助，对于大病患者、残疾人等弱势群体仍然是杯水车薪、无法缓解长期的困苦。农村居民特别是边远地区的居民，仍然无法得到公平的甚至是基本的医疗保健保障，这些地区群众中仍然普遍流行"小病硬抗，大病等死"的说法。

（4）出路。上述这些难题不是一朝一夕形成的，也不是一朝一夕能够解决的。我国政府已经意识到这些问题的存在，正下决心逐步加大力度解决这些难题。笔者认为，今后在医疗保健保障事业的建设和发展方面特别重视基础建设和公平发展的同时，应当加强医疗保健保障制度的建设和立法工作，尽快建立健全全民健康保障制度、全民医疗保险制度；国家医疗保健制度和政策应当特别向未成年人、残疾人、大病患者等弱势群体倾斜；健全并加强防病保健基础设施建设和队伍建设，树立防病保健工作优先的意识；将全民医疗保险与商业保险和农村合作医疗以及大病救助等制度和方法相结合，构建中国特色的医疗保险保障体系；不仅加强城镇社区医院的建设，更应恢复农村卫生院或卫生站的建制，对执业医生实行强制性定期巡回医疗制度；动员社会力量成立多种医疗保健方面的慈善基金和机构，积极开展商业医疗保险；进一步加强对医疗机构及其人员的管理，改善医疗条件、降低医疗成本、提高服务水平。

（5）义务主体。患者的平等医疗保健保障权基本都涉及国家的责任。作为相对权，国家永远是该基本权利的主要义务主体，有时医疗机构、社会机构是该基本权利的次要义务主体。作为绝对权，一切个人、团体、机构和国家都不得侵害该基本权利。但是，在我国，多数情况下，患者的平等医疗保健保障权还是应然性权利，有待于在立法上的全面确认，也有待于在实际工作中的落实。

3. 患者的反歧视权。患者的反歧视权，体现了人人平等的基本人权理念。

（1）依据。《世界人权宣言》第 1 条规定："人人生而自由，在尊严和权利上一律平等。他们赋有理性和良心，并应以兄弟关系的精神相对待。"第 7 条规定："法律之前人人平等，并有权享受法律的平等保护，不受任何歧视。人人有权享受平等保护，以免受违反本宣言的任何歧视行为以及煽动这种歧视的任何行为之害。"第 23 条规定："①人人有权工作、自由选择职业、享受公正和合适的工作条件并享受免于失业的保障；②人人有同工同酬的权利，不受任何歧视；③每一个工作的人，有权享受公正和合适的报酬，保证使他本人和家属有一个符合人的尊严的生活条件，必要时并辅以其他方式的社会保障；④人人有为维护其利益而组织和参加工会的权利。"

（2）我国国内法规定。《残疾人保障法》第 3 条规定，残疾人在政治、经济、文化、社会和家庭生活等方面享有同其他公民平等的权利。残疾人的公民权利和人格尊严受法律保护。禁止歧视、侮辱、侵害残疾人。《艾滋病防治条例》第 3 条规定："任何单位和个人不得歧视艾滋病病毒感染者、艾滋病病人及其家属。艾滋病病毒感染者、艾滋病病人及其家属享有的婚姻、就业、就医、入学等合法权益受法律保护。"

（3）权利内容。患者享有平等对待的权利、享有受到尊重的权利。患者的反歧视权的内容主要就是指这两项权利。对患者的歧视主要表现在以下几个方面：就医过程中的歧视、社会生活中的歧视和就业过程中的歧视。患者反歧视权是法律权利，也是社会权利。

（4）现状。由于迷信、不良习俗、缺乏卫生常识等因素，人们对一些患者持有偏见。最常见的受歧视的患者是一些传染性疾病的患者（如艾滋病人、麻风病人、肝炎病人）和残疾人等。这种歧视不仅针对患者本人，还常常针对患者亲属。歧视使得这些患者在遭受身体疾患的同时，心理上也受到严重的摧残。

患者在接受医疗服务过程中，常常因年龄、病种、身份、社会地位、经济状况等因素受到歧视或不公正待遇。患者在社会生活中，常常因疾病或残疾而在单位或公共场所受到歧视或不公正待遇。患者在就业过程中，也常常因疾病或残疾而被拒绝、辞退或工资待遇上受歧视或受不公正待遇。

我国在患者反歧视权利方面的立法，目前只有对残疾人和艾滋病人的保护，其他患者的反歧视权的保护尚有待于完善。

（5）保障。由于一些有影响人士的努力，我国在残疾人反歧视保障方面的工作，有举世瞩目的表现和成就，相对于国力和其他方面而言已经走在了前列。但是，对其他患者的反歧视问题，还没有得到根本的扭转。今后除了加强立法等制度性建设外，还应当在落实制度规范和促使人们观念转变上加大力度。

（6）义务主体。患者的反歧视权的首要义务主体是国家，国家有责任立法予以保护，并在患者受歧视时能够提供有力的司法保护。患者的反歧视权是对世权，全社会的一切主体都是义务主体；患者的反歧视权也是对人权，有关人员、单位和机构（如医院、就业单位等）是义务主体。

二、患者的一般性权益及相对义务主体

患者的一般性权益是指除上述权益和就医过程中的其他权益外的一切权益（这些一般性权益在患者就医过程中也都会涉及，只是其义务主体范围更为广泛）。患者的一般性权益由宪法以及民法、劳动法等多部法律规定并保护。患者一般性权益的范围特别广泛，本文仅就以下几个经常受到侵犯的患者一般性权益作简要阐述。

（一）隐私权

隐私权是自然人享有的对其个人的、与公共利益无关的个人信息、私人活动和私有领域进行支配的一种人格权。[1] 患者享有不公开自己的病情以及与之有关的个人秘密的隐私权。

我国的宪法和民法没有直接规定保护公民的隐私权，但民事诉讼法、刑事诉讼法、刑法以及最高人民法院的司法解释都规定要保护公民的隐私权。《执业医师法》第22条第3项规定："医师在执业活动中，要关心、爱护、尊重患者，保护患者的隐私。"根据《传染病防治法》的规定，医务人员未经县以上政府卫生部门批准，不得将就诊的淋病、梅毒、麻风、艾滋病病人和艾滋病病原携带者及家属的姓名、地址和个人病史公开。《母婴保健法》第43条也规定从事母婴保健的工作人员应当为当事人保密。

实践中，侵害患者隐私权的情况比较突出，有关事例举不胜举。例如，某明星生育残疾女婴的信息，在家属被迫公布前已经被全社会广为传播；某普通公民不幸成为艾滋病病原携带者后，消息不胫而走，当事人及其家人无法在当地生存；某刊物登载有关性病防治文章同时使用了患者就医时拍摄的医学研究照片；多数有孕妇的家庭几乎都会收到各种妇婴用品的电话广告（孕期检查时留的电话）；等等。

这些现象与我国社会不重视个人隐私的传统有关，也与现行法律制度的不完备有关。宪法和民法都没有隐私权的基本规定，是隐私权保护的重大缺陷；以往的民事和刑事审判对侵犯隐私权的行为几乎没有给予过严厉的惩治。

患者隐私权的义务主体主要有三：①医疗保健单位和个人是患者隐私权的主要义务人之一。很多侵犯患者隐私权的事例都是由医疗保健单位的人员传播造成。②其他知情人也是患者隐私权的主要义务人之一。这些知情人对患者隐私的

---

[1] 王利明：《人格权法新论》，吉林人民出版社1994年版，第487页。

不当使用和传播也常侵犯患者隐私权。③全社会主要是患者周边人员和新闻人员都是尊重患者隐私权的义务人。人人都应该树立文明和法治的观念，对他人的隐私不打听、不传播。

（二）患者的病休权

患者病休权是指患者患病期间有权休息直到恢复健康。患者的病休权实际上属于劳动者的基本权利。患者因病休养期间应有最低的生活保障，工作单位不能因病休而辞退职工。

劳动部《关于贯彻执行〈中华人民共和国劳动法〉若干问题的意见》中规定，长期病假职工应订立劳动合同；一般非工伤病假应支付病假工资，但可以低于当地最低工资。

在我国，患者的病休权在国有或集体所有的单位里，一般都能实现。但在一些私营企业和组织里，却常常遇到侵害。这些单位数量之多、职工人员之众远远超过国有或集体单位。

侵害患者病休权的表现主要有三：①不允许病休；②病休不给予最低生活保障；③借故辞退病休的职工。

患者病休权的主体是有工作单位的职工。患者的工作单位主要是指国家机关、事业单位、企业单位（含各种所有制）、社会机构、各种组织等。患者病休权的义务主体是患者的工作单位。其主要义务就是为患病职工的病休提供保障。

三、患者就医过程中的其他权益及相对义务主体

患者就医过程中的其他权益是指上述权益之外的一些具体权益，具体包括患者的就医自主权、知情权和同意权、合理费用支出权、医疗档案查阅及复制权以及就医过程中的其他相关权益。患者就医过程中的其他权益还有很多，本文主要阐述常见容易被侵害的权益。

1981 年世界医学联盟在里斯本作出的《病人权利宣言》中指出，病人应有以下八项权利：获得良好质量之医疗照护的权利；自由选择医疗方式的权利；自主决定的权利；获得个人病情信息的权利；诊疗秘密被保守的权利；获得卫生教育的权利；保有个人医疗尊严的权利；获得宗教协助的权利。[1]

患者就医过程中权益的义务主体，主要是医疗机构及其医务人员。

---

[1] 《病人权利宣言》，载 http：//www. hecaitou. com/？ p = 1516.

（一）患者的知情权[1]

患者的知情权，是指患者知悉自己的病情、治疗措施、医疗风险、医疗结果、医生和医院的基本情况、医疗技术、医疗费用以及其他有利害关系的医疗信息的权利。[2]

患者就医过程中的知情权包含数个具体的权利，其具体内容、范围和依据如下：

1. 医疗机构和医务人员基本情况知情权。患者有权知晓医疗机构的名称、等级，医师姓名、职称以及护理人员的姓名等，以及患者就诊或住院时须知的其他事项。

《医疗机构管理条例》第 26 条规定，医疗机构必须将《医疗机构执业许可证》、诊疗科目、诊疗时间和收费标准悬挂于明显处所；该条例第 30 条规定，医疗机构工作人员上岗工作，必须佩带载有本人姓名、职务或职称的标牌。《医院工作制度》规定，对新入院的病员介绍医院的制度和情况。

权利保障和实现：医院除张贴、悬挂进行公示外，有关医务人员仍应进行必要的口头告知。

2. 疾病信息知情权。患者有权知晓自己的病名、病情和医生的诊断意见。

《执业医师法》第 26 条第 1 款规定："医师应当如实向患者或者家属介绍病情，但应注意避免对患者产生不利后果。"《医疗事故处理条例》第 11 条规定："在医疗活动中，医疗机构及其医务人员应当将患者的病情、医疗措施、医疗风

---

[1]　患者的知情权和同意权是两个有关联的不同的权利。我国医学与法学领域对患者"知情同意权"一词的来源与使用，存在以讹传讹式的误解。有些人将美国《病人权利法案》中的"informed consent"曲解成一般意义上的"知情同意"，并将此错误套用到中文语汇中，长期作为不可分割的一个权利对待。在一些公开发表的文章中，此现象比较严重。该英文词组字面上的意思是"告知后的同意"，实际是指"病人有权利在任何医疗开始前，了解并决定是否签写（同意书）"（"病人权利法案"，载 http://www.hecaitou.com/? p = 1515，下同）。该权利不是一项权利，而包括告知和同意两项权利，并且实际上还只包含了知情权和同意权这两项权利中的部分内容。该法案除规定上述权利之外，还有至少 5 项有关知情权和同意权的规定。参见如下：

第 2 项　你有权利要求自己或你的亲友能得到：（以你所能理解的方式）有关自己的诊断、治疗方式及预后的情况。你也有权利知道为你医疗的人员名字。

第 8 项　你有权利获知医院之间的关系及治疗你医疗人员的专业资料。

第 9 项　你有权利被告知，你被进行人体试验或临床研究；且你有权利拒绝。

第 11 项　你有权利知道你的账单，并检查内容或要求院方解释。

第 12 项　你有权利知道医院的规则以及病人的行为规范。对于病人应有的权利，你可以主动争取而不被忽略。

[2]　饶向东："病人权利之研究"，载《湖北成人教育学院学报》2005 年第 1 期。

险等如实告知患者，及时解答其咨询；但是，应当避免对患者产生不利后果。"《医疗机构管理条例实施细则》第62条规定："医疗机构应当尊重患者对自己的病情、诊断、治疗的知情权利。"

医生还应如实记录病案。患者本人和家属如果对医生的诊断有不同意见，可以要求会诊或转院，也可以选择其他医生或者其他医疗机构。

法律法规在规定医生告知疾病信息义务时，是有所保留的。即以对患者有利为前提，如果如实告知有可能产生不利于患者的后果，医生就可以不用告知疾病信息了。此规定有一个严重缺陷和漏洞，没有规定直接告知患者本人可能产生不利后果的应当告知患者亲属。这就为一些未尽告知义务的行为打开了方便之门。

3. 医疗方案知情权。患者有权知晓医疗措施包括特殊检查、治疗方案及备选治疗方案比较、手术名称和范围、术前术后须知等，医疗风险包括手术风险、术后并发症等，复诊须知、休养须知等。

具体依据有：《医疗事故处理条例》第11条关于医疗措施、医疗风险的告知规定；《医疗机构管理条例实施细则》第62条关于治疗的知情权规定；《医疗机构管理条例》第33条关于手术、特殊检查或特殊治疗必须征得患者本人及家属同意的规定（包含了这些方面的告知）。

4. 临床实验知情权。患者有权知晓医生采取的医疗措施是否属于实验性临床医疗措施及其后果。

根据《执业医师法》第26条的规定，医师进行实验性临床医疗，应当经医院批准并征得患者本人或者其家属同意（该规定包含了告知患者本人或者其家属）。

权利保障和实现：医生书面告知并作口头解释，特别应当告知可能存在的不良后果。

5. 用药知情权。患者有权知晓用药情况包括药名、剂量、用法、副作用、药物禁忌等。此项应由医生、护士、药剂师告知。

具体依据有：《医院工作制度》中的医嘱制度、查对工作制度、药剂科工作制度有明确规定。但在法律上尚无具体规定。

6. 医疗费用知情权。患者有权知晓医药、医疗收费单据及明细等。

《医疗机构管理条例》第37条规定："医疗机构必须按照人民政府或者物价部门的有关规定收取医疗费用，详列细项，并出具收据。"《药品管理法》第58条规定，医疗机构应当向患者提供所用药品的价格清单。

现实中当患者对收费提出疑问时，常常无人解释，有时则需要患者或家属自己去找医生咨询，这个问题特别突出。卫生行政部门应当制定责任制度进行规范，统一由收费处对收费情况负责解释，需要内部协调的由医院内部直接协调。

（二）患者的同意权

患者的同意权，是指患者在就医、检查、治疗、转院等方面的自主决定或同意的权利。患者的同意权与知情权有密切的联系，一些具体的同意权是以知情权的实现为前提的。在这些权利中，没有知情权的实现，同意权形同虚设。

患者就医同意权的义务主体是医疗机构及其医务人员。

患者就医过程中的同意权也包含数个具体的权利，其具体内容、范围和依据如下：

1. 患者的就医自主权。患者的就医自主权，主要是指患者享有决定是否就医、到哪个医疗机构就医、选择哪个医生就医以及是否继续治疗等选择权。具体权利内容及其实现包括以下几项：

（1）是否就医自主权。从宗教和道德等社会观念上讲，人人应当维护好自己的身体健康以及生命。患病应当就医。然而，人人有权决定自己的命运，这是人的最基本的自由权利。一般情况下，患病的人是否就医应当由其自主决定。该部分权利的义务主体是国家、有关单位和一切社会主体。

但是，一些特殊病人不需要其本人及家属自主同意，应当立刻送医或就医，主要包括：①需要强制治疗的疾病。比如，"非典"等恶性传染病患者、毒品依赖患者等。需要强制治疗的疾病范围，由法律法规明确规定，应当防止任意扩大强制治疗的范围，侵犯患者权益。②无意识的急症患者。对无意识的急症患者，任何人有义务向急救机构呼救，医疗机构不得推托。

具体依据有：《传染病防治法》关于甲类传染病隔离措施和隔离治疗的规定；《强制戒毒办法》关于毒品成瘾人员实行强制的强制戒毒规定。

（2）选择医疗机构自主权。患者有权选择医疗机构就医；国家和社会有义务提供更多的优质医疗服务机构供患者选择。到哪个医院就诊、是否同意转诊等都是患者选择医疗机构自主权的内容之一。

存在的问题：一方面是一般医疗机构分布不均，很多地方的患者没有选择的余地，致使医疗服务质量不高、病人就医很难；另一方面是优质的医疗服务资源短缺，很多患者涌向这些稀有的优质医疗服务机构，造成患者在这些机构看病难。

患者自主选择医疗机构的权利也有例外：享受公费和医疗保险（含社会保险和商业保险）的患者，在行使选择权时受一定的指定医院范围限制。如此指定有一定的必要性，可以保证医疗质量、方便医疗费用结算、防止医疗费用欺诈。但是，也有一些可以改进的地方：应当进一步扩大指定医院范围，方便患者就医；

不仅应当解决本地就医指定医院范围过窄的问题，而且要解决患者异地就医的指定医院范围问题（对经常出差的人和异地养老的老年人尤其有意义）。这项权利的义务主体是国家、保险机构和其他有关机构。

公费医疗、医疗保险的医院选择和定点医院问题由各地自行制定地方性规章制度，尚无全国统一的法律法规或规章制度予以规范。

（3）选择医生自主权。患者有权选择医生就医，这个权利基本已经实现（严重缺少医生的地方除外）。但其他问题也同时显现出来，现在的医生的医术、医德差别很大，有些患者难以选择到可信赖的优秀医生。

另一个问题是，有教学任务的医院常有大量的医学实习生或见习生。医学实习生和见习生参与诊疗实践活动是成为合格医生的必由之路，患者和家属应当给予理解与支持。但是，一个病人被五六个学生反复诊治，常令患者反感。这个问题的解决要依法办事：①没有执业资格的实习生和见习生无权诊治病人，患者有权拒绝其独立诊治；②实习生和见习生在专家带领下学习诊疗技术，必须经过患者同意才可以进行无风险的操作，但患者有权拒绝其诊疗操作。

具体依据是：《执业医师法》第 14 条的规定，未经医师注册取得执业证书，不得从事医师执业活动。

2. 患者的特别同意权。患者的特别同意权，是指患者及其家属有权决定是否进行手术、特殊的检查、特殊的治疗和实验性临床医疗。医院和医生对患者进行常规性的必要检查和治疗，通常不需要经过患者的特别同意（但患者可以享有选择权）。进行手术、特殊的检查、特殊的治疗和实验性临床医疗，必须征得患者及其家属的特别同意，是由于这些事项存在高风险、高费用等特殊性。

对患者进行手术、特殊的检查、特殊治疗和实验性临床医疗前，通常需要口头告知并详细说明；征得患者同意后，出具书面同意书，患者及其家属签字同意前，应当耐心告知并解释同意书条款。

如果告知患者本人可能产生不利后果的，医生应当只征求患者家属的同意。

法律依据有：《医疗机构管理条例》第 33 条关于手术、特殊检查或特殊治疗必须征得患者本人及家属同意的规定。《执业医师法》第 26 条关于医师进行实验性临床医疗，应当经过医院批准并征得患者本人或者其家属同意的规定。

特别同意权的行使主体是一个比较复杂的问题。目前主要有以下几种：

（1）患者本人和家属同时同意，进行手术、特殊检查或特殊治疗时一般实行这种形式。但如果患者本人或者家属中，一方同意一方不同意如何解决？《医疗机构管理条例》第 33 条规定了无法取得患者意见的处理办法，但未规定患者本人或者家属不同意的解决办法。笔者主张，应当以患者本人意见为准；无法取得患者本人意见、家属又不同意的，应当尊重患者家属意见。

（2）家属同意，进行手术、特殊检查或特殊治疗时，患者本人无法同意的或者告知患者本人可能产生不利后果的。

（3）患者本人或家属同意，是《执业医师法》关于进行实验性临床医疗的同意权规定。该规定存在严重缺陷，没有规定患者本人及家属同时同意。实验性临床医疗的风险高于一般的手术、特殊检查或特殊治疗，其同意权的规定应当更加严格。此规定为实验性临床医疗绕开患者本人或家属中的一方打开了方便之门，对实验性医疗的临床应用有利，对患者权益保障不利。

（4）医疗机构负责人批准。《医疗机构管理条例》第33条规定，医疗机构施行手术、特殊检查或者特殊治疗时，无法取得患者意见又无家属或者关系人在场，或者遇到其他特殊情况时，经治医师应当提出医疗处置方案，在取得医疗机构负责人或者被授权负责人员的批准后实施。

（三）患者的病历资料复制权

患者有权复制病历资料。具体依据是《医疗事故处理条例》第10条的规定："患者有权复印或者复制其门诊病历、住院志、体温单、医嘱单、化验单（检验报告）、医学影像检查资料、特殊检查同意书、手术同意书、手术及麻醉记录单、病理资料、护理记录以及国务院卫生行政部门规定的其他病历资料。"

（四）患者就医过程中的其他相关权益

患者在就医过程中的其他相关权利，包括人身、财产、宁静休息防止打扰等权利。特别是住院病人的这些权利，值得重视和研究。

四、患者死亡后的相关权益及相对义务主体

患者死亡后的相关权益，可以涉及患者死亡后的遗体保存和处置、患者死亡后的保险金和抚恤金以及有关赔偿金等，范围比较广泛。这里只简要讨论患者死亡后的遗体保存和处置问题。

患者遗体的权益主体主要是患者家属，有时还可以是其他有权主体。该权益的内容包括要求妥善保管遗体的权利和对患者遗体的处置权。

1. 要求妥善保存遗体的权利。[1] 从卫生防疫角度出发，家属不能私自保存患者遗体。需要保存的遗体应由有条件的医疗机构或者法定遗体火化机构进行。负责保存遗体的机构有义务妥善保管。委托保存遗体的家属或者其他有权委托的人，有义务支付保管费用，否则，负责保存遗体的机构经有关部门批准后有权自行处置遗体。

―――――――――――

〔1〕 从法学角度称之为权利可能有复杂的理论问题，可能称法益更恰当。

2. 患者遗体处置权。患者家属对患者遗体的处置权是有限的处置权。通常只能在是否同意捐献遗体用做科学实验方面有处置权。该权利是绝对权,一般无相对义务主体。但医疗机构和有关执法部门常常成为侵权主体。

患者家属对患者遗体采用何种方式消灭,一般无权选择,我国实行遗体火化制度(有些少数民族除外)。

五、患者权益危机救济权及相对义务主体

患者权益危机救济权,是指患者权益发生危机时有权通过法定渠道寻求权利救济。患者权益危机救济权的基本保障来自于法律规定。法律是否规定必要充分的救济渠道、救济渠道的使用是否通畅,是患者权益危机救济权能否实现的关键。

患者权益危机救济权的相对义务主体,主要是国家,个别情况下是医疗机构。

1. 患者向医疗机构投诉的权利。患者向医疗机构投诉权利的实现,有赖于医疗机构是否设立专门的受理部门或接待人员。医疗机构应设立专门的部门或接待人员,专门受理和处理患者的投诉。

医疗机构耐心地处理好患者的投诉,有利于协调医患关系、减少医患纠纷,有利于树立良好医风医德,是维护患者的权益的第一道防线。

2. 患者向各级卫生行政部门投诉的权利。患者向医疗机构投诉权利的实现,有赖于各级卫生行政部门对信访工作的态度和工作成效。国务院对行政部门的信访接待和处理工作有明确具体的规定和要求。有些单位的信访工作没有按照规定的程序办理,致使患者向医疗机构投诉的权利难以实现或者合理投诉没有结果。

各级卫生行政部门重视患者投诉的信访工作,及时协调医患关系、及时制裁违规医疗机构,是维护和保障患者权益、建设和谐社会的关键性步骤。

3. 患者向法院起诉的权利。患者权益受到严重侵害,有权向卫生行政部门投诉,也有权直接向人民法院起诉。根据侵权主体不同,可以分别提起民事诉讼和行政诉讼(一般只可对卫生行政部门提起)。患者行使诉讼的权利,依照法律进行。

4. 患者向检察院举报、申诉的权利。医疗机构及其医务人员、其他机构及其人员,严重侵害患者权益可能构成犯罪的,患者有权举报。

患者向法院提起的诉讼被驳回患者认为法院裁判不当的,可以向检察院提出申诉,请求抗诉以引起法院再审。

■　第三节　患者权益定位及法律保障

一、患者及其亲属是弱势群体

（一）对弱势群体的认识

对弱势群体的划分和认识，有各种各样的见解，综合这些见解：

1. 弱势群体是因某种原因在获得各种资源和利益上处于弱势地位的人群。弱势群体弱在何处，有很多不同解答。但也有一些观点存有误区，例如，常有人认为弱势群体就是人数处于少数的人。少数人确实常常会处于弱势，例如，残疾人相对于健全人而言是属于人数较少的弱势群体；但有些领域或场合少数人不仅不弱，反而处于强势地位，例如，医院在病患关系中一般处于强势集团地位，病患者及其亲属相对于医院来说虽然人数众多却常属于弱势群体。显然，区别强势与弱势的标准，主要不在于人数多少，而在于获取利益与资源的能力大小。患者及其亲属在医疗知识、医疗信息、医疗保障、社会平等与歧视等方面，不是处于被动地位就是处于被忽视地位或者处于权益失衡（弱小）地位。

2. 弱势群体是一个相对不绝对的概念。弱势群体的弱势地位是与处于强势地位的群体或机构相对而言的。例如，患者及其亲属在就医、医疗事故处理中往往处于弱势。同一群人或同一群人中的部分人在此场合或环境里是弱势群体，但是在彼场合或环境里可能成为强势群体，例如，在医疗暴力事件中患者及其亲属往往以强势面目出现，而医院和医生却处于弱势。即便是同一群体内也有很大的分化现象，例如，一部分病患者因有特殊的身份（高级干部）或者很强的支付能力（富人），可以直接享受高干门诊或特需医疗服务。这部分病患者，相对于医疗部门或政府可能也有弱势的状况，但与其他病患者相比不属于弱势群体。

3. 弱势群体是一个特定不固定的群体。弱势群体的特定性表现为特定的标准或者特定的人群。例如，年经济收入在一定标准之下可以划为贫困人群；有残疾或有精神病症的人为残疾人或精神病人。但多数弱势群体的具体人员并不固定。例如，一方面有脱贫的人、治愈精神病的人；另一方面还有新出现的穷人、精神病人。

4. 弱势群体具有强烈的时代性特征。不同时期弱势群体的标准和概念会发生很大变化，例如，在我国改革开放前，出身、成份、个人历史"不好"的人处于政治弱势地位需要改造，现在这些人已经不再处于弱势。

此外，不同时期对不同弱势群体的关注程度也有很大不同。弱势群体受关注的程度主要取决于该弱势群体的境遇状况有多差、产生的社会问题有多严重、影响面有多广、领导人对社会问题的重视度以及政治业绩与形象上的需要等因素，还有该弱势群体及其代言人的呼声有多高等方面的因素。国家和社会对弱势群体仅仅关注是远远不够的，必须进行深入的调查研究分析，找出导致弱势的原因以及摆脱弱势地位的出路，设计并践行帮助弱势群体的权益之计和长治久安之策。

（二）弱势群体的界定和保护

弱势群体，是相对于强势群体而言处于弱势的人群，是指在获取社会、政治、经济、生存、发展等方面资源、利益的能力处于弱势的人群。通常认为，妇女、儿童、老人、残疾人、城市贫困人口、下岗失业人员、农民工等等，属于当今社会的弱势群体。

弱势群体具有以下共同特点：获取资源、利益的能力较差；容易受部分强势群体或集团的不平等对待和歧视；其权益受忽视达到一定程度，容易爆发社会危机或产生连锁社会问题。基于此，弱势群体需要特别保护和救助。主要的特别保护和救助方法是对弱势群体采取利益倾斜，以适当平衡经济利益、社会利益和政治利益分配的不公；以适当弥补弱势群体社会竞争能力之不足；以使全体人民心情舒畅、生活质量共同得到提高；以使我们的社会稳定和谐地发展。

（三）病患者及其亲属常常属于弱势群体

病患者及其亲属是否属于弱势群体？医学医务界和法学社会学界的态度可能存在着天壤之别。医学医务界近年来针对医院和医生在立法、行医过程中发生的问题，发表了大量文章大谈如何维护医院和医生的权益，普遍认为医院和医生常常处于弱势，需要特别保护。而对患者及其亲属是否属于弱势群体、如何保护，很少论及。

法学社会学界对弱势群体的概念没有统一的认识，对此问题也没有直接明确的回答。但是，把弱势群体划分为生理性弱势和社会性弱势的分类方法得到较多学者的认同。社会性弱势群体主要是指由于社会原因造成的在社会竞争和社会资源分配上处于不利地位的群体，如失业者、贫困者、农民工、下岗职工、高校贫困生等。生理性弱势群体主要是指由于生理性的原因，如年幼、年老、病残等原因造成的在个人生活方面的依赖性，在社会竞争中处于不利地位的人群，包括儿童、老人、残疾人、重大疾病患者等[1]。有的学者只将重大疾病患者列为生理

---

[1] 崔会敏、李有学："近年来我国社会弱势群体问题研究综述"，载《山东省工会管理干部学院学报》2006年第5期。

性弱势群体[1]，有的学者将地方性疾病患者列为生理性弱势群体[2]，还有不少学者把精神病患者列为生理性弱势群体[3]，但是，基本未见把所有病患者都列为弱势群体的。

我们认为，不仅残疾人、重大疾病患者、精神病人属于弱势群体，所有一般的病患者及其亲属都属于弱势群体。这种弱势不仅由于多数病患者及其亲属在获取医疗健康资源和利益保障方面常常处于被动、弱势地位决定，更由于相对的义务方、责任方能够直接获取特定的资源和利益甚至直接占有并分配这些资源和利益的强势地位所决定的。

在病患者及其亲属中，也有少数人由于获取特定的资源和利益的能力较一般人强，而不属于弱势群体。

二、患者权益的法律保障

对患者权益的保障，实际上存在宪法、基本法、专门法三大法律保护体系。从现行部门法的分类上看，保障患者权益的法律规范中不仅有民事法律而且有刑事法律，更有大量的行政法律。显然，这是一个跨越了公法和私法的广义法律规范体系。根据社会法调整社会关系的不同类别，可以将社会法法律体系大体分为：弱势群体保护法、社会保障法、公益事业法、教育权利保障法。[4] 可见，有关患者权益保障的法律规范，还横跨了弱势群体保护法、社会保障法、公益事业法三大社会法支系。患者权益的保障应当运用社会法的思想和原则进行立法和实现。因此，保障患者权益应当坚持倾斜保护的社会法基本原则。本文着眼于建立并完善这个系统法律体系。

（一）宪法对患者权益保障的完善

上文论及患者的基本人权（实际上多数也属于一般人的基本人权），目前基本上都没有直接入宪。笔者主张这些权利全部入宪，理由如下：①这些权利是国际社会公认的基本人权，我国已经向国际社会正式承认相关的国际法文件；②我国基本法在这些权利的立法上一直没有具体的宪法依据，急需完善宪法以弥补这一缺陷；③我国在司法实践中，为维护这些基本人权，虽然已经进行了大量的探索，但没有宪法依据，有悖于法治的精神。

---

[1] 熊英："当前我国弱势群体研究"，四川师范大学硕士学位论文，第5页。

[2] 崔会敏、李有学："近年来我国社会弱势群体问题研究综述"，载《山东省工会管理干部学院学报》2006年第5期。

[3] 朱力："脆弱群体与社会支持"，载《江苏社会科学》1995年第6期。

[4] 郑尚元："社会法的存在与社会法理论探索"，载《法律科学》（西北政法学院学报）2003年第3期。

（二）基本法对患者权益保障的完善

我国基本法急需完善的是民法中关于生命权、健康权、身体权、隐私权等基本民事权利的具体保护规定。

我国《刑法》除个别条款外（精神病等没有行为能力人的特别保护），几乎没有对患者权益特别保护的规定。刑法应当对于患者权益有更多的倾斜保护的规定，特别是严重侵害患者权益的行为，比如，挪用社会保险基金的行为、利用职务或身份侵害患者权益的行为等。

（三）专门法对患者权益保障的完善

（1）修订并完善《执业医师法》（上文已经论述）。

（2）制定《医疗机构管理法》。目前，我国只有《医疗机构管理条例》，其法律级别过低，权威性不够，并且不够完善。

（3）时机成熟时制定《社会保险法》，对病患者的权益作特别的倾斜性保护规定。

（4）制定《患者权益保护法》，该法不能仅仅规范医患关系，而要全方位地保障患者权益。

第十三章　环境保护法

■　第一节　环境保护与社会及经济发展的关系

一、环境问题是社会问题

环境问题是社会问题，因而环境保护法具有社会法的属性。

（一）环境的涵义

"环境"一词具有相对性，与某一中心有关的周围事物、情况和条件就是该中心事物的环境[1]。迄今为止的环境概念大都以人为中心。因此，我们一般将环境概括为周围的境况，如自然环境、社会环境。自然环境是指对人类的生存和发展产生直接或间接影响的各种天然形成的物质和能量的总体，如大气、土壤、阳光、生物等[2]。社会环境既包括物质因素的环境，如人为环境或人工改造过的环境，如名胜古迹、水库、城市等，也包括非物质因素的环境，如政治环境、文化环境等。本书所使用的"环境"一词是环境科学和环境法上的概念，仅指物质因素，环境包括自然环境和人工环境，具体是指影响人类生存和发展的各种天然的和经过人工改造的自然因素的总体，包括大气、水、海洋、土地、矿藏、森林、草原、野生生物、自然遗迹、人文遗迹、自然保护区、风景名胜区、城市和乡村等。[3]

（二）环境与资源

一般认为，资源是指对人有用或有使用价值的某种东西。广义的资源包括自然资源、经济资源、人力资源等各种资源。狭义的资源仅指自然资源[4]。自然资源既具有经济功能，又具有环境功能，由此看来，它与环境的关系密切，但它们毕竟是两个概念。因此，环境法学界对于环境与资源的关系用词有三种，一种

---

〔1〕　《中国大百科全书·环境科学》，中国大百科全书出版社1983年版，第1页"环境科学部分"。
〔2〕　金瑞林主编：《环境法学》，北京大学出版社2002年版，第2页。
〔3〕　《中华人民共和国环境保护法》第2条。
〔4〕　蔡守秋主编：《环境资源法学》，人民法院出版社、中国人民公安大学出版社2003年版，第4页。

是狭义的环境，和资源属并列关系，如环境污染、资源利用；另一种是将环境作为资源的定语来理解，强调环境本身就是资源，如环境资源；第三种是环境的含义比自然资源要广，将自然资源作为环境的一个组成部分。在此，自然资源首先表现为环境要素，其次才表现为对人类社会经济发展的有用性。如环境法学，既包括环境法部分，也包括自然资源法部分。在环境问题越来越严重的今天，我们将自然资源作为环境要素来对待，更有利于对环境的保护，以避免一味地开发利用资源，忽视对环境的保护。本书使用的环境概念，是包括自然资源在内的环境概念。

（三）环境问题的定义

环境问题是指因自然原因或人类活动而使环境遭受破坏和使环境质量下降，并对人类的社会经济发展、健康和生命产生影响的现象。广义的环境问题包括自然原因引起的环境问题和人为原因引起的环境问题。狭义的环境问题仅指人为原因引起的环境问题。我们通常所说的环境问题主要是指人为原因引起的环境问题。这种环境问题可以分为两类：一类是人类不合理开发利用资源，使自然环境和资源遭到破坏，如水土流失、土壤沙漠化、盐碱化、资源枯竭、气候变异、生态平衡失调等。另一类是由于人类的生产、生活等活动引起的环境污染，如大气污染、水污染、海洋污染、土壤污染。从环境问题的定义可以看出，我们所说的环境问题，其产生都是人为原因造成的。

（四）环境问题的性质

早在 20 世纪 60 年代，环境问题已被国际上列为世界第三大问题，而现在环境问题已涉及国际政治、经济、贸易和文化等众多领域，因此，有些人认为环境问题是政治问题，有些人认为环境问题是经济问题，有些人认为环境问题是社会问题。我们认为，环境问题属于社会问题，对于社会问题的理论界定，有不同的流派，诸如社会病态论、生物社会论、社会失控论、群体冲突论等[1]。不论是哪种学说，大都将环境问题归属于社会问题。社会问题大致具有四大特征：①客观性；②公众性；③公共性；④危害性。[2] 而环境问题恰恰具备这四个特征。

二、经济发展与环境的关系

经济发展与环境的联系是非常紧密的。经济发展与环境之间的关系可以简单概括为既相互促进，又有相互制约。

---

〔1〕 郭强主编：《大学社会学教程》，中国审计出版社、中国社会出版社 2001 年版，第 348 页。
〔2〕 汤黎虹：《社会法通论》，吉林人民出版社 2004 年版，第 12~13 页。

（一）环境对经济发展的影响

环境是经济发展的前提和基础。首先，环境能够为人类提供生存、生产空间；其次，环境为经济发展提供了必需的原料和能源；最后，环境以其自身具有的吸收废物和自我净化的能力，担负着人类经济活动废弃物"处理器"的功能，使人类的生存和生产活动成为可能。[1] 然而，环境资源是有限的，环境的优劣、资源的多寡，对经济发展有制约作用。

（二）经济发展对环境的影响

经济发展对环境的影响是明显的。一切经济发展都是建立在对环境的加工、利用和改造的基础上的。经济发展不仅要利用环境资源，同时它还污染、破坏环境。仅从这一点来讲，经济发展对环境的影响是消极的，因此，有些人认为，经济发展的速度和水平与环境受污染、破坏的速度成正比。其实并非总是如此，经济发展对环境也能产生积极的影响，经济发展到一定程度，科技能力得以增强，人们的生活水平得以提高，人们对环境质量的要求也随之提高。人们已经开始注重预防环境污染，治理环境污染，防止环境破坏，以便使人类的生存环境得到改善。相反，若不发展经济，或不迅速发展经济，人们的基本生活需要不能得到满足，人们只能以滥采、滥伐、滥牧等低层次的方式扩大耕地面积，解决温饱问题，结果只能是造成水土流失，土地沙化，生态环境遭受破坏。

三、环境保护与经济发展的关系

所谓环境保护是指为保证自然资源的合理开发利用，防止环境污染和自然环境破坏，以协调社会经济发展与环境的关系，保障人类生存和发展为目的而采取的行政、经济、法律、科学技术以及宣传教育等诸多措施和行动的总称[2]。

环境保护作为一个较为明确的概念是在 1972 年联合国人类环境会议上提出来的。联合国人类环境会议明确指出，环境问题不是局部问题，而是全球问题。不仅是技术问题，更主要的是社会经济问题。环境保护是一项事关全局的工作，是社会经济工作的重要组成部分。

随着社会经济的发展，人类对于物质的需求量不断增长，导致对自然资源的开发和利用不断扩大，排放到环境的废物也逐渐增加，环境日益恶劣，自然资源日益短缺、匮乏。这样一来，人类发展和自然环境之间的矛盾也越来越发激烈。于是，环境保护的任务就成为保护人类发展和生态平衡的工作。

---

〔1〕 代涛："经济发展引发环境问题之思考"，载《山西师大学报》（社会科学版）2006 年第 51 期。
〔2〕 吕忠梅：《环境法学》，法律出版社 2004 年版，第 14 页。

关于环境保护与经济发展的关系问题，国际上有三种不同的理论。[1]

环境保护优先论。这一理论认为，当前全球自然生态环境恶化的主要原因是人类的增长和经济发展。满足人们生活的经济发展必然消耗自然资源，当人们对自然资源需求超过环境资源的承载能力时，就会导致自然生态环境恶化。同时，经济发展一定会引起环境污染，使环境状况恶化。环境的容量是有限的，经济发展一旦超过限度，就导致全球性的灾难。为了避免这一灾难，必须使人口和经济发展实现零增长，优先保护环境。

经济优先论。该理论认为，经济增长是改善人民生活、满足社会需要的物质基础，尤其对于经济落后的国家，当务之急是发展经济，而不是环境保护，甚至认为，"先污染后治理"是一种客观规律。

上述两种理论显然都只片面强调经济发展与环境保护相互对立的一面，忽视了两者之间相互制约、相互依存、相互促进的一面。事实上，经济发展和环境保护是对立统一的辩证关系。[2] 环境是经济发展的物质基础，保护环境有利于经济发展；同时经济发展也会为防止污染、合理利用资源提供良好的条件。经济的发展在很大程度上需要受环境条件的制约，如果不重视环境保护，不仅各种环境资源受污染破坏，而且人的身体健康、生命也不能得到保障，经济发展必定受到阻碍。反之，如果注意保护良好的生态环境，提高资源的再生能力，使资源能够永续利用，从而可以促进经济可持续发展。

针对前两种理论的不足，又产生了一种新理论，即持续发展理论。该理论认为，"人类因应享有以与自然相和谐的方式过健康而富有生产成果的生活的权利，并公平地满足今世后代在发展与环境方面的需要，求取发展的权利必须实现"（《里约宣言》）。该理论主要强调两点：①人类在追求健康富足生活权利时应尊重自然规律，不破坏生态，不污染环境；②当代人在享受美好生活权利时应顾及到后代人，留给他们和当代人同样的权利和机会，不得只顾当代人的享受，耗竭资源，破坏环境，剥夺后代人本应享有的权利。世界上越来越多的国家采用可持续发展战略，我国也是如此。

世界各国针对本国的环境问题，纷纷制定了许多对策，从各个方面加强环境保护工作。尽管世界各国采取环境保护的措施、方法各有不同，但其环境保护的主要内容无外乎包括两个方面：①保护和改善生活环境和生态环境，防止环境污染和环境破坏，保护人体健康；②合理开发利用自然资源和能源，以利于人类的

---

〔1〕 王灿发主编：《环境法学教程》，中国政法大学出版社1997年版，第55～56页。
〔2〕 韩德培主编：《环境保护法教程》，法律出版社2003年版，第81页。

生存和发展。从环境保护的内容来看，保护环境的主要目的就是为了保护人类自身的生存和可持续发展。因此，正确处理环境保护与经济发展的关系显得十分重要。

四、正确处理环境保护与经济发展关系的意义

（一）正确处理二者的关系是保护人的基本生活权利的需要

良好的自然环境是人类生存、生活和延续下去的不可或缺的条件，因而也是支撑"最低限度生活的最低限度的要素"[1]。自然环境为人类提供资源，它是社会财富的物质源泉，保护环境就是保护社会财富。环境是经济和社会发展的物质基础和物质源泉。环境污染和环境破坏实质上是对人的生存发展条件的损害，严重的环境污染还会将人致残、致死；同时，不合理地开发利用资源，使得资源紧缺，严重影响人的生存。可见，环境保护是保护人类最基本生活权利的工作。因此，我国将环境保护作为我国的基本国策之一。然而，鉴于我国目前的经济状况，我们不可能一味地强调环境保护，而限制或停止经济发展，经济发展对我们这个发展中国家来说还是十分重要的。没有足够的经济实力，不能解决全国人民的温饱问题。那么，环境保护只能挂在嘴上，而不能落到实处。我们必须既抓环境保护又抓经济发展，两手都要硬，使人们的基本生存和生活的权利得以实现。

（二）正确处理二者的关系是建立和谐社会的需要

和谐社会，具体地讲，就是人与自然和谐相处，人与人和睦相待，社会分工和谐发展的社会。人与自然的和谐是其最为核心的内容。它要求人类在维护自身利益时，要维护人与自然的和谐。人类在进行经济发展时，一定要注意保护自然资源、自然环境、生态环境，只有人与自然和谐相处，全人类才能和平地、持续地发展。

建立和谐的社会需要消除贫困。如果人们的基本温饱问题没有解决，哪谈得上社会的和谐？因此，大力发展经济，解决人民群众的温饱问题是我们的当务之急。但是，我国飞速的经济发展在给人们带来物质生活质量提高的同时也带来了严重的环境问题，这些环境问题又严重制约了经济的发展。建国以来，我国人口从6亿增到13亿，可耕种土地因水土流失又少了1/3，加上原来天然不可居住的1/3，中国人口增加了一倍，因水土流失等原因生存空间却减少了一半。改革开放以来，中国经济迅速发展，但是采用的仍是"高投入、高消耗、高排放、低效率"的传统工具化模式，我们的单位 GDP 能耗比发达国家平均高 40%，产生的污染是他们的几十倍。50 年来，中国的 GDP 增长了 10 多倍，但矿产资源的消耗

---

〔1〕　〔日〕大须贺明：《生存权论》，林浩译，法律出版社 2001 年版，第 192 页。

却增长 40 多倍。中国北方的水资源已接近枯竭，中国南方的水资源产生严重污染，全国 17% 的土地已经彻底沙漠化，30% 的土地被酸雨污染。[1] 基础资源枯竭与环境成本加大将严重制约我国经济增长。由此可见，我们必须正确处理环境保护与经济发展的关系。

和谐社会更需要人与人之间的和睦相处，社会秩序的稳定，然而，我国目前的环境问题对社会稳定形成了严峻的挑战。由于环境污染的危害涉及受害人人数众多，潜伏期长，对公众健康的危害严重，因此，污染引发社会的强烈不满。我国因环境污染引发的群体性事件以每年 30% 的增幅发生[2]，环境投诉密集出现，环境问题已经成为制约社会发展的因素，也给社会和谐留下安全隐患。我们一定要从重经济增长轻环境保护，转变为保护环境与经济增长并重，从环境保护滞后于经济发展，转变为环境保护与经济发展同步。现代的发展早已不满足于物质消费，更重视精神消费，把建设舒适、安全、清洁、优美的环境作为实现发展的重要目标。人人生活在衣食无忧、环境优美的社会里，社会才能安定，关系才能和谐。

胡锦涛总书记指出："努力建设资源节约型、环境友好型社会。"这正是和谐社会的内在要求。建立和谐社会的起点就是建立环境友好型社会。环境友好型社会是社会主义和谐社会的重要基础。环境友好型社会提倡经济和环境的双赢。

（三）正确处理二者的关系是实现可持续发展战略的要求

可持续发展的思想最早源于环境保护，现已成为世界许多国家指导经济社会发展的总体战略。我国政府也高度重视可持续发展，将可持续发展战略作为我国现代化建设的重大战略。可持续发展要求我们一定要重视环境保护，保护环境、节约资源是实现可持续发展的前提。我国人口多，底子薄，耕地少，人均资源相对短缺，再加上我们的生产模式不够环保，因此，我们的环境危机日益加重。环境危机不仅影响当代人的生活质量，还威胁着后代人的生存。因此，我们必须坚持走新型工业化道路，加快建设资源节约型、环境友好型社会，尽快放弃不适当的消费和生产模式，建立适应可持续发展要求的生产方式和消费方式，努力促进社会经济系统和自然生态系统良性循环，促进经济社会全面进步和人的全面发展。

---

〔1〕 环保局副局长潘岳同志的讲话，载人民网，2006 年 7 月 5 日。
〔2〕 曾培炎于 2007 年 5 月 11 日在国家环保总局和中国工程院召开的"中国环境宏观战略研究项目启动会议"上的讲话。

五、协调经济发展与环境保护的对策

（一）确立新的立法理念

我国现有的不少环境保护法律法规已不能适应可持续发展的需要，难以达到协调经济发展与环境保护关系的目的。因此，必须制定和修订环境保护法律法规，以适应形势发展的需要。在立法时必须转变理念，不能再一味地追求经济利益，而应注重保护环境，尊重生态自然，保持人与自然的和谐，以有利于我国经济的可持续发展；树立"预防优先"的思想，将立法重心由现行的"经济优先"向"预防优先"倾斜；由代内公平向代际公平转变，以适应建立"资源节约型"、"环境友好型社会"的新要求。

（二）加大环境违法惩治力度

现行环保法律法规的"软"、处罚额度的"低"，无不成为环保执法的掣肘。我们应借鉴国外的经验，加大对破坏环境企业的惩治力度，引入"按日计罚"的方式，或者按照建设项目投资总额的一定比例，决定罚款数额。大幅度提高排污收费标准和罚款数额，扩大"责令停业关闭、责令限产或者停产整治、限期治理、没收、责令拆除"等手段的适用范围，改变以往"守法成本高，执法成本高，违法成本低"的现状，增强法律的威慑力，从而达到遏制环境违法行为的目的。

（三）强化政府的环境法律责任

现行《环境保护法》将环境保护的职责只定位于各级政府的环保部门和其他部门之上，而非各级政府。其结果是，政府及其主要负责人在经济与环境关系的决策面前出现"重经济增长，轻环境保护"的现象。如果我们不建立追究各级政府及其主要负责人的环境法律责任的制度，地方各级政府及其政府主要官员还会为了追求本地区的短期经济利益而不惜牺牲长远的环境利益。因此，我们必须在立法上增设政府及其主要负责人对环境保护的法定义务。如果政府的主要负责人不履行或者不适当履行法定义务，将会受到法律制裁。

总之，我们必须正确认识经济可持续发展与环境保护之间的关系，提高全民的环保意识，不断完善环境保护立法，加大执法力度，强化政府的环境保护职责，也只有这样，才能实现国家的可持续发展战略。

■ 第二节　环境保护法

一、环境保护法的概念和特点

（一）环境保护法的概念

实质意义的环境保护法，是调整人们在保护、改造和利用环境，防止污染和公害的活动中发生的社会关系的法律规范的总称。形式意义的环境保护法，是国家立法机关颁布的环境保护法典。

社会关系是人与人之间的关系。环境保护法不是调整人与自然的关系，而是调整人与人之间的关系。环境只是人与人之间的中介物。我们通常所说的环境保护法律关系，是指人们在利用、改善和保护环境活动中形成的人与人之间的权利义务关系。环境保护法通过调整人与之间的关系来防止人类对环境的损害。

环境是人类生存的基础，保护环境是我国的一项基本国策，以法律形式对人类环境给予保护，是非常必要的。

（二）环境保护法的特点

（1）环境保护法是强行法。环境保护法的基本任务是保护环境，环境保护法是为了实现这一基本任务而作出的规定，主要是强行性规定（强行性规范）。社会主体、市场主体在社会活动和经营活动中都必须遵守。强行性规定相对应的概念是任意性规定，对于任意性规定，当事人可以排除其适用。

（2）环境保护法是管理法。环境保护实质上就是环境管理，环境保护法明确体现了国家通过政府对人的社会活动、市场活动的管理，建立了完整的环境保护监督管理体制。因而环境保护法是管理法。环境保护法是管理法这一特征，是环境保护法属于经济法的一个重要理论根据。

（3）环境保护法符合自然科学的规律。环境保护的主要对象是自然环境和自然资源，因此法律规范的设立必须符合自然规律。环境保护法规定的环境质量标准、清洁生产、污染物总量控制等，都是自然规律的体现。

二、环境保护法的体系

我国环境保护法，已经形成比较完整的体系，已经颁布实施了《中华人民共和国环境保护法》，这是环境保护基本法。除此之外，还颁布实施了《中华人民共和国固体废物污染环境保护防治法》、《中华人民共和国水污染防治法》、《中华人民共和国水污染防治法实施细则》、《中华人民共和国环境噪声污染防治法》、《中华人民共和国海洋环境保护法》、《中华人民共和国大气污染防治法》、《中华人民共和国防沙治沙法》、《中华人民共和国清洁生产促进法》、《中华人民共和国环境影响评价法》、《中华人民共和国放射性污染防治法》、《中华人民共和国野生动物保护法》等。

我国还参加了有关保护环境的国际公约，包括《人类环境宣言》、《内罗毕宣言》、《世界文明和自然资源保护公约》、《濒危物种国际贸易公约》、《防止船舶污染海洋公约》、《海洋倾废公约》、《国际油污损害民事责任公约》、《保护臭氧层维也纳公约》等。

三、环境保护法的基本原则

（一）环境保护与经济、社会发展相协调的原则

环境保护是长期的任务，且与经济建设、社会发展密切相关。环境保护与经济与社会协调发展的原则，要求实现环境效益与经济效益、社会效益的统一。不能先发展经济，再治理污染。

协调发展，要求国家制定的环境保护规划纳入国民经济和社会发展计划。《环境保护法》第4条规定："国家制定的环境保护规划必须纳入国民经济和社会发展计划，国家采取有利于环境保护的经济、技术政策和措施，使环境保护工作同经济建设和社会发展相协调。"

"协调发展"与"可持续发展"的基本含义是一致的。1972年联合国人类环境会议通过的《人类环境宣言》提出了可持续发展的基本思想："为这一代和将来世世代代保护和改造人类环境，已成为人类一个紧迫的目标，这个目标将同争取和平和经济与社会发展这两个既定的基本目标共同和协调地实现。"1987年世界环境与发展委员会在向联合国提交的研究报告——《我们共同的未来》中，提出了可持续发展的概念，并指出了"可持续发展"的含义："既满足当代人的需要，又不损害子孙后代满足其自身需要的能力的发展。"我国政府制定的《中国环境与发展十大对策》明确指出："转变发展战略，走可持续发展道路，是加速我国经济发展，解决环境问题的正确选择。"

（二）统一与分工监督管理相结合的原则

环境问题，是一个整体问题。因此，要强调国家对环境保护的统一管理。同时，分工监督管理是必要的。国务院环境保护行政主管部门（国家环境保护总局），对全国环境保护工作实施统一监督管理。县级以上地方人民政府环境保护行政主管部门，对本辖区的环境保护工作实施统一监督管理。国家海洋行政主管部门、港务监督、渔政渔港监督、军队环境保护部门和各级公安、交通、铁道、民航管理部门，依照有关法律规定对环境污染防治实施监督管理，县级以上人民

政府土地、矿产、林业、农业、水利行政主管部门，依照有关法律的规定对资源保护实施监督管理。

（三）防治结合，以防为主，积极治理的原则

防治结合，明确了预防和治理的关系，二者不可偏废。环境污染的特点是，损害容易治理难。环境遭受污染后再进行治理，就要花费更大的代价，甚至有些污染是时候无法恢复原状的。因此，要防患于未然，以防为主。对已经产生的污染，要积极治理，不能维持现状。现代很多工业发达国家，都走了"先污染，后治理"的弯路，这对于我们是一个重要的经验和教训。在我国环境保护法中，有很多规定都体现了防治结合，以防为主，积极治理的原则，如"三同时"制度、"排污许可证制度"、"限期治理制度"等。

（四）"谁污染，谁治理"的原则

"谁污染，谁治理"是经济责任制的体现。污染者治理，也称为污染者负担，即污染者应当对污染治理或治理费用承担经济责任，不能转嫁给社会或者国家。这一原则，既体现了对污染者责任的追究，又部分解决了治理的资金来源。造成污染、破坏自然资源的企业事业单位和个人，应当负责治理，单位和个人无力治理的，应当由有关部门治理，治理费用由责任者承担。

四、环境保护法的基本制度

（一）环境规划制度

环境规划，又称为环境计划，是对环境保护工作的总体部署和行动方案。环境规划制度是国民经济和社会发展计划的必要组成部分。环境保护，是长期的任务，应当按照环境规划，有序、连续不间断地进行。环境规划制度，体现了环境保护与经济、社会发展相协调的原则。

环境规划，包括长期环境规划（10 年或者 10 年以上规划）、中期环境规划（主要是指 5 年规划）和短期规划（主要指年度规划）。

（二）清洁生产制度

清洁生产，是指不断采取改进设计、使用清洁的能源和原料、采用先进的工艺技术与设备、改善管理、综合利用等措施，从源头削减污染，提高资源利用效率，减少或者避免生产、服务和产品使用过程中污染物的产生和排放，以减轻或者消除对人类健康和环境的危害。

清洁生产制度，对提高资源利用效率，减少和避免污染物的产生，保护和改善环境，保障人体健康，促进经济与社会可持续发展，具有重要的作用。

国家鼓励和促进清洁生产。国务院和县级以上地方人民政府，应当将清洁生产纳入国民经济和社会发展计划以及环境保护、资源利用、产业发展、区域开发

等规划。

国务院经济贸易行政主管部门负责组织、协调全国的清洁生产促进工作。国务院环境保护、计划、科学技术、农业、建设、水利和质量技术监督等行政主管部门，按照各自的职责，负责有关的清洁生产促进工作。

县级以上地方人民政府负责领导本行政区域内的清洁生产促进工作。县级以上地方人民政府经济贸易行政主管部门负责组织、协调本行政区域内的清洁生产促进工作。县级以上地方人民政府环境保护、计划、科学技术、农业、建设、水利和质量技术监督等行政主管部门，按照各自的职责，负责有关的清洁生产促进工作。

（三）环境影响评价制度

环境影响评价是对人们某种活动给环境可能造成的结果所作的功利性评价。环境影响评价是一种预先性评价，是一种防患于未然的强制性措施。它对防止和减少污染以及将来的治理具有重要的意义。《环境保护法》第13条规定："建设污染环境的项目，必须遵守国家有关建设项目环境保护管理的规定。建设项目的环境影响报告书，必须对建设项目产生污染和对环境的影响作出评价，规定防治措施，经项目主管部门预审并依照规定的程序报环境保护行政主管部门批准。环境影响报告书经批准后，计划部门方可批准建设项目设计任务书。"

（四）"三同时"制度

"三同时"是指"同时设计、同时施工、同时投产使用"，即建设项目中的防止污染的设施，必须与主体工程同时设计、同时施工、同时投产使用。三个方面的工作必须同时进行。"三同时"制度适用于技术改造项目及一切可能对环境造成污染和破坏的工厂建设项目。

"三同时"制度是一项控制污染的重要法律制度，是我国的首创。《环境保护法》第26条规定："建设项目中防治污染的设施，必须与主体工程同时设计、同时施工、同时投产使用。防治污染的设施必须经原审批环境影响报告书的环境保护行政主管部门验收合格后，该建设项目方可投入生产或者使用。防治污染的设施不得擅自拆除或者闲置，确有必要拆除或者闲置，必须征得所在地的环境行政主管部门同意。"

（五）排污收费制度

排污收费制度，又称为征收排污费制度，是指由环保部门按照排污物的种类、数量和浓度，对排污者征收一定费用的制度。这是运用经济手段控制污染、进行污染治理的重要制度，是利用经济杠杆调节经济发展与环境保护的互动关系，是"谁污染，谁治理"原则的集中体现。

排放污染物超过国家或者地方规定的污染排放标准的企业事业单位，依照国家标准交纳超标准污染费，并负责治理。征收的超标准污染费必须用于污染的防治，不得挪作他用。征收排污费，不一定超标准才收费。如《水污染防治法》第 24 条规定："直接向水体排放污染物的企业事业单位和个体工商户，应当按照排放水污染物的种类、数量和排污费征收标准缴纳排污费。排污费应当用于污染的防治，不得挪作他用。"

交纳排污费的义务履行之后，不影响排污者承担损害赔偿等民事责任。

（六）总量控制制度

依照环境特点决定污染物的排放标准，采用总量限额来表示或者以将总量限额转化为浓度来表示，称为总量控制。总量控制制度是保障环境质量的重要制度。

（七）环境保护许可证制度

许可，又称为行政许可，是指国家行政机关根据当事人的申请，许可其从事某种特定活动的一种行政行为。许可证，是行政机关颁发给申请人，许可其从事某种特定活动的书面凭证、文件。

环境保护许可证制度，是指可能对环境有不良影响的各种开发、建设项目，排污设施或经营活动，其建设者或经营者需要事先提出申请，经行政主管部门审查批准，颁发许可证后才能从事该项活动的制度。许可证制度的实施，便于把可能对环境产生不良影响的活动纳入国家统一管理的范围，对控制环境损害具有积极的作用。

许可证的种类很多，有排污许可证、生产销售许可证（针对有毒等物品）、开发、开采许可证等。

（八）限期治理制度

限期治理制度，是指对造成环境严重污染的企业事业单位，规定一定期限，强令其完成治理任务的制度。限期治理，适用于造成严重污染的情形。《环境保护法》第 18 条规定："在国务院、国务院有关主管部门和省、自治区、直辖市人民政府划定的风景名胜区、自然保护区和其他需要特别保护的区域内，不得建设污染环境的工业生产设施；建设其他设施，其污染物排放不得超过规定的排放标准。已经建成的设施，其污染物排放超过规定的排放标准的，限期治理。"该法第 29 条规定："对造成环境严重污染的企业事业单位，限期治理。中央或者省、自治区、直辖市人民政府直接管辖的企业事业单位的限期治理，由省、自治区、直辖市人民政府决定。市、县或者市、县以下人民政府管辖的企业事业单位的限期治理，由市、县人民政府决定。被限期治理的企业事业单位必须如期完成治理任务。"

限期治理，是一种带有强行性的行政管理措施。对经限期治理预期未完成治理任务的企业事业单位，除依照国家规定加收超标准排污费外，可以根据所造成为危害后果处以罚款，或者责令停业、关闭。

（九）环境标准制度

环境标准即环境保护标准，是用具体的数值来体现环境质量应当控制的界限。环境标准是制定环境保护规划的重要依据，具有强制性。

我国的环境保护标准包括环境质量标准、污染物排放标准、环境监测方法标准、环境标准样品标准、环境基础标准。后三类只有国家标准，没有地方标准。

1. 环境质量标准。环境质量标准是某环境要素中所含有害物质或者因素的最高限额的标准。环境质量标准分为国家和地方（省级）两级。《环境保护法》第 9 条规定："国务院环境保护行政主管部门制定国家环境质量标准。省、自治区、直辖市人民政府对国家环境质量标准中未作规定的项目，可以制定地方环境质量标准，并报国务院环境保护行政主管部门备案。"

2. 污染物排放标准。污染物排放标准是对污染物排放量和质的控制标准，是关于污染物排放最高限额的标准。污染物排放标准分为国家和地方（省级）两级。《环境保护法》第 10 条规定："国务院环境保护行政主管部门根据国家环境质量标准和国家经济、技术条件，制定国家污染物排放标准。省、自治区、直辖市人民政府对国家污染物排放标准中未作规定的项目，可以制定地方污染物排放标准；对国家污染物排放标准中已作规定的项目，可以制定严于国家污染物排放标准的地方污染物排放标准。地方污染物排放标准须报国务院环境保护行政主管部门备案。凡是向已有地方污染物排放标准的区域排放污染物的，应当执行地方污染物排放标准。"

3. 环境监测方法标准。环境监测方法标准，是指为监测环境质量和污染物的排放，就采样、分析测试、数据处理等技术制定的环境监测标准。如对城市区域的噪声的测量方法，就有专门的方法标准（《城市区域噪声测量方法》）。

4. 环境标准样品标准。环境标准样品，是指为保证环境监测数据的准确、可靠，对用于量值传递或质量控制的材料、实物样品制定的环境标准样品。

5. 环境基础标准。环境基础标准，是指对环境保护工作中，需要统一的技术术语、符号、代号（代码）、图形、指南、导则和信息编码等制定的标准。

五、环境责任和环境纠纷

（一）环境法律责任

1. 环境行政责任。环境行政责任形式有：警告、罚款、责令停止生产或使用、责令停业、关闭等。与环境的民法保护不同，环境保护部门作为经济法的执法主体，有权也应当主动出击，令当事人承担相应的责任。

当事人对行政处罚决定不服的，可以在接到处罚通知之日起 15 日内，向作出处罚决定的机关的上一级机关申请复议；对复议决定不服的，可以在接到复议决定之日起 15 日内，向人民法院起诉。当事人也可以在接到处罚通知之日起 15 日内，直接向人民法院起诉。当事人逾期不申请复议，也不向人民法院起诉，又不履行处罚决定的，由作出处罚决定的机关申请人民法院强制执行。这里所说的诉讼，是指行政诉讼。

2. 环境民事责任。《民法通则》第 124 条规定："违反国家保护环境防止污染的规定，污染环境造成他人损害的，应当依法承担民事责任。"《环境保护法》第 41 条规定："造成环境污染危害的，有责任排除危害，并对直接受到损害的单位或者个人赔偿损失。赔偿责任和赔偿金额的纠纷，可以根据当事人的请求，由环境保护行政主管部门或者其他依照本法律规定行使环境监督管理权的部门处理；当事人对处理决定不服的，可以向人民法院起诉。当事人也可以直接向人民法院起诉。完全由于不可抗拒的自然灾害，并经及时采取合理措施，仍然不能避免造成环境污染损害的，免予承担责任。"《环境保护法》第 42 条规定："因环境污染损害赔偿提起诉讼的时效期间为 3 年，从当事人知道或者应当知道受到污染损害时起计算。"这里的"3 年"，是民事诉讼时效期间。在我国，普通诉讼时效为 2 年，3 年的诉讼时效属于特殊诉讼时效。规定较长的诉讼时效的原因，在于人们对于污染的损害后果往往难以确定和发现，诉讼时效规定的过短，不利于保护受害人的合法权益。

承担民事责任的方式主要是排除损害，赔偿损失等。以下几点应当注意：

（1）环境污染造成他人损害的责任为无过错责任。即对环境污染的当事人没有故意和过失，但造成了他人的损害，仍然要承担侵权责任。实行无过错责任，有利于保护受害者的权益。同时，也有利于使"可能污染环境者"（如产生工业废水的经营者等）加强防范意识，在产生污染后积极进行治理。

（2）无过错责任不是绝对责任。根据《环境保护法》第 41 条第 3 款的规定，当事人的免责事由是："完全由于不可抗拒的自然灾害，并经及时采取合理措施，仍然不能避免环境污染损害的，免于承担责任。""完全由于不可抗拒的自然灾害"，实际上是不可抗力，仅有不可抗力并不能免责，还要"及时"采取"合理措施"。在及时采取合理措施后，仍不能避免损失时，才免除责任。例如，某造纸公司的污水因未经预报的地震外溢，经该公司及时采取"追截堵围"等合理措施，仍然构成对农田的污染，该公司可以免责。

（3）举证责任倒置。《关于民事诉讼证据的若干规定》第 4 条第 4 项规定："因环境污染引起的损害赔偿诉讼，由加害人就法律规定的免责事由及其行为与损害后果之间不存在因果关系承担举证责任。"一般情况下，是"谁主张，谁举证"，而环境污染，因果关系由加害人举证更为合理。

3. 环境刑事责任。

（1）破坏环境资源保护罪。根据《环境保护法》第 43 ~ 44 条的规定，违反《环境保护法》规定，造成重大环境污染事故，导致公私财产重大损失或者人身伤亡的严重后果的，对直接责任人员依法追究刑事责任。违反该法规定，造成土地、森林、草原、水、矿产、渔业、野生动植物等资源的破坏的，依照有关法律的规定承担法律责任。

我国《刑法》在分则第六章专设了"破坏环境资源保护罪"，在这个犯罪类型下，包含了 14 种具体的犯罪。它们是：①重大环境污染事故罪；②非法处置进口固体废物罪；③擅自进口固体废物罪；④非法占用农地罪；⑤非法采矿罪与破坏性采矿罪；⑥非法采伐、毁坏国家重点保护植物罪；⑦盗伐林木罪；⑧非法捕捞水产品罪；⑨非法猎捕、杀害珍贵、濒危野生动物罪；⑩非法收购、运输、出售珍贵、濒危野生动物、珍贵、野生动物制品罪；⑪法狩猎罪；⑫破坏性采矿罪；⑬滥伐林木罪；⑭非法收购、运输盗伐、滥伐的林木罪；⑮非法收购、运输、加工、出售国家重点保护的植物及其制品罪。

从以上罪名来看，环境的刑法保护还是比较周密的。

（2）渎职方面的犯罪。环境保护监督管理人员滥用职权、玩忽职守、徇私舞弊的，由其所在单位或者上级主管机关给予行政处分；构成犯罪的，依法追究刑事责任。

主要参考文献

一、著作类

1. 陈信勇等：《社会保障法原理》，浙江大学出版社 2003 年版。
2. 韩君玲：《劳动与社会保障法简明教程》，商务印书馆 2005 年版。
3. 何勤华主编：《外国法制史》，法律出版社 2003 年版。
4. 林榕年、叶秋华主编：《外国法制史》，中国人民大学出版社 2003 年版。
5. 庞正、严海良：《外国法制史纲》，南京师范大学出版社 2003 年版。
6. 徐静琳、李昌道主编：《外国法律制度导论》，复旦大学出版社 2003 年版。
7. 郭捷主编：《劳动与社会保障法》，中国政法大学出版社 2004 年版。
8. 王菲编著：《外国法制史》，中国检察出版社 2002 年版。
9. 周宝妹：《社会保障法主体研究》，北京大学出版社 2005 年版。
10. 朱崇实主编：《社会保障法》，厦门大学出版社 2004 年版。
11. 邹海林主编：《社会保障改革与法制发展》，社会科学文献出版社 2005 年版。
12. 最高人民法院编辑委员会编：《最新劳动与社会保障法律文献解读》（2006 年 2 月），人民法院出版社 2006 年版。
13. 劳动和社会保障部法制司编著：《中德劳动与社会保障法：比较法文集》，中信出版社 2003 年版。
14. 董保华：《社会法原论》，中国政法大学出版社 2001 年版。
15. 汤黎虹：《社会法通论》，吉林人民出版社 2004 年版。
16. 肖磊：《法国社会法的概念及由来》，中国法制出版社 2004 年版。
17. 秦恩才、孔祥瑞：《社会法论综》，中国长安出版社 2006 年版。
18. 《中国大百科全书·环境科学》，中国大百科全书出版社 1983 年版。
19. 金瑞林主编：《环境法学》，北京大学出版社 2002 年版。
20. 蔡守秋主编：《环境资源法学》，人民法院出版社、中国人民公安大学出版社 2003 年版。
21. 郭强主编：《大学社会学教程》，中国审计出版社、中国社会出版社 2001 年版。

22. 吕忠梅:《环境法学》,法律出版社 2004 年版。

23. 王灿发主编:《环境法学教程》,中国政法大学出版社 1997 年版。

24. 韩德培主编:《环境保护法教程》,法律出版社 2003 年版。

25. 黄越钦:《劳动法新论》,中国政法大学出版社 2003 年版。

26. 〔日〕大须贺明:《生存权论》,林浩译,法律出版社 2001 年版。

27. 〔德〕拉德布鲁赫:《法哲学》,王朴译,法律出版社 2005 年版。

28. 〔德〕哈贝马斯:《在事实与规范之间——关于法律和民主法治国的商谈理论》,童世骏译,生活·读书·新知三联书店 2003 年版。

29. 〔美〕约翰·罗尔斯:《正义论》,何怀宏、何包钢、廖申白译,中国社会科学出版社 1988 年版。

30. 〔美〕弗里德曼:《选择的共和国——法律权威与文化》,高鸿钧等译,清华大学出版社 2005 年版。

31. Neville Harris, *Social Security Law in context*, English: Oxford University Press, 2000.

32. Neville Harris, "Clear Benefits? Complexity and social security law in the united kingdom", *Paper for the international conference on social insurance*, Beijing, January 2005.

二、论文类

1. 董保华、郑少华:"社会法对第三法域的探索",载《华东政法大学学报》1999 年第 1 期。

2. 樊启荣、程芳:"社会法的范畴及体系的展开——兼论社会保障法体系之构造",载《时代法学》2005 年第 2 期。

3. 范愉:"新法律现实主义的勃兴与当代中国法学反思",载中国民商法律网,http://www.modernlaw.com.cn/1/1/10 – 21/2968.html.

4. 管荣齐:"试论我国的经济法律体系",载 http://www.law – lib.com/lw/lw_view.asp? no = 1564.

5. 郭明瑞、于宏伟:"论公法与私法的划分及其对我国民法的启示",载《环球法律评论》2006 年第 4 期。

6. 郭明政:"社会法之概念、范畴与体系——以德国法制为例之比较观察",载《政大法学评论》1997 年第 58 期。

7. 胡盛仪:"关于加强社会立法的思考",载《社会主义研究》2006 年第 2 期。

8. 焦武峰、雷波:"试论弱势群体及其法律保护",载《江南社会学院学报》2003 年第 6 期。

9. 邱本："论经济法体系"，载《法制与社会发展》1998 年第 5 期。

10. 李昌麒等："经济法与社会法关系考辨"，载《现代法学》2003 年第 5 期。

11. 李林："法治社会与弱势群体的人权保障"，载 http：//www. guxiang. com/xue-shu/others/falv/200203/200203230029. htm.

12. 刘诚："部门法理论批判"，载《河北法学》2003 年第 3 期。

13. 刘瑞复："社会法的新探索"，载 http：//www. gmw. cn/01gmrb/2006 – 01/05/content_ 356150. htm.

14. 林嘉："论社会保障法的社会法本质——兼论劳动法与社会保障法的关系"，载《法学家》2002 年第 1 期。

15. 吕世伦、任岳鹏："根本法、市民法、公民法和社会法——社会与国家关系视野中的法体系初探"，载《求是学刊》2005 年第 5 期。

16. 单飞跃、甘强："社会法基本范畴问题析辨"，载《北京市政法管理干部学院学报》2003 年第 4 期。

17. 孙笑侠："论法律与社会利益——对市场经济中公平问题的另一种思考"，载《中国法学》1995 年第 4 期。

18. 覃有土、韩桂君："略论对弱势群体的法律保护"，载《法学评论》2004 年第 1 期。

19. 王全兴、管斌："经济法与社会法关系初探"，载《现代法学》2003 年第 2 期。

20. 王为农："日本的社会法学理论：形成和发展"，载《浙江学刊》2004 年第 1 期。

21. 王为农、吴谦："社会法的基本问题：概念与特征"，载《财经问题研究》2002 年第 11 期。

22. 谢增毅："社会法的概念、本质和定位：域外经验与本土资源"，载中国期刊网，http：//dlib. edu. cnki. net/kns50/single_ index. aspx.

23. 余少祥："共享和谐需要社会法"，载 http：//www. ggdj123. com/wsdx/zcfg/200610/4002. html.

24. 郑少华："社会经济法散论"，载《法商研究》2001 年第 4 期。

25. 郑尚元："社会法的定位和社会法的未来"，载《中国法学》2003 年第 5 期。

26. 郑尚元："社会法的存在与社会法理论探索"，载《法律科学》2003 年第 3 期。

27. 张俊娜："'社会法'词语使用之探析——基于法律术语的个案思考"，载 http：// e28. cnki. net/kns50/classical/singledbdetail. aspx? QueryID = 61&CurRec

=77.

28. 竺效："社会法的概念考析——兼议我国学术界关于社会法语词的使用"，载《法律适用》2004 年第 3 期。

29. 竺效：" '社会法' 意义辨析"，载《法商研究》2004 年第 2 期。

30. 竺效："法学体系中存在中义的 '社会法' 吗?"，载《法律科学》2005 年第 2 期。

31. 朱海波："论社会法的界定"，载《济南大学学报》2006 年第 5 期。

32. 朱时敏："第三法域之 '三农问题' 论纲"，载《中国农业大学学报》（社会科学版）2005 年第 3 期。

33. 许光耀、王巍："论经济法是社会本位之法"，载《宁夏大学学报》（人文社会科学版）2003 年第 5 期。

34. 代涛："经济发展引发环境问题的思考"，载《山西师大学报》（社会科学版）2006 年第 21 期。

35. 高金田："环境保护与经济可持续发展问题分析"，载《国土经济》2002 年第 7 期。

图书在版编目（CIP）数据

社会法 / 王广彬主编. 一北京：中国政法大学出版社，2009.5
ISBN 978-7-5620-3495-7
Ⅰ.社... Ⅱ.王... Ⅲ.社会法学 - 中国 - 高等学校 - 教材　Ⅳ.D90-052
中国版本图书馆CIP数据核字（2009）第080451号

出版发行	中国政法大学出版社
经　销	全国各地新华书店
承　印	固安华明印刷厂

787×960　　16开本　　16.25印张　　295千字
2009年5月第1版　　2009年5月第1次印刷
ISBN 978-7-5620-3495-7/D·3455
定　价：26.00元

社　址	北京市海淀区西土城路25号
电　话	(010)58908325（发行部）　58908285（总编室）　58908334（邮购部）
通信地址	北京100088信箱8034分箱　邮政编码 100088
电子信箱	zf5620@263.net
网　址	http://www.cuplpress.com （网络实名：中国政法大学出版社）
声　明	1. 版权所有，侵权必究。
	2. 如有缺页、倒装问题，由本社发行科负责退换。
本社法律顾问	北京地平线律师事务所